天津市哲学社会科学规划项目“乡村振兴战略视域下
我国城镇化发展的模式创新”（项目编号：TJKS19-002）

XIANGCUN ZHENXING ZHANLUE SHIYUXIAWOGUO
CHENGZHENHUA FAZHAN DEMOSHI CHUANGXIN
NONGCUN CHANYE RONGHE TUIDONG JIUDI CHENGZHENHUA FAZHAN YANJIU

# 乡村振兴战略视域下我国城镇化发展的模式创新

## ——农村产业融合推动就地城镇化发展研究

李小静 著

经济日报出版社

**图书在版编目（CIP）数据**

乡村振兴战略视域下我国城镇化发展的模式创新：农村产业融合推动就地城镇化发展研究 / 李小静著．—北京：经济日报出版社，2021.6

ISBN 978－7－5196－0868－2

Ⅰ．①乡… Ⅱ．①李… Ⅲ．①农业产业－产业融合－作用－城市化进程－研究－中国 Ⅳ．①F323②F299.21

中国版本图书馆 CIP 数据核字（2021）第 056087 号

**乡村振兴战略视域下我国城镇化发展的模式创新**

——农村产业融合推动就地城镇化发展研究

| | |
|---|---|
| **作　　者** | 李小静 |
| **责任编辑** | 陈　悦 |
| **责任校对** | 张慧敏 |
| **出版发行** | 经济日报出版社 |
| **地　　址** | 北京市西城区白纸坊东街 2 号 A 座综合楼 710（邮政编码：100054） |
| **电　　话** | 010－63567684（总编室） |
| | 010－63584556（财经编辑部） |
| | 010－63567687（企业与企业家史编辑部） |
| | 010－63567683（经济与管理学术编辑部） |
| | 010－63538621　63567692（发行部） |
| **网　　址** | www.edpbook.com.cn |
| **E－mail** | edpbook@126.com |
| **经　　销** | 全国新华书店 |
| **印　　刷** | 北京九州迅驰传媒文化有限公司 |
| **开　　本** | 710×1000 mm　1/16 |
| **印　　张** | 13.5 |
| **字　　数** | 223 千字 |
| **版　　次** | 2021 年 6 月第 1 版 |
| **印　　次** | 2021 年 6 月第 1 次印刷 |
| **书　　号** | ISBN 978－7－5196－0868－2 |
| **定　　价** | 48.00 元 |

# 目　录
CONTENTS

# 导　论

## 第一节　选题缘由与意义

### 一、选题缘由

城镇化是现代化的核心内容。长期以来，我国城镇化问题一直受到学界及政界的关注和热议，究其原因在于城镇化的快速发展对于启动内需、拉动经济、推动转型、撬动改革、造福民生、增进和谐、实现小康等方面具有重要的现实意义和深远的历史意义。

新中国成立以来，特别是改革开放以来，我国城镇化发展取得了令世人瞩目的成绩，为城乡居民共享经济社会发展成果提供了巨大平台。但一方面，在城镇化快速推进的过程中，我国城镇化发展积累了不少经济、社会、环境的矛盾，出现了“城市病”和“农村病”等诸多窘境，这些已成为影响城镇化健康发展的严重掣肘；另一方面，全球经济低速增长成为常态，国际市场竞争更加激烈，我国现有经济发展模式出现乏力态势，经济增长速度已经下降且面临着产业转型升级和消化严重过剩产能的严峻挑战，以传统高投入、高消耗、高排放的工业化道路为依托的城镇化发展模式已经难以为继。在此背景下，探索适合中国国情的城镇化发展新模式成为当前我国理论和实践发展的迫切需要。

党的十八大将提高城镇化质量，走“以人为本、城乡一体、集约智能、绿色低碳、产城互动、文化传承”的中国特色新型城镇化道路作为新时期城镇化发展的战略重点。在新型城镇化发展道路的指引下，我们必须要突破传统城镇化发展过程中重城轻乡、重工轻农的城乡工农分割对立的思想窠臼，以新时代城乡并重、城乡融合发展的思想科学规划和布局现代城镇体系，推进大中小城市、小城镇和新型农村社区协调发展。由此，我国的城镇化研究和实践也必须要改变单纯地把城市当作城市化主体、把城市化看作是“城市的城市化”的传统范式，高度重视农村城镇化发展问题。而推进农村城镇化发展，既要考虑农村人口及二、三产业如何向大中城市的有序转移，也要从当前我国特殊的国情条件出发，探索如何不通过大规模人口转移而就地实现农民生产和生活方式的转变、农业和农村经济社会结构的变化以及农村人居空间、生存环境的改变，进而从根本上破解“三农”落后的根源性问题——落后的生产方式和生产力问题，以更好地满足农民对日益增长的发展成果和对社会公平、正义的需要。然而，从现实情况来看，目前无论是理论界还是政策界，对于中国的城镇化发展都较多地关注“城市的城市化”以及农村人口如何向城镇转移的问题，而对于如何真正通过农业生产方式的变革而带动居村农民生活方式以及农村人居环境的根本变化，却因我国农民数量的庞大和特殊性而对其关注不够，亟需深入研究和探索。

我国的基本国情决定了“三农”问题是我国经济社会发展的“短板”和“短腿”。针对“三农”发展滞后的事实，2015年“中央一号文件”将“推进农村一二三产业融合发展”作为新时期加快我国农业发展方式转变、提高农业生产效率、拓宽农民增收渠道、缩小城乡收入差距的有效途径和推进新型城镇化发展、建设美丽乡村的现实选择。同年年底，《国务院办公厅关于推进农村一二三产业融合发展的指导意见》重点提出要推动“农村产业融合与新型城镇化建设有机结合”的号召。2017年，党的十九大将“坚持优先发展农业农村，全面实施乡村振兴战略”作为现代化的政策着力点，并指出“产业兴旺”是提升乡村生产力的重要抓手，同时又将以农业为核心的一二三产业融合发展作为新时期我国农村产业发展的重点方向。因此，在国家对农村产业融合发展高度重视，并将其视为实现乡村振兴和促进新型城镇化发展的新动能的政策导向下，我们有必要对农村产业融合发展及其与新农村建设和新型城镇化之间的关系做出深层次的研究，并提出良好政策措施以加强农村产业融合发展对新农村建设和新型城镇化的带动作用，进而解锁“三农”发展困局。

基于上述缘由，本书以“农村产业融合推动就地城镇化发展研究”① 为选题，将中国城镇化与“三农”现代化有机统一起来，并置于中国全面深化改革、经济社会转型和现代化发展的视域中加以考察与研判，从学理上探讨农村产业融合推动就地城镇化发展的内在机理，并通过实证研究，解析农村

① 注：“农村产业融合推动就地城镇化发展研究”标题中的“农村产业融合”一词是“农村产业融合发展”的简称，是为了语意表达的简洁和顺畅而使用的。

产业融合推动就地城镇化发展进程中的重大理论和实践问题，力求在理论与实践的契合中为农村产业融合推动就地城镇化发展的顺利推进提供一些建设性的观点和思路，进而为我国创新城镇化发展思路和实现乡村振兴提供有益借鉴。

## 二、研究意义

农村产业融合推动就地城镇化发展是一个理论性和实践性较强的新课题，是经济新常态下我国农村城镇化发展的新模式，推动其发展具有深厚的理论根基和较强的实践依据。结合当前我国面临的国情和农情，深入研究其理论基础、实现路径及其发展趋势，具有重要的理论研究价值和实践指导意义。

### （一）理论意义

#### 1. 有助于丰富和拓展马克思主义城乡关系理论

马克思主义城乡关系理论中包含着农业基础地位、消除三大差别、城乡融合等丰富思想，这些都为农村产业融合推动就地城镇化发展提供了坚实的理论基础和实践指引。农村产业融合推动就地城镇化发展作为当前我国化解“三农”难题，实现城乡融合发展的重要抓手，将马克思主义城乡关系理论同中国的实际国情有机结合在一起，坚持农业的基础地位不动摇，通过农业与工业、第三产业、高新技术产业等的融合发展消融“农业”和“工业”“体力劳动”和“脑力劳动”之间传统的制约人的发展的旧式社会分工，并通过“产镇”“产村”融合发展，逐步缩小城乡经济社会发展差别。可以说，这既是对马克思主义城乡关系理论创造性地运用，同时也是对马克思主义城乡关系理论的发展与深化。

#### 2. 有助于丰富和创新城镇化发展理论

城镇化理论是城市化理论在我国经济社会中不断发展的产物。传统城镇化理论认为城镇化发展的实质就是农业部门向非农业部门的流动，农村人口不断向城市转移，第二产业、第三产业不断向城市集聚，这种对城镇化实质的规定导致了理论研究的“路径依赖”：一是将农民进城视为城镇化的主要甚至是唯一路径，忽视农民的就地城镇化；二是强调工业化对城镇化的推动作用，重城轻乡、重工轻农。随着工业化内涵和外延的拓展以及现代农业的日新月异，农业与工业、第三产业融合发展的趋势日益显著，以农业为核心的产业融合发展使现代化大农业释放出朝阳活力，带动了农村经济的繁荣和发展，正在成为推动当前农村城镇化发展的新动能。本书以此作为立论的观点，在对我国传统城镇化发展模式以及当前面临的国内、国际背景进行深刻剖析的基础上，建构农村产业融合推动就地城镇化发展的理论框架。这无疑丰富了传统城镇化发展理论，创新了城镇化发展模式。

3. 有助于丰富和发展中国特色“三农”理论

新中国成立以来，中国历代领导人都高度重视农业、农村、农民问题，并在20世纪90年代把农业、农村、农民问题纳入综合解决的视野中，逐渐形成了中国特色农业现代化理论、农民富裕理论、社会主义新农村建设理论、城乡一体化发展理论等一系列具有中国特色的“三农”理论。农村产业融合推动就地城镇化发展以中国特色“三农”理论为指导，结合当前我国“三农”问题的具体实践，在当前理论界跳出“三农”化“三农”对策下，把研究的重心放在农民如何通过自己的主业——农业生产经营方式和组织方式的变革，来提高农民自身的收入和实现农民生产和生活方式的现代化，这种靠“三农”化“三农”，但又打破“三农”自身局限，通过农业与二三产业交叉融合并借助城市消费需求解决“三农”困局的理论框架的建构，无疑会使中国特色“三农”理论更加丰满。

### （二）实践意义

1. 有利于破解城乡二元结构和“三农”难题

打破城乡二元结构、缩小城乡经济社会发展差距、从根本上解决“三农”问题，这些都是我国实现全面小康和现代化建设进程中亟待突破的重大瓶颈。城镇化是从“农业—工业，农村—城市”经济社会结构转化的过程，而中国经济社会结构最大的特征就是城乡二元结构，城乡二元结构会造成城乡发展失衡和农民权益缺失，亟需实现二元结构的一元转化。农村产业融合推动就地城镇化发展不仅是农业改革粗放低效的经营方式实现现代化的过程，也是通过现代化大农业的发展促进农村改变贫困落后、基础设施和公共服务水平低下的生活环境，使农民与城市居民平等共享城市物质文明和精神文明成果的过程；同时还是现代化大农业带动农村剩余劳动力就地转移、农村空间结构由分散到集聚的过程。可以说，这一过程恰恰是我国二元结构一元化的过程，也是从根本上破解我国当前农业弱势、农村凋敝、农民贫穷问题的过程。因此，深入研究农村产业融合推动就地城镇化发展的机理、路径对于破解城乡二元结构和“三农”难题意义重大。

2. 有利于加快我国城镇化发展进程

近 10 年来，我国城镇化在社会主义市场经济体制的推进下，每年大约以 1.2 个百分点的增速持续发展。快速发展的城镇化，已成为中国经济增长和社会发展的强力引擎。然而，在我国产业结构亟需转型升级的背景下，传统城镇化发展模式已经无法为我国经济发展提供足够的推动力。按照我国当前实现“三个 1 亿人”的重要任务及现代化进程的总体要求，必须加快工业化、城镇化进程，未来中国城镇化发展要以年均 1 个百分点的增速稳步推进才能完成上述目标，这就意味着每年至少有 1300 多万农村人口转移到城市，可见我国城镇化发展任务艰巨。而目前中国城市的资源环境和公共服务等无法承受每年千万数量级农民涌入的压力，且城市工业的转型升级也难以吸收如此众多的农村剩余劳动力。以农村产业融合为新动能推动农村就地城镇化发展，能够有效缓解当前农民进城城镇化发展所带来的巨大压力，而且农村产业融合发展本身包涵了农业、农业与工业融合、农业与第三产业的融合发展，完全契合城镇化发展进程中的产业结构演进规律，能够为农村剩余劳动的就地就近转移提供物质保障和就业需求。因此，以农村产业融合推动就地城镇化发展必将成为当下推进我国城镇化持续、快速、健康发展的重要途径和保障。

3. 有利于规避风险，跨越中等收入陷阱

2020 年我国人均国民收入已经达到 10580 美元，正处于人均 GDP4000 美元到 12000 美元的机遇期和风险高发期。综观世界各经济体的发展历程，相当多的发展中国家尤其是拉美一些国家在人均 GDP 进入这一阶段之后，由于长期对农业的忽视以及对农村改革的滞后，都陷入了难以逾越的“中等收入陷阱”。这些国家发展的经验和教训提醒我们：一方面，作为一个人口大国，必须要高度重视国家粮食安全问题，保证粮食的自给自足，以防止步西亚、北非等国家因粮食问题而频发国内政治动荡和社会骚乱的后尘；另一方面，必须要高度重视农业、农村现代化在城镇化和经济社会发展进程中的重要作用，增加对农业、农村的投入，调整城市布局，统筹城乡发展，以防止像一些拉美国家因过度集聚于大城市而导致城乡发展的严重失调和社会危机的频频爆发，而迟迟难以进入高收入国家（或地区）行列。农村产业融合推动就地城镇化发展强调农业的基础地位不能动摇，强调以农业的现代化来关照农村的现代化，强调新“四化”的协调发展，是一种包容、共享、可持续的城镇化。因此，探索农村产业融合推动就地城镇化的实现路径对于规避上述问题，跨越中等收入阶段、迈向高收入社会具有重要意义。

4. 有助于改变理论研究滞后实践发展的客观现状

从当前的情况看，我国不少农业主产区为实现农业增效提质、农民增收和农村繁荣，早已在实践中开始探索农村产业融合推动就地城镇化发展的路径。但由于目前我国理论界对农村产业融合推动就地城镇化发展的必要性和可行性研究重视不够，致使各地区在实践发展中缺乏科学有效的理论指导。通过挖掘马克思主义城乡关系理论、梳理西方农村劳动力转移、改造传统农业、产业集聚等理论，剖析农村产业融合推动就地城镇化发展机理，为推进其发展提供有力的理论支撑；通过实践调研的形式，对农村产业融合推动就地城镇化发展典型示范区的经验进行整理和深化，并对实践探索中面临的现实困境进行追本溯源，在此基础上再对农村产业融合推动就地城镇化发展所需的内外在环境、政府支持的方式、力度以及应施行的相关政策措施等方面从理论和实践双向度作出科学分析和回答。可以说，这既为当前正在进行农村产业融合推动就地城镇化发展实践探索的农业主产区提供了理论指导，同时也为落实“三个1亿人”的城镇化实施方案以及迫切需要推进农业、农民、农村现代化进而实现乡村复兴提供了方法论指导，能够有效改变理论研究滞后实践发展的现状。

## 第二节　国内外研究现状及述评

农业产业化和农村城镇化问题一直是学术界探讨的两个热点问题，相关的文献浩如烟海，难以尽述。本书主要是在促进农村产业融合发展的框架下讨论农村就地城镇化发展的必要性、可行性及实现路径问题。因此，将选择性地对这两类文献加以梳理，以为进一步研究农村产业融合推动就地城镇化发展提供有益借鉴。

## 一、农村产业融合发展的国内外研究现状

### （一）国外研究现状

关于农村产业融合发展研究，国外学者对此研究涉及并不是很多，与此类似的研究主要集中在农业内部的纵向融合，即农业一体化、农业与相关技术结合的研究，以及日本、韩国的六次产业化研究。

1957年，哈佛大学的戴维斯（John.Davis）和高德伯格（Rog.Goldberg）最早提出"农业一体化"的概念，指出农业一体化就是将农业生产中的产供销三个环节有机结合起来，并指出提高农业一体化经营效率需要建立完善的农业生产经营运行机制，建立健全投融资体制、利益分配机制和利益联结机制等。[①]1964年，法国著名社会学家H.孟德拉斯提出用工业社会的管理和生产技术改造农业和农村的思路，蕴含了工业与农业融合发展的思想。[②]同年（1964年），美国发展经济学家舒尔茨指出，传统农业促进经济增长的潜力已经释放殆尽，只有将其改造成为现代农业，才能发挥其促进经济增长的作用，而将传统农业改造成现代农业的关键就是引进现代生产要素。[③]可见，将现代生产要素引入农业的思想，内涵了农业与现代技术融合发展的萌芽。1977年，美国农业经济学家艾伦·尼斯在《日本农业模式》一文中正式提出了"都市型农业"的概念，亦将农业和都市休闲产业结合在一起，满足都市居民经济、社会、生态等多层面需求的新型多功能农业。[④]这一概念的界定蕴含了农业与第三产业融合发展的理念，拓展了农业一体化的外延。

20世纪90年代后期，日本的农业发展面临着人口老龄化、农业生产后继无人、农业可持续发展动力不足等一系列现实问题。对此，日本学者今村奈良臣提出了"六次产业化"的概念，指出"六次产业化"是一条集农业生产、加工、销售、服务一体化的完整产业链，在"六次产业化"的发展过程中，要以"农林牧渔"第一产业为中心，做大做优一产的同时要充分发挥农业多种功能的乘数效应，并指出政府以及农协等社会组织要加强对农业的支持和保护，让农户更多地分享第二、三产业的利润；积极推进技术和产品创

---

① 牛若峰.农业产业化经营的组织方式和运行机制［M］.北京：北京大学出版社，2000：18.

② ［法］H.孟德拉斯.李培林译.农民的终结［M］.北京：中国社会科学出版社，1991：1.

③ ［美］西奥多·W.舒尔茨.梁小民译.改造传统农业［M］.北京：商务印书馆，2013：28-29.

④ 方志权.都市农业：一种发达农业的形态［J］.学术研究，2000（12）.

新，保持农业的可持续和多功能性发展。①佐藤正之（2012）指出推进“六次产业化”健康可持续发展，必须要加大农业科技投入、促进农业技术创新和推广，确保“六次产业”发展的用地空间、吸引劳动力资源向农业农村转移、多元化筹措发展资金、拓宽农产品销售渠道等。②

韩国在进入21世纪后，随着农产品市场开放程度的加大以及农村空心化、人口老龄化的加剧，农业产业发展面临着巨大挑战。对此，韩国政府将农业的六次产业化发展作为提高农业收益和提升农村经济水平的重要举措，并在推进六次产业发展方面，以农协为组织载体，设置相关支农机构和部门、推行六次产业认证制度、划定产业融合发展区域等为新兴手段，助推产业融合之路走向深入。③

### （二）国内研究现状

鉴于农业在我国的重要性和基础性，随着产业融合理论在国内的传播，农业与相关产业的融合发展开始引起学者的广泛关注。我国学者对农业与相关产业融合发展的研究也是首先从农业自身内部的融合开始的，即以农业产业化发展为起点。自20世纪90年代农业产业化经营成为我国农业经营体制机制的重大创新后，学术界掀起了研究热潮，取得的成果汗牛充栋，其中关于农业产业化的意义、内涵、发展模式、经营绩效、存在问题及实现路径等方面的研究内容尤为丰富且较为成熟，在此不加赘述。从历史传承和实践基础看，农村产业融合发展是农业产业化的高级阶段和“升级版”，自2015年中央一号文件正式提出后，政策界及学术界对农村产业融合发展的概念、目标、发展现状、动力机制、组织形式、实践中遇到的问题和障碍以及实现农村产业融合发展的对策和建议等，都做了不同程度的分析。

1. 关于农村产业融合发展的内涵

宗锦耀（2015）从“经营主体”角度出发，指出农村产业融合发展的目的就是实现农业产业链条内部化，让农民能够更多地分享二三产业增值，因

① 祝金水．完善利益联结机制的新探索——“六次产业化”对湖北农业的启示［J］．农村经济与科技，2010（12）．

② 王娟娟．日本农业“六次产业化”分析［D］．长春：吉林大学，2014.

③ 王娟娟．日本农业“六次产业化”分析［D］．长春：吉林大学，2014.

此，其经营主体必须要具有同一性。[①]（姜长云，2015；赵海，2015；刘明国，2015；李国祥，2015）从"产业融合"的视角，指出各类经营主体以农业为基本依托，以资金为纽带，以创新为动力，通过产业间的融合渗透、交叉重组、前后联动、要素集聚、机制完善和跨界配置，将农村一二三产业有机整合、紧密相连、一体推进，形成新技术、新业态、新商业模式，带动资源、要素、技术、市场需求在农村的整合集成和优化重组，最终实现产业链条延伸、产业范围扩大、产业功能拓展和农民就业增收渠道增加的经营方式。[②③④⑤]王丹玉等（2017）从"产村融合"的视角，指出农村产业融合发展就是通过农业与二三产业的一体化发展，来促进农业产业转型升级，促进农业生产方式和农民生活方式改变，进而推动美丽乡村建设的发展过程。[⑥]

2. 关于农村产业融合发展的现实必要性及意义

张红宇（2014）指出，农村一二三产业融合发展不仅是农业产业升级拓展的必要选择，也是农业发展到现阶段和消费结构升级的必然产物。[⑦]（宗锦耀，2015；李人庆，2015）指出，农村产业融合发展是国民经济持续健康发展的重要支撑和解锁实现全面小康的钥匙，也是撬动原有制度结构、跨越城乡工农产业差别巨大鸿沟的重要支点。[⑧⑨]韩一军（2015）则认为农村产业融合发展对于改善农村环境，促进农村消费具有重要意义。[⑩]杨建国（2016）认为农村产业融合发展有利于解决困扰中国农业的两大难题——谁来种地和如何种地的问题。[⑪]李治、王东阳（2017）指出农村产业融合发展对于降低农业生产交易成本、促成新企业产生，塑造农业产业品牌形象，加快城乡经济一

---

① 宗锦耀．以农产品加工业为引领 推进农村一二三产业融合发展［J］．农村工作通讯，2015（7）．

② 姜长云．推进农村一二三产业融合发展新题应有新解法［J］．中国发展观察，2015（2）．

③ 赵海．论农村一二三产业融合发展［J］．农村经营管理，2015（7）．

④ 刘明国．务实求解农村一二三产业融合发展［N］．学习时报，2015-08-17.

⑤ 李国祥．推动"三产"融合发展是破题关键［N］．人民政协报，2016-01-05.

⑥ 王丹玉等．农村产业融合视域下美丽乡村建设困境分析［J］．西北农林科技大学学报（社会科学版），2017（3）．

⑦ 张红宇．力推农业产业化促一二三产业融合互动［N］．农民日报，2014-12-30.

⑧ 宗锦耀．以农产品加工业为引领 推进农村一二三产业融合发展［N］．农民日报，2015-06-01.

⑨ 李人庆．三产融合下的美丽乡村建设：http：//www.countryplan.cn/html/3769/3769.htm.

⑩ 韩一军．加快推进农村一二三产融合发展［N］．农民日报，2015-10-30.

⑪ 中央力挺 农村三产融合来了［EB/OL］．（2016-01-07）［2016-01-08］.http：//www.xinjuren.com/news/11835.shtml.

体化具有重要意义。①

3. 关于农村一二三产业融合发展的类型

赵海（2015）从经营主体的角度将农村产业融合发展概括为四种类型：农户主导型、农民合作社主导型、龙头企业主导型、“互联网 +X”型。②与此相类似的划分，还有汤祚国（2017）以湖南省桃源县为例，从新型农业经营主体的视角，将农村产业融合模式概括为以家庭农场为主导的融合模式、以专业合作社为纽带的融合模式、以龙头企业为引领的融合模式。③张丽娜（2015）从不同产业间融合发展的角度将其划分为：“1+1”模式，即一次产业内部农林牧渔融合发展模式；“1+2”模式，即一产与二产融合发展模式；“1+3”模式，即一产与三产的融合发展模式；“1+2+3”模式，即一二三产业交叉融合发展模式。④北京农业产业融合发展研究课题组（2016）将农业产业融合发展的类型概括为：渗透型融合、重组型融合、交叉型融合、延伸型融合四种。⑤王乐君、寇广增（2017）从产业链维度将农村产业融合发展模式概括为农产品加工销售型、产加销综合型、休闲体验型、农产品直销型、产城融合型五类；从主体维度概括成农业生产者向后延伸型、龙头企业引领型、企业集群型、农业产业化联合体型四种模式；从利益分享机制维度提出订单农业型、合作性、股份合作型、服务带动型四种模式。⑥

4. 关于农村产业融合发展的问题及困境

李国祥（2015）指出“三产融合”当前亟须克服的一个痛点是“谁来干”这个最大问题。⑦芦千文、姜长云（2016）针对湖北省宜昌市的调查指出农村产业融合发展总体上处于初级阶段，融合覆盖面窄，融合起点低；农村产业融合发展的外部支撑环境尚不健全，面临着基础设施薄弱、公共和社会化服务滞后、政策和制度障碍等；融合项目自我升级发展困难较多，项目申报难、

① 李治，王东阳 . 交易成本视角下农村一二三产业融合发展问题研究［J］. 中州学刊，2017（9）.

② 赵海 . 论农村一二三产业融合发展［J］. 农村经营管理，2015（7）.

③ 汤祚国 . 农村产业融合模式探析［J］. 当代县域经济，2017（3）.

④ 张丽娜 . 以农村一二三产业融合 助推农业改革发展［J］. 奋斗，2015（12）.

⑤ 北京农业产业融合发展研究课题组 . 产业融合发展转型中的北京农业［M］. 北京：中国农业科学技术出版社，2016：91-92.

⑥ 王乐君，寇广增 . 促进农村一二三产业融合发展的若干思考［J］. 农业经济问题，2017（6）.

⑦ 国务院力挺“三产融合”探索商业化运营农村服务业［EB/OL］.（2015-12-23）［2016-03-24］.http：//news.sina.com.cn/c/2015-12-24/doc-ifxmykrf2248573.shtml.

融资难、管理弱等多重困境；部分项目缺乏对农户的辐射带动力。[①]“推进农村一二三产业融合发展问题研究”课题组（2015）指出，农村一二三产业融合发展面临着经营主体能力素质不高、创新能力不强、利益联结机制不紧密、农业社会化服务体系不健全、产品标准化和品牌化障碍多、融资难等多种问题。[②]汪小勤、汪娟（2017）指出农地制度与户籍制度改革滞后、农业合作组织发展不足制约着当前农村产业融合的深度发展。[③]朱信凯、徐星美（2017）在对苏南地区农户进行问卷调查的基础上总结出了当前农村产业融合发展面临着对产业融合内涵认识存在误区、融合主体核心竞争力不足、农民增收机制不健全、融合服务体系发展滞后、金融支持明显不足等问题。[④]

5. 关于农村产业融合发展的实现路径及对策

吴晓（2015）从新技术、新业态和新模式引入农业、发挥市场机制的作用、强化政府的政策引导、公共服务和市场监管三个方面提出了农村产业融合发展的实现路径。[⑤]赵海（2015）强调在农村一二三产业融合发展过程中要建立消费导向机制和利益共享机制，通过培育新兴农业经营主体，拓展农业多种功能，实现产业集群、企业集聚，一村一品，一乡一业。[⑥]徐旭初（2015）则认为农村产业融合的实现必须要大力发展各类股份合作组织。[⑦]芦千文、姜长云（2016）认为推动农村产业融合发展的理想状态在于做到统筹、包容、共赢；要明确利益联结中各主体的角色定位；提升农村产业融合项目的竞争力；发挥地方政府对农村产业融合的支持作用；鼓励新型经营主体做大做强、抓紧开展农村金融体系改革、加快建设农村产业融合服务体系等农村产业融合的着力点。[⑧]北京农业产业融合发展研究课题组（2016）指出，技术创新、消费需求变化、社会分工程度、价值链高度相关、企业协同竞争、政府

① 芦千文，姜长云 . 关于推进农村一二三产业融合发展的分析与思考——基于对湖北省宜昌市的调查［J］. 江淮论坛，2016（1）.

② “推进农村一二三产业融合发展问题研究”课题组 . 推进农村三次产业融合发展要有新思路［J］. 宏观经济管理，2015（7）.

③ 汪小勤，汪娟 . 产业融合视角下探究农业供给侧结构性改革［J］. 商业经济研究，2017（6）.

④ 朱信凯，徐星美 . 一二三产业融合发展的问题与对策研究［J］. 华中农业大学学报，2017（4）.

⑤ 农业现代化根本路径是发展“第六产业”［EB/OL］.（2016–01–13）［2016–03–25］.http：//www.asny.gov.cn/art/index.asp？ id=931.

⑥ 赵海 . 论农村一二三产业融合发展［J］. 农村经营管理，2015（7）.

⑦ 徐旭初 . 浅谈推进农村一二三产业融合发展［J］. 中国农民合作社，2015（3）.

⑧ 芦千文，姜长云 . 关于推进农村一二三产业融合发展的分析与思考——基于对湖北省宜昌市的调查［J］. 江淮论坛，2016（1）.

政策导向是影响农业产业融合发展的关键因素。[①]吕岩威、刘洋（2017）从纵向一体化、工商资本引领、龙头企业引领、现代电商平台四个方面分别分析了农村一二三产业融合发展的路径并提出了相关的政策建议。[②]李治、王东阳（2017）指出，农村产业融合发展要以技术创新为驱动力，制度创新为保障，农业多功能发展为推动力。[③]

孔祥智、周振（2015）从六个方面归纳了农村产业融合发展的对策：一是要做好全面规划，同时还应出台扶持第六产业发展的相关政策措施，如建设用地使用优惠政策、资金扶持机制、财政补贴；二是要大力培育新兴农业经营主体；三是构建技术推广、信息服务、法律服务等相关的社会化服务体系；四是积极推进农业与二三产业之间的互动协调发展；五是要推进农产品品牌化建设；六是要完善地区道路、物流基础设施建设。[④]张丽娜（2015）指出推进农村一二三产业融合发展，一是培育龙头企业，增强三产融合发展动力；二是建设规模基地，夯实三产融合发展基础；三是拓宽营销渠道，激发三产融合发展活力；四是加大扶持力度，优化三产融合发展环境。[⑤]张义博（2015）认为，推进农村产业融合发展在重视技术和商业模式创新、提供组织保障和财税支持、推进农业产业集群发展的同时，还要破除束缚农村产业融合发展的体制机制，规范工商资本和农协等参与农村产业融合发展的行为。[⑥]汴靖（2015）认为加快推进农村一二三产业融合发展要不断完善我国农业补贴体系，要实现农业补贴体系由生产环节为主向全产业链并重转变，政府主导向政府、市场、社会共同作用转变，传统管理方式向现代治理结构转变，进而发挥农业补贴的更大经济和社会效益，调动经营主体参与农村产业融合发展的积极性。[⑦]储德平等（2016）指出，有文化、懂技术、会经营、晓政策、重生态、守法纪的新型职业农民是加快推进我国农村一二三产业融合发展的微观主体和关键力量。[⑧]张守魁（2016）指出，推进农村产业融合发展，要依

---

① 北京农业产业融合发展研究课题组．产业融合发展转型中的北京农业［M］．北京：中国农业科学技术出版社，2016：92–95.

② 吕岩威，刘洋．推动农村产业融合发展的路径探究［J］．当代经济管理，2017（10）.

③ 李治，王东阳．交易成本视角下农村一二三产业融合发展问题研究［J］．中州学刊，2017（9）.

④ 孔祥智，周振．发展第六产业的现实意义及其政策选择［J］．农业经济研究，2015（1）.

⑤ 张丽娜．以农村一二三产业融合 助推农业改革发展［J］．奋斗，2015（12）.

⑥ 张义博．农业现代化视野的产业融合互动及其路径找寻［J］．改革，2015（2）.

⑦ 汴靖．产业融合发展背景下优化农业补贴体系研究［J］．价格管理与实践，2015（6）.

⑧ 储德平等．农村产业融合背景下的新型职业农民培养机制探究［J］．中国成人教育，2016（16）.

托农业资源整合要素市场，要注重产城人互动，要借力金融支持，要坚持市场需求导向。[①]葛新权、和龙（2017）从强化顶层设计、打造新兴业态、培育多元主体、创新利益联结形式、激活多种要素五个方面提出推进农村产业融合发展的对策。[②]

## 二、就地城镇化的国内外研究现状

### （一）国外就地城镇化研究现状

国外学者对农村就地城镇化研究很少，但由于就地城镇化的载体是小城镇，因此，梳理国外专家学者对小城镇发展的必要性、可行性及其实现路径的研究，可以为当前我国推进以小城镇为载体的就地城镇化发展提供有益思路。此外，国外学者对西方少数发达国家"逆城市化"现象的研究，也为我们研究农村产业融合推动就地城镇化发展提供了借鉴。

1. 关于小城镇发展理论研究

1898 年，英国学者霍华德针对"人们过快涌进城市"给城市和农村带来的威胁，提出了"田园城市"理论，并通过发起"田园城市"运动，力争创建出兼具城市和农村优点的舒适宜人的新家园。霍华德所设计的"田园城市"是一种将城市与乡村稳定持久结合的空间组织新形式，其具体实践就是通过对城镇人口规模的限制、周边绿化的完善、道路交通的发展以及工业带的形成，创新出兼具城市与农村优点的新城镇。[③]霍华德的这一理论被普遍认为是西方小城镇发展理论的开端，其中也蕴含着农村就地城镇化的意蕴。

泰勒在借鉴"田园城市"理论的基础上，于 1915 年首次提出卫星城镇的概念，并将其定义为在特大中心城市的辐射带动作用下，在其外围建立起公共基础设施和就业岗位相对完善、建筑密度低，环境质量高，并与中心城市相分离的小城镇。

20 世纪 70 年代，D. 圣海斯提出"自中心发展理论"，其本质就是从农村地区社会、经济技术条件出发，通过密集地开发利用当地资源、应用小规模

---

① 张守魁．一二三产业融合发展推动农业供给侧结构性改革路径探讨［J］．理论导刊，2016（5）．

② 葛新权，和龙．促进我国农村产业融合发展的政策取向［J］．经济纵横，2017（5）．

③［英］彼得·霍尔，科林·沃德著．社会城市——埃比尼泽·霍华德的遗产［M］．黄怡译．北京：中国建筑工业出版社，2009：19–20.

技术、组织劳动密集型生产，为区域内人口提供就业、生产、生活等基本需求，以最大限度地减少农村经济社会发展对区域外部的依赖。①可见，自中心发展理论是一种完全依靠农村资源而进行的自下而上的内生型发展理念。

1987 年，加拿大学者麦吉在对城市和农村发展进行实证研究后指出：传统的西方大城市主导的城市化道路是西方发达国家基于自身国情条件和时代背景展开的，因此不能成为亚洲国家城镇化发展唯一的道路，而且随着时代条件的变化以及国情农情背景的差异，传统的城市化理论也不能完全解释和解决当前发展中国家城市化进程所滋生出的各种新难题。对此，他提出了“Desakota”（灰色区域）的概念，认为该区域虽然在空间统计上常被官方划分为乡村地区，但该地区在农业发展的同时，劳动密集型工业、服务业和其他非农产业也相当发达，因此，同时具备了城市和乡村的经济要素，在一定程度上削弱了传统的城市—乡村两分法。②可见，麦吉的灰色区域理论意在强调要走出一条与传统的大城市发展道路不同的城市化新路径，即在充分重视大中城市发展的同时要鼓励农村小城镇的发展，而农村小城镇就是在城市与乡村相互作用区域形成一种亦城亦乡、城乡融合的新型城镇空间形态。可以说，这一城镇化发展模式为研究我国农村产业融合，推动就地城镇化发展提供了指引。

20 世纪 90 年代，弗里德曼和道格拉斯为了促进农业、农村和农民的发展以及缓解大城市病，提出了农业城镇发展模式，其主要内容就是通过发展农业与非农产业生产活动来带动农民向农村区一级管理层次集中，进而形成农村城镇。同时，该发展模式还指出，农村城镇的发展离不开政府对该区域的投资，只有在产业发展和政府投资合力作用下，才能真正使农村地区变成“田里的城市”或者“乡村城市”。③这一时期提出类似观点的还有日本学者岸根卓郎，他在比较分析了农村和城市社会系统各自的优劣后，设计了一种兼具农村“舒适安逸”和城市“活力繁华”的城乡融合系统。④

进入 21 世纪，美国经济史学家约翰逊指出，农村地区贫困的根源在于其

---

① 张群、秦川 . 国内外小城镇建设理论与实践分析［J］. 小城镇建设，2008（12）.

② Mc Gee T G Urbanisasi or Kotadesasi：The Emergence of New Region of Economic Interaction in Asia. Honolulu：EWCEAPI，1987.

③ 孙久文等 . 走向 2020 年的我国城乡协调发展战略［M］. 北京：中国人民大学出版社，2010：20.

④ 王敬华，陈田 . 城乡统筹发展途径研究［M］. 北京：中国农业科学技术出版社，2009：4.

对城市的过度依附，要使农村地区改变贫困现状，必须减少与城市的经济联系，通过“乡村内源式发展”，即乡村地区依靠自身的资源条件大力推进农业商品化和农村工业来实现农村区域的经济社会发展。①

2. 关于逆城市化的研究

国外学者对逆城市化现象的分析主要是基于大城市病的愈演愈烈。1976年，美国经济地理学界权威学者布赖恩·贝里首次提出了逆城市化概念，指出逆城市化并不是对城市化的否定，也不是城市人口的农村化，而是针对大城市中心人口过度聚集的弊端，而向城市周边逐渐分散迁移，与此相伴，大城市的部分工业、商业等经济活动也向周围蔓延扩散。②20世纪80年代，法国社会学者孟德拉斯通过对法国农村现状的剖析，提出了交通和通讯的发展对乡村社会规模、经济、政治和社会结构改变以及缩小城乡空间差距等方面具有重要意义。他指出：“农村人享受到都市的一切物质条件和舒适，从这种意义上说，他们的生活方式都市化了”。③本书提出的农村产业融合推动就地城镇化发展与孟德拉斯的这一观点不谋而合，推进以农村产业融合推动就地城镇化发展也是为了避免大城市病而对城镇化发展路径的创新，其发展也需要通过交通、通讯等农村基础设施的完善来促使农民与市民在生活方式上趋同。

### （二）国内就地城镇化研究现状

1. 关于就地城镇化的必要性研究

早在20世纪80年代初，以费孝通为代表的研究者们就对就地城镇化发展的载体——小城镇发展的必要性进行了较为详实的论述，指出小城镇对于繁荣农村商品经济，吸引农村留住人才，推进农村政治、经济、文化与大城市衔接具有重要意义。但随着小城镇自身在实践发展中弊端的暴露，理论界逐渐将研究的重点转向了以大城市为中心的农民进城城镇化发展模式。进入21世纪以来，随着我国工业化和城镇化的快速推进，农民大量的进城带来了较为严重的“城市病”和“农村病”，“三农”问题愈加突出，以城乡一体化为目标的就地城镇化发展的现实性及必要性再次成为理论界研究的重点。陈

---

① 孙久文等. 走向2020年的我国城乡协调发展战略［M］. 北京：中国人民大学出版社，2010：19.

② ［美］布赖恩·贝里. 城市化与逆城市化［M］. 奥克兰：加利福尼亚大学出版社，1976：173.

③ ［法］孟德拉斯：农民的终结［M］. 李培林译，北京：社会科学文献出版社，2005：275-276.

建辉、周干峙（2005）针对我国农村人口众多的国情条件指出了让居村农民就地实现与城市生产和生活方式接轨是未来我国城镇化发展的重要方向和全面建设小康社会的重要内容。[①]焦晓云（2015）指出，就地城镇化是预防和治理当前我国“大城市病”和“农村病”的重要抓手。[②]李强、陈振华、张莹（2015）指出，就地城镇化有利于降低城镇化的制度障碍、促进城镇化的合理布局与保障中国农业、乡村的可持续发展。[③]陈伟然、桂江丰（2017）指出，就地城镇化发展是加快产业结构调整、培育和发展市场以扩大内需、推进四化同步发展的重要实现路径。同时，就地城镇化发展对国家政治稳定、经济发展和社会进步也具有重大影响。[④]

2. 关于就地城镇化的内涵

张鼎如（2006）认为就地城镇化就是指农村人口不向城市集中，而是在原有的居住地，通过农村产业结构的升级和现代化基础设施和公共服务的供给，让农民享受与城市一样的生产和生活服务。[⑤]刘文纪（2010）指出就地城镇化的主体是农民，就地城镇化的本质就是农民就地实现生产方式由农业向工业转变、生活方式由农村向城市转变的过程。[⑥]朱宇、祁新华、王国栋（2012）将就地城镇化视为乡村—城镇转型中城镇要素在乡村生产、积累和发展及由此派生的准城镇地域和人口现象。[⑦]唐丽萍、梁丽（2015）认为，就地城镇化是以人为核心的城镇化，是推进农民职业非农化，生活方式市民化，思想观念现代化，基本公共服务均等化的过程。[⑧]李强、张莹、陈振华（2016）指出“就地城镇化”是一种具有鲜明中国特色的城镇化现象，是农民就地实现由农业向非农产业转换以及生活空间由分散居住向集聚化居住转换的过程。[⑨]

---

① 陈建辉．周干峙．农民城市化的实质是生活方式的城市化［N］．经济日报，2005-08-11.

② 焦晓云．新型城镇化进程中农村就地城镇化的困境、重点与对策探析——“城市病”治理的另一种思路［J］．城市发展研究，2015（1）.

③ 李强，陈振华，张莹．就近城镇化于就地城镇化［J］．广东社会科学，2015（1）.

④ 陈伟然，桂江丰．中国就地城镇化及其战略研究［J］．江西社会科学，2017（6）.

⑤ 张鼎如．中国农村就地城市化刍议［J］．中国农学通报，2006（11）.

⑥ 刘文纪．中国农民就地城市化研究［M］．北京：中国经济出版社，2010：3.

⑦ 朱宇，祁新华，王国栋．中国的就地城镇化：理论与实证［M］．北京：科学出版社，2012：12-13.

⑧ 唐丽萍，梁丽．适度与限度：我国就地城镇化研究［J］．求索，2015（7）.

⑨ 李强，张莹，陈振华．就地城镇化模式研究［J］．江苏行政学院学报，2016（1）.

3. 关于就地城镇化的条件研究

章寿荣（2005）将“发达的农村经济、健全的农村社会保障与公共服务体系、农民生活方式的城市化”视为就地城市化的三个必要条件。①屈志勇、宋元梁、屈泊静（2012）将土地资本化、农业产业化、城镇社会化、村庄社区化、农民市民化作为衡量农村就地城镇化形成和发展的五大因素。②祁新华、朱宇、周燕萍（2012）以福建泉州市、江苏昆山市、广东东莞市三个地区为范本进行问卷调查，得出了乡村居民的迁移意愿是影响城镇化发展模式的重要因素。③辜胜阻、郑超、曹誉波（2014）指出，产业专业化、集聚化发展，形成区域性特色产业集群，是促进转移人口就地市民化的关键。④李强、张莹、陈振华（2016）将产业培育和就业结构的转变、土地的资本化、地方精英的资源整合作用、交通机动化的影响以及农民返乡意愿等作为就地城镇化的动力因素。⑤

4. 关于就地城镇化发展困境

郭金丰（2011）通过对近几年农民就地市民化发展的实践调研，指出当前就地城镇化发展还存着农民的合理权益没有获得充分保护与实现、公共服务功能在小城镇发挥受限、传统社会关系网络受到强行破坏，政府对农民就地市民化提供的机会与帮助对于农民而言缺乏吸引力等问题。⑥唐丽萍、梁丽（2015）从我国城镇规模小，集聚效应难以发挥，工业基础薄弱，工业化滞后于城镇化，就地城镇化的发展和推广有限，盲目普及可能衍生出新的社会问题等几个方面进行了分析。⑦焦晓云（2015）认为在就地城镇化发展过程中，目前普遍存在着思想重视不够、产业发展不足、体制机制束缚、权责不匹配等问题。⑧

---

① 章寿荣 . 新农村建设与就地城市化道路［J］. 学海，2005（8）.

② 屈志勇，宋元梁，屈泊静 . 农村转型发展中的就地城镇化问题探索［J］. 农村财政与财务，2012（12）.

③ 祁新华，朱宇，周燕萍 . 乡村劳动力迁移的“双拉力”模型及其就地城镇化效应——基于中国东南沿海三个地区的实证研究［J］. 地理科学，2012（1）.

④ 辜胜阻，郑超，曹誉波 . 大力发展中小城市推进均衡城镇化的战略思考［J］. 人口研究，2014（7）.

⑤ 李强，张莹，陈振华 . 就地城镇化模式研究［J］. 江苏行政学院学报，2016（1）.

⑥ 郭金丰 . 统筹城乡发展进程中农民就地市民化的困境及其解决思路［J］. 江西农业大学学报（社会科学版），2011（6）.

⑦ 唐丽萍，梁丽 . 适度与限度：我国就地城镇化研究［J］. 求索，2015（7）.

⑧ 焦晓云 . 新型城镇化进程中农村就地城镇化的困境、重点与对策探析——“城市病”治理的另一种思路［J］. 城市发展研究，2015（1）.

5. 关于就地城镇化实现路径及对策建议

刘文纪（2010）认为农业企业化是农业现代化的实现路径，农业企业化的发展有利于改变农民的生产和生活方式，因此，要大力发展农业企业，促进农业企业集聚发展，以此带动农村就地城镇化的实现；并指出户籍制度、土地制度、社会保障制度、村民自治制度是保障农村就地城镇化顺利进行的关键。①山东社会科学院省情研究中心课题组（2014）指出：就地城镇化的有效持续推进，需要人口集聚、土地经营、产业与就业以及公共服务等多方面政策措施的系统配套。②唐丽萍、梁丽（2015）指出就地城镇化的战略选择与发展路径应该根据我国东中西部地区区位因素、资源优势、工业基础而因地制宜，对于大都市周边的重点镇和具有特色资源和区位优势强的镇应选择以就地城镇化为主；对于人口多、区位优势弱的镇应采取就地城镇化与异地城镇化并举的复合型战略；而对于远离中心城市的偏远小镇应以异地城镇化为主、就地城镇化为辅。③焦晓云（2015）认为推进就地城镇化，必须将科学规划作为首要任务，将制度改革作为关键环节，将美丽乡村作为发展目标，将解放思想作为发展动力，将技能培训作为人才保障。④沈翠珍、赵立华、杜为公（2015）指出，小城镇建设是就地城镇化模式的主要内容，推行就地城镇化需要统筹城乡规划体系，强化小城镇的建设和管理。⑤陈伟然、桂江丰（2017）从强化产业支撑、释放改革红利、完善城镇功能等方面提出了就地城镇化发展的实施战略。⑥

6. 关于就地城镇化与其他城镇化、新农村建设的关系

章寿荣（2006）指出就地城镇化和异地城镇化是当前我国城镇化发展的两种重要模式。这两种城镇化发展模式相互补充、相互促进，共同推进我国城镇化发展。⑦随着党和政府提出社会主义新农村建设的目标，学者们又纷纷指出新农村建设是实现农村就地城镇化的基础和前提，农村就地城镇化是新

① 刘文纪．中国农民就地城市化研究［M］．北京：中国经济出版社，2010：13.

② 王波．就地城镇化的特色实践与深化路径研究——以山东省为例［J］．东岳论丛，2014（8）.

③ 唐丽萍，梁丽．适度与限度：我国就地城镇化研究［J］．求索，2015（7）.

④ 焦晓云．新型城镇化进程中农村就地城镇化的困境、重点与对策探析——“城市病”治理的另一种思路［J］．城市发展研究，2015（1）.

⑤ 沈翠珍，赵立华，杜为公．新型城镇化的战略取向与就地城镇化模式研究［J］．武汉理工大学学报（社会科学版），2015（6）.

⑥ 陈伟然，桂江丰．中国就地城镇化及其战略研究［J］．江西社会科学，2017（6）.

⑦ 章寿荣．新农村建设与就地城市化道路［J］．中国现代化研究论坛，2006（4）.

农村建设的方向和升级迭代。①

## 三、农村产业融合发展与就地城镇化互动关系的国内外研究现状

以“农村产业融合推动就地城镇化发展”为研究对象的学术论文和学术著作目前尚未发现，但与此相关的农业现代化与城镇化、农业产业化与城镇化互动发展的相关研究还较为丰富，研究成果主要以国内学者为主，梳理这些研究成果可为本书的研究提供有益的思路。

### （一）农业现代化与城镇化互动协调发展研究

1. 关于农业现代化与城镇化二者之间的关系

学术界普遍认为农业现代化和城镇化之间相互促进、互为条件。其中，夏春萍（2010）指出，城镇化与农业现代化两者是协调统一的发展关系，一方面，城镇化将创造更多的非农就业机会而促进农村剩余劳动力的转移以及农产品需求，同时城镇化的推进还能提高土地规模化经营效率、促进农业产业化发展、优化农业产业结构调整；另一方面，农业现代化为城镇化提供了市场和要素条件等。②李兵、王曼曼、孔祥智（2017）指出，城镇化与农业现代化之间是正向互动作用，城镇化是实现农业规模化和集约化发展的必由之路，农业现代化是启动城镇化进程并使之持续、顺利地推进的先决条件。③

2. 关于农业现代化与城镇化协调发展的程度

农业现代化与城镇化互动协调发展是一个动态的发展过程，朱殿霄、胡志全（2015）通过建立评价方程以及计算耦合协调度对我国城镇化与农业现代化的协调发展程度进行了定量测定，指出我国农业现代化与城镇化发展经历了由不协调到初步协调发展的转变，目前两化之间的协调作用还比较弱，需要进一步协同促进城镇化与农业现代化的发展。④

① 杨世松，习谏．我国农村“就地城市化”问题探讨［J］．学习论坛，2006（5）．

② 夏春萍．工业化、城镇化与农业现代化的互动关系研究［J］．统计与决策，2010（10）．

③ 李兵，王曼曼，孔祥智．我国城镇化与农业现代化协调发展的总体趋势与政策解释［J］．华中农业大学学报，2017（5）．

④ 朱殿霄，胡志全．城镇化与农业现代化协调发展程度分析［J］．中国农通学报，2015（26）．

3. 关于农业现代化与城镇化协调发展的对策

韩长赋（2011）指出，农业现代化与城镇化协调发展的关键在于加快农业科技创新、促进劳动过程机械化、农业技术集成化、生产经营信息化。①柯福艳（2011）指出，农业劳动力减量提质、农业土地转用增值、农业基础设施建设、农产品生产、三次产业合作等是实现城镇化和农业现代化同步协调发展的关键。②程丹等（2013）认为劳动力、土地、产品、科学技术等方面是影响城镇化和农业现代化的共同因素，提出要从推进户籍及社会制度改革、加大农村教育投资、加快农村土地确权改革、促进农产品加工企业发展等方面提出了城镇化与农业现代化协调发展的对策建议。③李静、高继红（2014）指出，要推进农业现代化和城镇化互动协调发展，要有序推进城镇体系，加强农业现代化的推动作用，改革和完善相关制度。④

## （二）关于农业产业化与城镇化的互动关系研究

1. 关于农业产业化与城镇化二者之间的关系

冯雷、解慧、孔祥敏（2003）认为，农业产业化和农村城镇化是相互联动的关系，农业产业化通过提高农业劳动生产城镇化发展提供初始动力，通过促进农业产业集聚发展为城镇化提供要素集聚基础，通过打造龙头企业为城镇化提供产业支撑，通过农产品市场的发展，为城镇化发展提供诱导力量；而城镇化的发展为农业产业化提供市场贡献、结构贡献、就业贡献、规模贡献、资金贡献。⑤曹文明（2004）指出，农业产业化能够为区域城镇化发展提供重要的产业支撑，而城镇化发展能够为农业产业化提供空间载体。⑥阳立高等（2010）基于湖南省部分地区的实证分析后，指出城镇化对于增加农产品的有效需求、提高信息化水平、改变农村耕地块小分散的格局、培养与吸引

---

① 韩长赋 . 加快推进农业现代化 努力实现“三化”同步发展［J］. 农业经济问题，2011（11）.

② 柯福艳 . 统筹城乡背景下城镇化与农业现代化互促共进长效机制研究［J］. 农村经济，2011（5）.

③ 程丹等 . 城镇化与农业现代化的耦合关系研究［J］. 安徽农业科学，2013（3）.

④ 李静，高继红 . 城镇化与农业现代化协调发展研究［J］. 理论与改革，2014（3）.

⑤ 冯雷，解慧，孔祥敏 . 城市郊区农业产业化与城乡一体化联动发展研究［J］. 农业现代化研究，2003（2）.

⑥ 曹文明，吕颖慧，焦方增 . 城镇化的另一个路径：以寿光农业产业化为例［J］. 中国社会科学院研究生院学报，2004（3）.

人才、城市支持农村发展等具有重要意义。[①]马剑梅、肖长东（2017）认为，农业产业化与农村城镇化二者相辅相成。其中，农村城镇化为农业产业化发展提供了市场空间，并促进农业产业的规模化发展；农业产业化反作用于城镇化建设，同时农业产业化带来的外部效益有利于促进城镇化发展。[②]

2. 关于促进农业产业化与城镇化互动发展的对策

匡小明（1999）指出，推进农业产业化和城镇化联动发展是一项系统工程，需要政府发挥宏观调控作用，从思想上重视二者之间的联动关系；要拓宽融资渠道，为二者联动发展提供资金支撑；要加强体制机制创新，为二者联动发展提供制度保障；要培育壮大龙头企业，促进城镇产业升级发展；要加强小城镇建设，为二者联动发展提供空间载体。[③]刘珂、汤颂（2015）指出，产业支撑是新型城镇化建设的重要依托和内在动力，通过完善制度体系和优化产业结构，推动产城融合和促进一二三产业融合是实现新型城镇化的有效路径。[④]朱小艳（2015）指出，强化区域性城镇体系建设和农业龙头企业的培育，并加强配套制度改革，是实现农业产业化与城镇化协同发展的必然选择。[⑤]马剑梅、肖长东（2017）从完善农业产业化利益联结机制、打造功能齐全的城镇体系、加强农业教育和就业培训以及优化农业结构促进农业产业集聚等方面构建农业产业化和城镇化联动发展机制。[⑥]

## 四、国内外研究现状简要述评

### （一）国外研究现状述评

综合上述对农村产业融合与就地城镇化发展国内外现状的学理归纳可以看出：国外学界和理论界对农业产业化、农村产业融合发展的运行机制、利益联结机制、金融支持等方面做了较为系统的研究，日韩等国在农村六次产

① 阳立高，廖进中，冉江艺．城镇化拉动农业产业化发展研究［J］．湖南大学学报（社会科学版），2010（2）．
② 马剑梅，肖长东．农业产业化与农村城镇化在农业经济发展中的互动［J］．改革与战略，2017（7）．
③ 匡小明．农业产业化与农村城镇化联动探析［J］．农业经济，1999（4）．
④ 刘珂，汤颂．产业支撑视角下的新型城镇化建设路径研究［J］．河南师范大学学报（哲学社会科学版），2015（2）．
⑤ 朱小艳．论农村城镇化与农业产业化的协同发展［J］．湖南行政学院学报，2015（3）．
⑥ 马剑梅，肖长东．农业产业化与农村城镇化在农业经济发展中的互动［J］．改革与战略，2017（7）．

业发展的具体实践中虽然采取了不同的实现路径，但都始终坚持农业的基础地位不动摇，尤为重视对农业的政策支持和保护，注重维护农民利益，不断加大对农村基础设施和公共服务的投入，形成了较为完善的农业信贷体系和农业合作组织，并通过健全的法律法规和完善的监督管理机制来保证农业产业化和农村六次产业的顺利推进。这些具体措施为我国研究农村产业融合发展提供了较为丰富的资料。但需要指出的是，由于各国国情的千差万别，对于人多地少、经济发展水平还相对落后以及具有特殊体制机制的中国而言，在农村产业融合发展思路、对策方面不能完全照抄照搬国外模式。如美国、日本政府在农业产业化、“六次产业”发展中实施支持和保护并注入大量资金，而目前我国对农业的支持和保护资金的投入还受经济发展水平较低的制约；再如美国人少地多的国情决定了其必然要走机械化大生产的道路代替高昂的人力资本，而日本人多地少的国情使其在小规模经营中尤为注重提升土地效率，韩国通过地产地销方式促进农业产业化发展，而我国人多地少，农业科技水平发展滞后、大龄青壮年劳动力向城镇转移使得上述发展模式都不能完全实行“拿来主义”，这就决定了我国在推进农村产业融合发展进程中在借鉴国外经验的基础上探索适合本国国情条件的农业生产经营方式和政策支持措施。

对于国外小城镇发展理论、逆城市化发展理论中提出的协调城乡发展，反对过快过度的大城市化发展，主张通过繁荣农村经济，发展劳动密集型产业和加强小城镇建设实现人口就地就近转移的观点为我们研究农村产业融合、推动就地城镇化发展打开了思路；但是西方国家的工业化、城市化都已经进入发展的高级阶段，城乡关系也进入了城乡融合发展阶段，而我国工业化和城镇化发展水平还较低，还处于统筹协调工农、城乡关系进而促进城乡融合条件生成的阶段，这就决定了我国走以农村产业融合推动就地城镇化发展道路是一个渐进的历史过程，必须在国情基础上有选择地吸收西方发达国家城镇化发展的经验，而不能急于求成。

### （二）国内研究现状述评

尽管关于“农村产业融合发展”的概念是近几年才被党中央和学者提出，但随着国家对农村产业融合发展的重视以及实践探索的深入，目前理论界对其发展的内涵、模式、实践发展中面临的困境以及实现路径等方面都进行了探讨，取得了颇为丰硕的研究成果。其中对于农村产业融合发展的内涵、目的、模式以及现实必要性和紧迫性的认识已经基本达成共识，而对当前农村产业融合发展面临的问题及其对策的研究，经济学、社会学、政治学等不同的学科也都从自身的视角进行了较为深入的探讨，如农村产业融合发展与交易成本降低、农业供给侧结构性改革的关系，农村产业融合发展与国家粮食安全和乡村振兴的关系，这些研究成果为进一步深入研究农村产业融合发展提供了较为全面、清晰的思路。

关于就地城镇化研究，目前学术界研究涵盖了其发展的意义、内涵、动力机制、实现路径和措施等各个方面，随着学者们对这些问题的深化和成熟，为农村产业融合推动就地城镇化发展提供了较为科学的参考价值。但是现有的对就地城镇化发展研究主要集中在我国东南沿海一些交通条件便利、工业基础较好的地区，而对于广大中西部地区，特别是工业基础较差的中西部农区如何实现就地城镇化研究不足，亟需加强关注和研究以实现新的突破；在推动就地城镇化发展政策制定上主要集中在调整农村产业结构、推动乡镇工业向小城镇集聚、农村改造措施等方面，而较少从如何变革农业生产方式和农民生活方式的角度去探析农村就地城镇化的对策建议。因此，迫切需要将当前就地城镇化研究的重点放在依靠农业、农村自身力量，通过变革农业生产方式和农民生活方式的角度来进一步深入研究，以真正促进农业、农村发展。

深刻把握农业现代化与城镇化、农业产业化与城镇化的关系对我们研究农村产业融合推动就地城镇化发展至关重要。当前，国内学者对其也进行了大量的研究，研究的内容涉及城镇化和农业现代化、农业产业化之间的相互作用关系、影响机制、实践探索以及实现二者协调发展的对策建议等，研究范围广泛，内容充实，具有一定的深度和现实指导意义，为本书厘清农村产业融合与就地城镇化之间的内在逻辑关系提供了思路。但也存在着以下几点不足或者有待于进一步深入研究的地方：

一是从研究内容上看，目前已有材料还较多的局限于农业现代化与城镇化、农业产业化与城镇化彼此之间关系的简单论述；在实现路径上也仅限于结构调整和政策制定，较少从发展理念、产业、城镇体系建设的整体视域进行全面论述。因此，从总体上看，现有的研究内容还比较分散，缺乏系统性，还未形成完整、统一且具有严密逻辑体系的理论分析框架和系统性研究成果。

二是在研究思路上，大多学者因循守旧，唯工业化是城镇化推动力，对农业现代化、农业产业化与城镇化之间的主从逻辑关系和发展次序上还较多地局限于城镇化对农业现代化发展的促进作用上，认为要实现农业现代化中的规模化、产业化、机械化和信息化，只有通过城镇化方式，加大人口向城镇的迁移，改变农村的人地关系，农业才可以实现现代化；而对于农业现代化带动就地城镇化发展的重要性及必要性认识还不够，或者只是认识到农业现代化对城镇化发展的基础作用，还没有从理论上建构起农业现代化推动就地城镇化发展的框架体系。这也意味着以农业现代化的重要实现形式——农村产业融合来推动就地城镇化发展的理论支撑有待于进一步深入挖掘，尤其是要从马克思、恩格斯经典著作及中国特色社会主义现代化建设理论的角度，探寻其发展的理论依据，进而改变传统的研究思路，创新城镇化发展的新思路。

三是在研究方法上，目前已有的相关研究主要集中于单纯的宏观理论叙述或者实证调研，缺乏理论与实证的紧密结合，这就使得单纯基于理论分析而提出的政策建议比较空泛，缺乏操作性；而单纯基于实证调研的则缺乏理论高度和对经验的抽象总结。因此，迫切需要从理论和实证双向度出发，对农村产业融合发展的实质、城镇化本质内涵及特征的总结和提炼中构建出农村产业融合推动就地城镇化发展的理论框架，并通过大量的实证分析，总结农村产业融合推动就地城镇化发展的现实必要性及困境，有针对性地进行政策分析。

## 第三节 研究思路与研究方法

### 一、研究思路

农村产业融合推动就地城镇化发展研究是经济新常态下解决全面建成小康问题、加速推进中国现代化进程的重大新课题，亟需从理论与实践双重探索中提炼出具体的实现路径。对此，本书以我国传统城镇化发展模式的历史反思为逻辑起点，以马克思主义城乡关系理论、中国特色城乡一体化理论、西方经济学劳动力转移等相关理论为依据和方法论指导，站在城市和农村内在统一的高度来研究农村产业融合推动就地城镇化发展的必要性、紧迫性、可行性，并构建农村产业融合推动就地城镇化发展的机理，再通过对我国农业主产区农村产业融合推动就地城镇化发展的实践探索来找寻经验、问题，进而探索实现路径。具体研究思路如下：

导论部分主要是对本书的选题缘由、研究意义、思路和方法、研究的创新点和难点等进行论述；并系统梳理国内外相关研究现状以为研究农村产业融合推动就地城镇化发展做好铺垫。

第一章侧重对农村产业融合推动就地城镇化发展的基础理论分析，解决的主要是"是什么"的问题，即什么是农村产业融合推动就地城镇化发展。具体而言，从农村产业融合发展的内涵、模式、特征，城市、城市（镇）化、就地城镇化的概念、特征入手，探讨农村产业融合发展与就地城镇化之间的内在关系，指出农村产业融合推动就地城镇化的发展问题就是农业、农村、农民的现代化问题，是适应全社会基本实现现代化的要求，农业生产方式和农民生活方式由传统向现代转型的问题。通过对马克思主义城乡关系理论、中国特色城乡一体化理论、农村剩余劳动力转移理论、改造传统农业理论、产业集聚理论等进行梳理，指出农村产业融合推动就地城镇化发展具有深厚的理论渊源和根基。

第二章侧重于城镇化发展模式的变迁与现实选择，解决的主要是"为什么"的问题，即当前我国为什么要实行农村产业融合推动就地城镇化发展模式。具体而言，主要是对改革开放以来我国城镇化发展的实践模式：乡镇工业带动的就地城镇化发展，城市大工业带动的异地城镇化发展在发展实践中取得的成就、经验及存在的问题进行了深刻剖析，旨在从更为精准的问题导向来理解和把握农村产业融合推动就地城镇化发展的历史必然性；与此同时，通过对当前我国城镇化发展所面临的国内、国际背景的深刻剖析，从更为宏大的时空背景指出农村产业融合推动就地城镇化发展具有现实的紧迫性。

第三章侧重于内在机理建构，解决的主要是"怎么样"的问题，即农村产业融合究竟怎样来推动就地城镇化发展。具体而言，就是通过阐述农村产业融合发展如何促进农业生产方式的现代化、农民市民化和农村空间结构的集聚等，建构了农村产业融合推动就地城镇化发展的机理，创新了我国传统城镇化发展理论，也为实践中推进以农村产业融合推动就地城镇化发展奠定了坚实的理论逻辑。

第四章侧重实证分析。主要是对我国北京大兴（东部）、河南浚县（中部）、广西富川（西部）等地（全国首批农村产业融合发展试点）的农村产业融合推动就地城镇化发展成功案例进行归纳总结，从实证的角度论述农村产业融合推动就地城镇化发展的可行性，并从中概括提炼出了各地区在农村产业融合推动就地城镇化发展进程中的具体经验，为我国广大农村地区，特别是农业主产区以农村产业融合推动就地城镇化发展提供较为全面的实践素材和经验启迪。

第五章侧重机遇和挑战分析。主要是从当前国家对农村产业融合发展和特色小镇建设的政策支持、通信交通等基础设施建设的带动、农民工返乡创业趋势以及逆城镇化现象的出现等几个方面分析了农村产业融合推动就地城镇化发展具有良好的发展机遇；同时也从实践探索中剖析出当前农村产业融合在推动就地城镇化发展过程中所面临的诸如传统城镇化发展理念束缚、农村产业融合发展层次低、小城镇功能不完备以及体制机制束缚等一系列制约其健康可持续发展的现实挑战，并指出必须在问题导向下思考如何进一步深化改革，以提升农村产业融合推动就地城镇化发展的速度和质量。

第六章是侧重对策分析。基于以上对农村产业融合推动就地城镇化发展进行的理论和实践分析，尤其是针对实践发展中面临的挑战，提出了农村产业融合推动就地城镇化发展的对策建议：拟从发展理念、推动农村产业融合发展、农业产业集聚、小城镇建设、体制机制创新等方面探究农村产业融合推动就地城镇化发展的实现路径，以期对解决“三农”问题提供有益借鉴和参考。

结束语部分主要是对全书的主要观点和结论进行提炼和总结，展望农村产业融合推动就地城镇化发展的前景趋势，以引起更多学者对农村产业融合推动就地城镇化发展的思考；同时根据本书研究的不足以及时代发展的趋势，提出今后应进一步深化研究的方向。

## 二、研究方法

农村产业融合推动就地城镇化发展研究是一项涉及全社会、多领域、多环节的综合性、系统性的复杂工程，因而需要多学科理论和多种方法为其研究提供理论支撑和技术手段。本书坚持以马克思主义理论为指导，深入贯彻落实“五大发展”理念，根据中国的国情，运用发展经济学、社会学、政治学、管理学等基本理论，突出分析如何利用农村产业融合来推动就地城镇化发展。具体研究方法为：

### （一）逻辑与历史相统一的分析方法

逻辑是对历史的反映，历史的起点就是逻辑的起点；逻辑首先是对现实的考察，而现实是历史发展的结果。所以研究中国城镇化的逻辑必须从城镇化发展的历史演进中来认识中国城镇化的现实。本书正是通过对城市、城市化概念的界定及我国城镇化发展模式的审视，推导出创新城镇化发展模式的必要性的；并且紧扣时代发展脉搏，把脉当前时代背景和中国国情背景，进而提出以农村产业融合推动就地城镇化发展具有现实紧迫性，推进其发展对于实现我国城镇化健康可持续发展具有重要意义，以此为逻辑，分析农村产业融合推动就地城镇化发展的内在机理，论证其发展的可行性。

### （二）比较研究的方法

任何国家的城镇化历程都是一个渐变的自然历史过程。站在中国“现在”这个时间节点上，中国城镇化发展面临的时代背景和国情条件与西方发达国家城镇化发展的背景条件大相径庭，也与我国城镇化发展中以乡镇工业带动小城镇发展的就地城镇化发展模式和以工业化快速发展推进的农民进城城镇化发展模式所面临的国情条件大不相同。因此，展望“未来”中国城镇化发展该何去何从，既不能简单复制国外发达国家的过往经验，也无法延续我国之前的发展路径，必须立足于当前的国情国力，在借鉴国外及我国先前城镇化发展经验的基础上探索适合当下国情的城镇化发展新路子。本书正是通过中外城镇化发展路径的横向比较和我国城镇化不同历史阶段发展模式的纵向比较，找寻出未来中国以“农村产业融合推动就地城镇化发展”这一指引的。

### （三）规范分析和实证分析相结合的方法

规范分析是价值判断的分析，即对已有的事物现象及运行状态做出是非曲直的主观价值判断，要解决的是“应当是什么”的问题。实证分析是不涉及价值判断，即通过对事例和经验进行具体分析并做出事实性的陈述，解决的是“是什么”的问题。规范的理论分析是研究的基础，而实证分析是理论分析的支撑点。本书对农村产业融合推动就地城镇化发展的研究采取规范分析和实证分析相结合的方法，在规范分析基础上，构建农村产业融合推动就地城镇化实现机理，在实证分析中注重对各地农村产业融合推动就地城镇化发展的实践案例进行综合评价。

## 第四节　创新点、难点及不足之处

### 一、创新点

#### （一）研究视角新

文章从农村产业融合发展的视角出发，跳出传统的唯“工业化”带动城镇化发展的路径依赖，通过拓展“工业化”和城镇化的内涵和外延，提出以农业现代化的最新实现形式——农村产业融合发展，作为农村就地城镇化发展的新的推动力，并将农村产业融合推动就地城镇化发展置于城乡一体化的发展视域中进行整体性、创新性、前瞻性的研究，落脚到我国统筹城乡发展、实现城乡居民共建共享现代化成果的基点上，这充分体现了本书研究视角的独特性。

#### （二）研究内容新

文章紧握时代脉搏，以当前理论界研究的前沿问题“农村产业融合发展”和“特色小镇建设”为基点，将城镇化发展方式转型、粮食安全和农业国际竞争力、农业供给侧结构性改革、农民工返乡创业、五大发展理念等热点问题纳入研究范畴。而且，在研究内容上，对马克思、恩格斯的城乡关系理论进行了解读，指出了农村产业融合发展可以消融“工业”和“农业”“体力劳动”和“脑力劳动”之间传统的制约人的发展的旧式社会分工，使“从事农业和工业的将是同一些人，而不再是两个不同的阶级”，且农村产业融合发展本身就是通过农业工业化和农业产业化的发展来实现大工业尽可能在全国的平衡布局，因此，有利于实现城乡融合发展。同时，还从发展理念、产业支撑、载体建设、体制机制创新等全方位思考了推进其发展的对策建议，并指出农村产业融合推动就地城镇化发展是当前我国农村城镇化发展的重要实现形式，但不是唯一形式，对于不具备发展条件的地区切忌盲目照搬照抄，以及在实践发展中要避免将农村产业融合推动就地城镇化发展演变成基层政府新版的政绩工程和面子工程的观点。此外，笔者还力求掌握第一手文献资料，通过实证调研和关注时政动态搜集和运用了一些真实案例和最新数据，使本书内容在具备理论厚度的同时也增强了论点的说服力。

### （三）研究思路新

文章以强烈的问题意识为导向统摄全文，将农村产业融合发展与就地城镇化内在统一于农业、农村、农民的现代化视域中，以提出问题—分析问题—解决问题，理论分析—实证分析—对策分析，这样一个相互交织的双逻辑思路来驾驭全书，从而搭建了较为清晰、严谨、完整的研究理路。即全书以我国传统城镇化发展模式的问题反思为逻辑起点，详细剖析我国传统城镇化发展问题以及当前我国所处的国情特点，提出了破解我国传统城镇化发展过程中存在问题的途径——创新城镇化发展模式，走以农村产业融合发展为推动力的就地城镇化发展新路子；同时，通过搭建农村产业融合推动就地城镇化发展的机理框架来论证这一城镇化发展模式的理论可行性，通过对我国东、中、西部农村产业融合发展示范区的实证分析来论证这一发展模式的实践可行性，并以发展实践中面临的挑战为新的问题导向，提出了相应的对策建议，以期为我国农村产业融合推动就地城镇化发展的顺利推进提供基础性的学理探索和先期性的政策思考。

## 二、难点与不足之处

### （一）理论结构建构难

农村产业融合推动就地城镇化发展研究是随着对“三农”问题、城乡一体化和城镇化等问题研究的深入而提出的一个新课题。因此，在理论层面上研究成果较少，虽然学界对于城镇化、就地城镇化、农业产业化、农业现代化等课题研究成果较多，但学者较多的把研究视角放在工业化与城镇化、农业现代化与城镇化的互动关系上，对于农业现代化与城镇化的逻辑顺序研究较少，且集中在城镇化对农业现代化的促进作用上，而对于以农业为核心的产业融合发展如何推动就地城镇化的研究成果较少，尤其是最新的资料更是少之又少。这就增加了文章理论结构建构的难度。

### （二）实证材料收集难

农村产业融合推动就地城镇化发展是2015年年底《国务院办公厅关于推进农村一二三产业融合发展的指导意见》中提出推进农村产业融合与新型城镇化建设有机结合之后，才开始受到各地发展实践重视的。尽管在这之前，不少农业主产区进行了先于理论的探索，如北京郊区、河南浚县等，但这些地区的发展经验疏于整理和理论化、系统化，对于如何真正实现以农村产业融合推动就地城镇化的顺利推进，各地都尚处在论证和探索阶段，再加上我国复杂的国情和农情，其典型案例中所彰显的一般性规律和特殊性问题还需要进一步提炼和概括以实现更好的推广。因此，对典型地区实证材料的收集并进行系统化地归纳整理无疑增加了本书的写作难度。

### （三）涉及内容和领域宽，知识储备要求高

农村产业融合推动就地城镇化发展研究，既要运用产业经济学中产业结构建构、产业集聚、产城融合发展理论等相关知识，还要广泛涉猎社会学、政治学、历史学中有关“三农”问题、城镇化发展问题、城乡一体化问题等多方面的理论和实践内容，这就使得文章的研究具有一定的难度，需要多学科知识的储备。随着研究的深入，理论和实践中的新问题不断凸显，必然要求不断吸纳新理念，拓展新思路，但受自身理论功底、视野高度及学识水平的限制，文章的理论深度和高度以及个人的理论水平还有待于进一步的提升。

# 第一章　农村产业融合推动就地城镇化发展的理论基础

农村产业融合推动就地城镇化发展是新常态下我国农村城镇化发展的一种全新模式，也是我国实现农业、农村、农民现代化的关键所在，其发展具有深厚的理论根基。在我国建设现代化强国的征途中，科学界定农村产业融合发展、就地城镇化的内涵、特征及本质，全面解读和深入分析农村产业融合推动就地城镇化发展的理论支撑，对于转变传统城镇化发展理念，拓展城镇化发展思路，推进农业农村现代化和新型城镇化的协调发展等都具有重要的理论和实践指导意义。

## 第一节　农村产业融合推动就地城镇化发展的基本理论阐释

在城镇化和现代化进程中，以农村产业融合推动就地城镇化发展是一个重要的新课题。什么是农村产业融合发展，其发展的模式特征是怎样的？什么是就地城镇化？如何理解并科学界定就地城镇化的本质及特征？农村产业融合推动就地城镇化发展又具有怎样的内涵、特征？这些都是需要首先弄清楚的理论问题。

### 一、农村产业融合发展的内涵及特征

#### （一）农村产业融合发展的内涵

要真正理解农村产业融合发展的内涵，首先需要人们将“农业”作为一个真正的“产业”来看待。因此，有必要对产业有一个科学、正确、理性的认识，进而从农业的产业特性出发，去深入理解农村产业融合发展的内涵。

1. 产业

产业（industry）一词有多种含义，它泛指行业、部门、实业、工业、不动产业、动产业。从马克思主义经济学视角看，产业是资本主义商品经济

（或市场经济）条件下的物质生产部门，是所有创造剩余价值的生产活动的集合。产业的基本特征是生产的商品化、社会化和专业化。在市场经济条件下，只有面向市场生产并通过市场交换关系加入国民经济循环的生产活动才能称其为产业。①

农业作为第一次产业由来已久，但结合产业的内涵可以发现，我国目前的农业还不是真正现代意义上的“产业”，在实践中农业的生产还带有较为浓厚的小农经济成分，其生产还不是完全的以商品生产和“市场交换”为目的，而更多的是为了满足农民自身生存和发展的需要。农业被工商流通部门垄断了农产品的购买权、销售权、加工权和出口权，农民始终处于被动、消极的初级产品的出售者的地位，农业的比较利益低下。自二十世纪九十年代以来，我国农村市场体系不断完善，农业产业化发展水平不断提高，现代化大农业也成为我国农业发展方向，这在一定程度上促进了我国传统农业由单一产业向多元产业方向转变。但由于种种原因，农业的专业化、规模化、社会化生产还困难重重，农业产前、产中、产后诸环节的利益联结还很松散，农业的功能拓展还很不足。因此，推进农村产业融合发展，迫切需要人们首先把农业作为“产业”来看待和重视，只有当农产品的生产以交换和追求利润最大化为目的，农业产品及其相关的一切要素都成为商品时，农业才能真正融入社会化大生产中真正成为高效的产业。

2. 产业融合

农村产业融合发展的概念与产业融合现象密切相关。自二十世纪七八十年代以来，信息技术和互联网技术促进了产业融合现象发生。早期的产业融合发展仅仅局限在不同产业之间的技术融合上。随着实践的发展，产业融合的内涵和外延逐步从技术视角拓展到产品、产业、市场视角。结合国内外学者对产业融合的界定，可以将产业融合概括为在现代技术进步和政府放宽管制的综合作用下，原本分立的产业或行业之间通过相互渗透、相互交叉，在其产业边界逐步形成新产业的动态发展过程，其特征在于融合的结果出现了新的产业或新的增长点。②

---

① 孔繁来 . 农业产业化的概念辨析——兼与郑林同志商榷［J］. 经济经纬，1999（11）.

② 国家发展改革宏观经济研究院课题组 . 产业融合：中国农村经济新增长点［M］. 北京：经济科学出版社，2016：4.

3. 农村产业融合发展

农村产业融合发展自2015年中央一号文件首次提出以来，国家发改委、农业部、专家学者等都对其内涵进行了解读，且基本达成共识，即都认为农村产业融合发展是以农业农村为基础，农民就地增收为目标，通过要素、制度和技术创新等方式，让农业不再局限于种养业生产环节，而是要前后延伸、左右拓展，与加工流通、休闲旅游和电子商务等产业有机整合及联动发展，形成农业与二三产业以及高新技术产业高度一体化的新型农业产业形态的过程。①可见，农村产业融合发展突破了原有产业之间的边界，是现代科学技术和二三产业向传统农业逐渐渗透融合而形成与农业密切相关的新产业或新业态的过程，因此，它从根本上属于产业融合的范畴。其发展的目标是随着农业产业链和价值链的延伸和拓宽，提升农业发展层次和竞争力，进而促进农民增收和农村繁荣。

综合产业、产业融合以及农村产业融合发展的内涵，本文认为，农村产业融合发展包含着三个层面的内涵：一是农村产业融合发展要突出第一产业农业的基础地位，促进农业自身生产方式的现代化。即通过农业与现代技术的融合发展促进农业自身的机械化、商品化和社会化生产，使农业真正成为一种产业，进而提高农业生产要素的配置效率；二是运用产业融合的方法，注重产业之间的耦合互动和交叉重组。即通过农业与二三产业以及新技术有机融合，形成与农业联系密切的农产品加工业、畜牧养殖业、运输保鲜储藏业、休闲旅游等服务业、农村电子商务等新业态，释放农业发展潜能，借此提升农业产业竞争力，提升和优化农村产业结构；三是要使农业通过与二三产业的融合发展获得技术进步和融合红利。即让产业链延伸的收益更多地留在农业、农村，进而增加第一产业收益，提高第一产业从业者收入，促进农民增收。由此，可以将农村产业融合发展简单地概括为：一种以农业为核心的多元的、立体的农村产业发展模式，其发展的最终目的是实现农业发展、农村繁荣和农民增收。需要指出的是，为了语意的通顺和简洁，笔者在有些地方将“农村产业融合”视为“农村产业融合发展”的简称，但二者所表达的意思是一致的。

① 宗锦耀局长在2017年农村一二三产业融合发展支出项目实施培训班上的讲话［EB/OL］.（2017-07-12）［2017-07-20］.http：//www.moa.gov.cn/ztzl/scw/scdtnc/201707/t20170720_5755234.htm.

## （二）农村产业融合发展的模式及特征

作为以农业为核心的不同产业之间的高度融合、有机交融，农村产业融合发展的模式可以概括为农业内部整合型、产业链条延伸型、功能拓展型、新技术渗透型以及多业态复合型五种模式，这五种模式所显现出来的共同特征和个性特征如下表所示：

**农村产业融合发展的模式及特征**

<table>
<tr><th rowspan="2">农村产业融合发展模式</th><th colspan="2">特征</th></tr>
<tr><th>个性特征</th><th>共性特征</th></tr>
<tr><td>农业内部整合型</td><td>以农业优势资源为基础，若干涉农经营组织为主体，围绕农业相关联产业发展，将农业产业内部的种植业、养殖业、畜牧产业等子产业在经营主体内或主体之间建立起产业上下游之间的有机联系，形成相互衔接、循环往复的发展状态，其典型业态是循环农业。</td><td rowspan="5">以农业为基础，以新型经营主体为依托，具有较为紧密的利益联结机制、高效的专业化分工和现代的生产交易方式，突破单一产业边界，实现跨资源要素整合。</td></tr>
<tr><td>产业链条延伸型</td><td>以农业为中心，推动产业链向上、下游延伸，产业链向上延伸一般使得产业链进入到基础产业环节和技术研发环节，向下游延伸则进入农产品加工业、农业生产生活服务业，农业生产稳定性增强，农产品附加值提高，其典型业态是全产业链农业项目。</td></tr>
<tr><td>功能拓展型</td><td>农业通过与其他产业的功能互补，赋予原有农业新的附加功能，进一步催化新的产业形态和消费业态，使农业发展面拓宽，增加农业发展的增值环节和空间。其典型业态是休闲农业、创意农业和能源农业等新业态项目。</td></tr>
<tr><td>技术渗透型</td><td>现代生物技术，物联网、云计算、大数据等现代信息技术，航天技术等高新技术向农业领域渗透、扩散，使产业边界逐渐模糊化，进而引起农业生产方式和经营管理方式的变革。其典型业态是生物农业、精准农业、智慧农业、农产品微电商等。</td></tr>
<tr><td>多业态复合型</td><td>同时兼有上述四种类型或者融合其中几个类型，一般以龙头企业为主要投资主体，农业资源集约利用程度高、产业链条完整、农业多功能性明显、示范带动作用较强。</td></tr>
</table>

农村产业融合发展的上述多种模式，改变了农业单一的经济属性，使得农业不仅是农产品的生产，还包括与农业相关联的第二产业（农产品加工和食品制造等）和第三产业（流通、销售、信息服务和农业休闲旅游等）的融合发展，还原了农业的本来面目，延长了农业产业链条，促进了农村经济的发展。

## 二、就地城镇化的内涵、特征及本质

就地城镇化是城镇化的重要组成部分。要研究就地城镇化，首先必须回答什么是城市（镇）化，只有科学把握城市（镇）化的内涵、特征和本质，才能廓清城镇化理论研究上存在的一些误区，进而从城镇化的特征和本质出发来研究就地城镇化发展问题。

### （一）城市（镇）化的内涵、特征及本质

城市化"urbanization"一词是1867年西班牙城市规划师、建筑师伊勒丰索·赛达尔在其《城市化概论》一书中首次提出的，用于表明近代以来随着工业化发展，乡村在生产、生活和居住等诸多方面向城市转变的一个过程。从词源上讲，城市化"urbanization"是以城市"urban"为词根的。城市"urban"作为一个名词，是指人类生产生活的聚落形态，自古以来即已存在。但是人们对城市的认识并不一致，不同学科往往各执一词。从马克思、恩格斯对城市的论述来看，城市是与农村相对应的概念，城市本身是非农人口和非农产业的集聚地，是交通、通信等公共产品和公共服务相对完备、集中的区域；是社会经济、政治、文化、教育等的中心。

城市化"urbanization"作为名词城市"urban"的动词化"urbanize"（使城市化），同古汉语的使动用法。Urbanization是urbanize的再名词化，城市化用作名词性的表述时，与城市的区别在于前者强调"-ize"（"化"）及"化"的过程，"化"的结果落在后者"城市"上。城市化作为一个特定术语，伴随工业化的发展而出现后，不同的学科开始尝试从不同角度赋予城市化与本学科特征密切相关的内涵。总体来说，主要有以下几种观点：经济学将城市化视为经济变化的一个过程，即由分散的农村经济向社会化大生产的城市经济转化的过程中，产业结构和就业结构实现非农化、高级化发展的一个过程；社会学学科则往往从"社会城市化"出发赋予城镇化内涵，认为城市化是社会关系、社会生活方式及社会组织由农村向城市的变迁过程；地理学强调，城市化是一个地域空间转换过程，是指伴随着经济发展，人口、产业和基础设施从分散的乡村不断向城市地域集聚的过程；人口学认为，城市化是人口身份变化的一个过程，即由农业人口向非农业人口转变的过程；生态学将城

市化看作是农村人口及生存环境向城市逐渐演化的过程。

可见，城市化涉及经济、社会、地理、人口、生态等多方面的内容，反映在社会生产和生活的各个方面。综合城市化不同学科的概念界定，可以概括出城市化具有以下几个特征：一是经济结构的变化，即非农产业从业人员及非农产业产值比重不断增加；二是人口结构变化，即非农业人口占总人口的比重不断增加，农业人口比重日渐减少；三是空间结构的变化，即在各种生产要素和生产活动向城市集聚的同时，农村人居空间和景观结构由乡村向城镇转化；四是社会变化，即农村的日常生活习俗、习惯逐渐被城市文明和城市生产、生活方式同化；五是要素集聚方式的转化，即在城市基础设施建设日渐完善和发展环境优化提升的趋势下，产业区域集群化发展，城市对劳动力、资金、技术等生产要素的吸引、集聚能力在不断增强，在技术创新和制度创新的双重推动下，生产要素更加健康、高效地在城乡之间流动和重组。

但是，人口结构、空间结构的转化以及要素的集聚仅是城市化的一般表现形式和量化特征，并不是城市化的本质所在。正如赛达尔所言，城市化是伴随工业化进程而逐渐发展的，因此，城市化和工业化是相统一的，工业化所产生的劳动分工在空间上的反映即是城市化，而工业化的过程就是农业生产方式向工业生产方式转变的过程。“物质生活的生产方式制约着整个社会生活、政治生活和精神生活的过程”。①“个人怎样表现自己的生命……，这同他们的生产是一致的——既和他们生产什么一致，又和他们怎样生产一致。”②由此我们可以推出城市化的本质应该是以农业生产方式的转变带动农民生活方式的转变，以生活方式的转变巩固和促进生产方式转变的过程。③即城市化是由从事农业生产转变为从事非农业生产的过程中伴随着生活方式由农村范式向城市范式的转变。它是生产方式和生活方式的内在统一。

需要指出的是，“城市化”在我国政策语言中常被更规范地表述为“城镇化”。这表明中国特色的城市化道路，具有寻求大中小城市和小城镇协调发展的特征。笔者认为，除了中国的“镇”具有较低的行政级别以外，城市化与城镇化二者并无本质区别。实际上中国的许多城镇已经有几十万人口，而国外的许多城市也只有几万甚或几千人口。因此，如果不考虑行政级别，国际

---

① 马克思恩格斯文集（第2卷）[M].北京：人民出版社，2009：591.

② 马克思恩格斯文集（第1卷）[M].北京：人民出版社，2009：520.

③ 刘云喜.中国农村经济转型条件下农民就地城市化问题研究[D].北京：中央民族大学，2012.

通用的城市化一词已经包含了中国的城镇化的含义。本书在讨论一般城市化问题时使用国际上通用的城市化一词，但在涉及中国的城市化时为了更加符合中国的国情，使用城镇化一词。

基于研究的需要，笔者从城镇化的本质出发，着重关注产业、空间与人口等三大城市化基本要素，将城镇化理解为在经济社会不断发展的趋势下，逐步实现由传统的农业生产方式向现代化的工业生产方式转变，农村分散空间形态向城市空间集聚形态转变，农民落后生产和生活方式向城市文明生产和生活方式转变的过程，而这实际上就是产业现代化、空间布局合理化与人口市民化等要素协同推进的过程中实现农民生产方式和生活方式的根本改变。

### （二）就地城镇化的内涵、特征及本质

就地城镇化是城镇化的一种发展方式和实现路径，是相对于农民进城的“异地城镇化”而言的。“异地城镇化”反映的是通过农村人口大规模向城市迁移而实现农民生产和生活方式的转变。这种城市化模式实际上是我们常说的“大城市化”或“传统城市化”，是以英美等西方发达国家为代表，伴随工业革命进程而形成的城市化。而“就地城镇化”是出于对大城市病和农村病的忧虑，颇具“中国特色”的城镇化发展路径，其基本内涵是指农村地区，由于某种特殊因素或者农村经济发展到一定程度后，农村人口不是向大中城市迁移，而是在原有居住地实现农民生产方式变革、居住条件改善，人口集聚，投资活动增加，市场兴起活跃，工业和服务业加快发展，从而使得农村地域就地快速进化为城镇地域的过程。可见，“就地”性是就地城镇化发展的最大特色。

所谓“就地”，意指“就在原处、就在当地。”笔者将其空间尺度界定为本县域（地、县、镇、村）之内。即就地包括县域内的县城、建制镇、中心镇、中心村及合村并点的新社区。从“地”的区域范围看，就地城镇化可以分为以下三种类型：一是在农村原区域基础上形成新的村域小城镇。具体而言，就是在农村原有的地域范围，通过产业升级发展、土地规整、环境革新、基础设施和公共服务配套完善的方式使农民的生产方式、生活方式、收入水平、居住环境以及公共服务等方面与城市逐渐趋同。这种“村域城镇化”模式是一条最有利于“三农”发展、农耕文明的传承并与工商文明相融合的道路，也是农村城镇化中最便捷、成本最低、农民权益和人格尊严最有保障

的道路；[①]二是农民向中心村、中心镇的集聚和发展。具体而言，就是通过发展产业和产业集聚，引导农民的居住向中心村和中心镇集中，在产业带动和政府增加公共服务供给下，实现农民生产、生活方式的现代化。这种就近集聚发展模式既能够优化用地布局，提高土地利用率，促进经济发展，又能够增加农民财产性收入，推进农村社区建设；三是城郊村并入大城市。具体而言，就是部分郊区农村在大中城市的辐射带动作用下并入城市区域后就地实现生产、生活方式的改变。尽管就地城镇化离不开城市文明的扩散和熏陶，但本文强调就地城镇化的内在动力机制是靠农业、农村和农民自身实现的，因此单纯靠城市辐射并入而形成的就地城镇化不在本书讨论范围。

根据前文城市（镇）化发展的本质内涵，就地城镇化发展尽管不同于传统城镇化发展中人口大规模向城市转移，但作为城镇化发展的重要实现形式之一，其本质内涵仍然应该是农民“就地”实现生产方式和生活方式由传统向现代的转变。就生产方式而言，农民生产方式的转变关键在于对传统农业的改造，即通过现代科学技术对农业的渗透以及农业的工业化来促使农民职业化，成为农业产业工人或农业管理者；同时还在于农民非农职业的转换，即农民“就地”转移到二三产业中就业。就生活方式而言，是指农民虽然不进入大中城市，但通过现代化农业生产方式的作用以及城乡资源的双向流动，使农民逐步享受现代城市文明成果，实现思想观念、角色意识、社会权利、行为模式等方面的转变。

## 三、农村产业融合推动就地城镇化发展的内涵与特征

结合农村产业融合发展、就地城镇化的内涵特征，可以看出，农村产业融合发展侧重的是农业的现代化，其发展既能实现我国农业生产方式的根本变革，也能为我国农村经济发展提供多种产业业态，还能为农业产业集聚提供基础；而就地城镇化侧重的是农民的市民化、农村空间结构的现代化，其本质就是让农民虽然不大规模向城市转移，但是就地就近能够享受到与市民同等同质的公共产品和公共服务，过上与市民一样的生活。因此，从根本意义上讲，农村产业融合推动就地城镇化发展问题，就是农业、农村、农民的

① 王景新、庞波．就近城镇化研究［M］．北京：中国社会科学出版社，2015：6-7.

现代化问题，是以“三农”问题解决为目标的综合体系，是适应全社会基本实现现代化的要求，实现农业生产方式和农民生活方式由传统向现代转型的问题。由此，农村产业融合推动就地城镇化发展的内涵可以简单地概括为：以农民的就地城镇化为目标，以农村产业融合发展为推动力，通过二者的有机互动促进农民生产、生活方式和农村空间形态的根本变化。具体而言，就是以农民为核心，以农村为依托，不改变农业性质，不对外转移农业人口，通过农民的主业——农业的大发展，即在传统农业的产业链节点上融入现代科技、文化、休闲、生态、加工制造等内容，改变传统农业的生产方式，打破传统的工业和农业之间的分工，并通过形成以农业为中心的产业集聚和经济集聚，进而带动农村公共基础设施的改善和修建及公共产品和公共服务的社会化供给，吸引农民向中心村、中心镇、县城等适当聚集，最终使农民通过“不离土不离乡”而就地实现生产方式和生活方式向城市性转变。

可见，农村产业融合推动就地城镇化发展的内涵与当前我国倡导的以人为本、“四化协调”、城乡融合的新型城镇化发展理念相契合，与传统城镇化发展模式相比，农村产业融合推动就地城镇化发展在地域空间、发展方式、目标追求等方面具有如下特点：

第一，村庄地域性。与我国传统的农民进城城镇化发展模式不同，农村产业融合推动就地城镇化是以村庄为基本单位的。村庄是当前我国广大农民基本的生产生活空间，以此为依托，充分利用各个村庄自身的资源环境大力发展各具村庄特色的农产品加工业、乡村旅游业、农村电商等新业态来带动村庄经济社会发展，既能够大大降低我国城镇化发展的成本，也能有效规避传统城镇化发展模式中的“城市病”和“农村病”等风险。但需要指出的是，村庄地域性并不是说就地城镇化就没有人口集中和农村劳动力向城市转移等问题，而是指这种人口的集中、劳动力的转移绝大部分不是转移到大中城市去，而是在村庄地域范围内就近、就地向资源条件和经济发展较好的中心村、中心镇转移。此外，农村产业融合推动就地城镇化的村庄地域性还体现在不同村庄的地域差异，东中西部地区、沿海和内地的农村就地城镇化只能依据各地的实际情况，走符合自身“村域特色”的城镇化道路，切忌照搬照抄。

第二，农民主体性。在我国传统城镇化发展进程中，以经济要素的空间配置为核心，盲目追求工业化、城镇化率以及城市外在形象建设而忽视了人的主体性需求（特别是农民的主体性需求），这就使得我国广大农民在参与城镇化和现代化建设中却未能公平地享受到发展成果。农村产业融合推动就地城镇化发展的主体是农民，它不仅强调发展要依靠农民的力量，更突出强调通过农业生产方式的根本变革实现农民从“身份农民”向“职业农民”的转变，通过农业与二三产业的融合促进农民就业方式以及农民生活方式的根本性转变，通过农村经济的提升实现居村农民就地享受到与城市居民同等同质的生活条件和公共服务，充分体现了农民的主体地位，也促进了城镇化发展从“重物轻人”向“以人为本”和提升农民幸福感作为最高追求的转变。

第三，包容开放性。我国传统城镇化发展的最大弊端就是在城乡二元体制的桎梏下发展缺乏包容开放性，形成了颇具中国特色的“半城镇化”现象。而农村产业融合推动就地城镇化发展并不是要让所有的居村农民都困守在土地和村庄上，限制农民“离土离乡”；也不是拒斥回乡或外乡人员来此投资兴办工商企业或长期居住；更不是拒斥现代文明的渗透，固守传统的乡村文明。而是以高度包容和开放的姿态，通过现代化大农业发展和现代化基础设施建设，就地就近将农民转移到与农业密切相关的二三产业中，并吸引大量农业转移人口，如大学生、退伍军人、城市白领等回乡创业、就业和安居；通过引进现代化的生产要素，保持农业、农村、农民与外部世界的紧密联系互动；通过发展本土经济，提高居民收入，让居村农民公平参与发展，公平分享城镇化的物质文明和精神文明成果，以促进社会各阶层和谐相处。因此，它是一种包容开放的新型城镇化。

第四，绿色可持续性。与我国传统的粗放、外延式城镇化发展模式不同，农村产业融合推动就地城镇化发展是建立在生态学原理基础之上，追求人地之间的和谐共进，注重人类经济社会活动与生态环境协调发展的过程，其发展的理念和目标并不是要将所有的村庄都建成城镇，而是要求切实保护农业空间资源，尊重城乡发展规律，在保留城市和农村各自特质特色的基础上进行彰显地域特色、资源特色、人文特色和民族特色的产业规划和城镇规划。具体而言，就是通过构建以农业为核心的绿色产业体系来打造融“山水和乡愁”为一体的特色农业及农村小镇，以形成人与自然互惠互促的人居环境形态，因此说它是一种绿色、和谐、可持续发展的城镇化。

第五，城乡融合性。以农村产业融合推动就地城镇化发展是当前我国实现城乡融合发展的重要实现形式和居村农民共享改革发展成果权益的重要载体。过去我国城镇化发展仅仅局限于城镇范围，以农民进城为标志的城镇化模式强调农民离土又离乡，基于小城镇和乡镇工业的城镇化模式强调农民离土不离乡，而农村产业融合推动就地城镇化可以说是既不离土也不离乡，是把广大的农村彻底地涵盖到城镇体系中去了，把农业现代化与新型工业化和信息化统一起来，把新型农村社区纳入了城镇体系，它关注的是居住在农村的数量众多的居民的城镇化问题，突出了城乡统筹、城乡融合的发展理念，突出了农民整体素质的提升以及农村生产、生活方式的转变。

第六，产城互动性。产业和城镇是密不可分的，产业发展是城镇化的前提和保障，产业的集聚效应吸引资金、技术、劳动力等生产要素向一定区域集中，使得城镇逐渐成为经济活动的中心和产业发展的空间载体。与我国传统城镇化发展过程中出现的“有产业无城镇”“有城镇无产业”的“产城分离”不同，农村产业融合推动就地城镇化发展要以农业产业集聚为依托，培育发展优势产业并促进产业集群式发展，把小城镇作为有效载体，推动小城镇向绿色化、信息化、智能化、知识化方向发展，从而实现更多农民就地转移就业，享受现代化发展成果，这充分体现了“产”和“镇”的融合发展。

总之，农村产业融合推动就地城镇化发展是一种以农村内生驱动力为主要动能的城镇化发展新路径，是农村地区生产力结构、生产经营方式和农业人口的收入水平及结构、生活方式、思想观念、人口素质等方面与城市文明逐渐接近、趋向同一的发展过程；也是城乡差别逐渐缩小并最终走向城乡融合的发展过程；而且农村产业融合推动就地城镇化发展的上述特征与新型城镇化的内涵具有内在的契合性，因此，它是当前我国农村社会演进并通往现代化的一条重要途径。

## 第二节　农村产业融合推动就地城镇化发展的理论依据

农村产业融合推动就地城镇化发展虽然是一个新的时代命题，但是推进其发展有着深厚的理论根基。其中，马克思、恩格斯关于城乡关系理论和中国特色城乡一体化发展理论是农村产业融合推动就地城镇化发展研究的重要理论渊源，为实践中推进其发展提供了坚实的理论支撑和方法论指导。西方经济学劳动力转移理论是研究农业转型、工农城乡关系的经典理论依据，为农村产业融合推动就地城镇化发展提供了理论借鉴；改造传统农业理论、产业结构演进理论、产业集聚理论为农村产业融合推动就地城镇化发展的实现提供了重要的方法论指导。

## 一、马克思、恩格斯的城乡关系理论

马克思、恩格斯城乡关系思想有着丰富的理论内涵，不仅包含了对农业基础地位的深刻论述，更对工农融合、城乡融合的远景进行了科学建构。

### （一）农业的基础地位理论

在马克思、恩格斯经典著作中，农业是个广义的概念，除了植物栽培和动物养殖，还包括单纯采集、狩猎、捕鱼、畜牧等劳动，即农业是所有生产食物的劳动。农业是人类社会早期所从事的劳动的全部内容。农业之所以是国民经济的基础，不是由它在国民经济中所占的比重决定的，而是由它的不可替代性及其收益的外溢性和广泛的外部经济性决定的。对此，马克思、恩格斯从两个方面进行了深刻而透彻的分析：

其一，农业是人类的衣食之源、生存之本。人类要生存和发展，首当其冲的是要解决吃饭、穿衣、住房等必要的物质生活资料的问题，而这一问题的解决，必须依赖于农业生产。也正是在这个意义上，马克思指出："农业劳动（这里包括单纯采集、狩猎、捕鱼、畜牧等劳动）的这种自然生产率，是一切剩余劳动的基础；而一切劳动首先并且最初是以占有和生产食物为目的的。"① 可见，农业是人类安身立命之本。

其二，农业的发展是社会分工的基础。人类任何新的需要的产生都是在前一个需要得到满足的基础上而出现的，如果吃、穿、住、行等基本需要没有满足，很难产生比农业更高一级的产业。在人类社会发展的初期，由于劳动生产率低下，只有所有人都参加农业生产才能勉强维持生存。所以，那时并没有农业和其他产业间的分工。直到农业生产力水平的进一步发展以及粮食生产能力的迅速提高并有足够剩余后，手工业劳动者才逐渐从农业生产中分离出来，成为独立的生产部门。随着农业和手工业的进一步发展，交换的产品多了，才产生了商人，出现了独立的商业，才有了后来的工业、交通运

---

① 马克思恩格斯文集（第7卷）[M].北京：人民出版社，2009：712.

输业等独立的产业部门。与此同时，也只有农业生产力水平的不断提高，才能为二三产业的发展提供原材料。可见，农业生产是任何生产得以存在并不断发展的前提条件。

手中有粮，心中不慌，农业解决的是人类最基本的生存问题，农业部门是关系国计民生的基础性部门。农业发展的滞后会导致国民经济的失衡，也就谈不上城市的发展以及城市化水平的提高，只有注重农业发展，才能实现城市化的高水平、可持续发展。农村产业融合推动就地城镇化发展的目标指向就是要强化农业的基础地位，通过农业延伸新业态而形成网状产业链，做大做强农业，保障国家的粮食安全和提高农业的国际竞争力；而农民的就地城镇化恰恰能够解决当前面临的“谁来种地”的难题，为保障粮食安全和农业基础地位提供了坚实的人力资本。可见，以农村产业融合推动就地城镇化发展是在坚持马克思主义农业基础地位理论下展开的，推进其发展有着坚实的理论根基。

### （二）城乡融合思想

考察马克思、恩格斯经典著作，马克思、恩格斯的城乡融合思想是从无产阶级幸福的角度出发，通过对生产力和生产关系的辩证分析，对资本主义社会城乡对立的矛盾状况、原因、融合的条件及未来发展前景给出了超越他们所处时代的见解。

马克思、恩格斯指出，城与乡的对立是一个历史范畴，是随着生产力的发展，在农业和手工业的分工过程中逐渐形成的。在城乡分离之初，城市与乡村是混沌一体的，城乡之间的差别微乎其微，城市甚至在一定程度上模仿着乡村的组织，带有浓厚的乡土特质。但在资本主义私有制下，大工业的快速发展使得城乡之间的关系逐步由原始的交融演化为分离和对立。对此，马克思、恩格斯指出，资本主义大工业的发展成为城镇人口聚集的强力引擎，是城镇化的根本动力。在工业日益集中的趋势下，人口就像资本一样快速集中到工厂和城市里。随着农业和工业的分离以及人口不断向城市的集中，城市成为全国政治经济文化中心，而农村则成为孤立、分散、封闭的代名词。城乡间的对立在促进农业和工业分离的同时也把农民和工人划分为两个不同的阶级。

资本主义大工业把劳动力集中到工厂和城市里带动了大城市的快速发展，

马克思、恩格斯在充分肯定大城市对促进农业发展、工业和商业集聚、工人阶级觉醒等方面的积极作用的同时，深刻地揭露了资本主义大工业和大城市的快速发展所带来的一系列的“大城市病”：大城市的片面发展导致道德的堕落和人性的违背，城市贫民窟的形成，城市人口的快速膨胀使得城市空气窒息、水资源污染、人口高度集聚所引发各种疾病的丛生让人望而却步。在这种情况下，马克思、恩格斯指出，有条件的人都要定期跑到乡下去休整一下，呼吸呼吸新鲜空气，享受一下乡村的宁静，品尝一下鲜活的食品，等等。马克思和恩格斯又以无限同情但又十分冷静和理性的态度分析了城乡隔离发展中传统农村和农民的局限性：即由于分散、封闭和孤立而导致的目光短浅、心胸狭隘和愚昧落后。同时，随着资本主义大工业的快速发展，机器生产运用于农业，小块土地的耕作被大租佃者所排挤，农业资本家对土地的巧取豪夺造成了土地发展的不可持续性，农民逐渐演化为农业雇佣工人，农业的机器化生产使农村劳动力进一步过剩。此外，农业工人由于其自身的分散性和软弱性，致使其在整个产业工人阶层中处于最底层的状态。

关于城乡分离对立的原因，马克思、恩格斯认为这既是由于生产力发展、分工细化的结果，也是由于生产力水平不够发达、生产自发性的结果。而且，“城乡之间的对立只有在私有制的范围内才能存在。这种对立鲜明地反映出个人屈从于社会分工，屈从于被迫从事的某种活动，这种屈从现象把一部分人变成受局限的城市动物，把一部分人变为受局限的乡村动物，并且每天都不断地产生他们利益之间的对立。”[①] 可见，生产力水平的有限以及资本主义私有制的存在，是城乡对立并日益尖锐化的根源。

马克思、恩格斯在分析了城乡分离对立的局限性及原因后，指出城乡融合是传统农村与城市发展的历史趋势。他们认为，城乡分离对立的局限性并不降低城市在人类历史发展中的作用，城市是现代文明的象征，使人的生活更美好，城市的发展还促进了农业的发展并改变了自然经济的生产方式，使原来孤立分散的农村生产开始走向联合，农民走出愚昧。因此，城市化的进程不可逆转，是人类社会发展的方向。但是，城市化的发展不是城市消灭农村，也不是工业消灭农业，而是将二者融合为一而形成新的既有城市便捷又有乡村清新的人类居住和生活环境，用现代化的大工业来消灭传统落后的农

---

① 马克思恩格斯文集（第1卷）[M]. 北京：人民出版社，2009：556.

业生产方式。只有这样，才能规避“大城市病”的爆发和农村发展的局限性。

但是马克思、恩格斯又以十分理性的分析指出，消灭城乡对立、实现城乡融合发展不是一蹴即成的，而是从现实出发的实践运动，是需要很多物质条件的，既需要农业生产力的大发展，又需要现代大工业的高速发展，“由社会全体成员组成的共同联合体来共同地和有计划地利用生产力；把生产发展到能够满足所有人的需要的规模……通过消除旧的分工，通过产业教育、变换工种、所有人共同享受大家创造出来的福利。”① 同时，只有“大工业在全国的尽可能平衡的分布”以及“只有使人口尽可能地平均分布于全国，只有使工业生产和农业生产发生紧密的联系，并适应这一要求使交通工具也扩充起来，——同时这要以废除资本主义生产方式为前提，——才能使农村人口从他们数千年来几乎一成不变地在其中受煎熬的那种与世隔绝的和愚昧无知的状态中挣脱出来。”② 可见，在马克思、恩格斯看来，消灭城乡对立，根本的是在发展生产力的基础上，发挥工业对农业的反作用，通过农业工业化以及农业产业化的发展来促进农业生产方式的变革和化解工业与农业在生产方式上的对立，这是消灭城乡对立的“物质前提”。此外，马克思、恩格斯还指出，在资本主义制度下，是不可能真正实现城乡融合的。因此，要消灭城乡对立，还必须要消除私有制。

上述这些思想是马克思、恩格斯基于他们所处的时代背景在论述了城乡差别造成的社会效应的基础上，对消灭城乡对立的必要性和可能性以及消灭城乡差别需要的客观条件和方式方法进行了科学建构。在这一建构中可以发现，通过工农融合、城乡融合而形成的人类新居地，既有城市的便捷，又具乡村的清新，克服二者的缺点而发扬各自的优点，这正是人类幸福所追求的方向，也是我国社会主义城市化的根本目标。按照马克思、恩格斯“城乡融合”发展的方式，这一目标的实现可以通过农村产业融合发展来实现。从生产力的角度看，农业与现代科学技术、工业、服务业的融合发展，既是对农业生产力的大发展，又是大工业、第三产业等在农村的平衡布局；从生产关系的角度看，农村产业融合发展一方面意味着传统三大产业分工界限的逐渐消解，通过传统三大产业的交叉融合发展，产业之间的界限趋于淡化，使三

① 马克思恩格斯文集（第 1 卷）[M]. 北京：人民出版社，2009：689.

② 马克思恩格斯文集（第 3 卷）[M]. 北京：人民出版社，2009：326.

大产业间的分工逐渐消除，农民和工人的差别逐渐消解，城市和乡村的生产及生活方式渐于趋同，这恰与马克思通过“消灭旧式分工”实现“城乡融合”的思想相吻合。此外，随着农业与高新技术、信息产业的渗透融合，出现了生物产业、信息农业、互联网+农业等新业态，进一步细化了生物产业、信息产业内部的分工，使产业间社会分工内部化，而这种产业内部社会分工的细化是一种自觉、自由的新式分工，这又与马克思“分工促进生产力发展”，而“生产力的发展”促进“城乡融合”的观点相一致。可见，农村产业融合发展本身就内涵了城乡融合发展的条件和趋势，而就地城镇化发展则是通过城镇化来改善民生，使占中国人口大多数的农民就地过上和城市居民一样的富裕、文明的便捷生活，进而消除城乡对立，实现城乡一体化。由此，马克思、恩格斯的城乡融合思想具有超越其所处时代的历史价值，其中包含的工业与农业、城市与农村统一协调发展的条件和方法等核心思想，为我们今天研究以农村产业融合推动就地城镇化发展提供了重要理论渊源和方法论启迪。

## 二、中国特色城乡一体化理论

在马克思、恩格斯城乡融合思想的指引下，我国高度重视工农关系、城乡关系，并在实践中不断探索城乡融合发展的实现路径，逐步形成了中国特色城乡一体化理论。可以说，中国特色城乡一体化理论是党中央在新的历史条件下，科学把握世界各国现代化发展的一般规律、总结我国城乡发展经验以及研判当前我国城乡关系的新形势而提出的重要战略思想，也是中国共产党为从根本上解决农业、农村短板问题、打破长期固化的城乡二元结构、促进城乡融合发展进而实现现代化建设而提出的新的重大举措。

城乡发展不平衡是世界各国工业化过程中共有的现象。按照经济理论和发达国家的实践经验，在经济发展过程中，城乡差距总是先逐步扩大、然后缩小的。但是，缩小城乡差距，实现城乡一体化发展是一项复杂而又艰巨的系统工程，需要统筹兼顾，分步实施，中国特色城乡一体化理论正是在解决我国城乡、工农矛盾日益拉大这一复杂工程中逐步形成的。从理论形成来看，改革开放以来，党中央和国务院在调整工农关系和城乡关系方面曾经做了三次大的改革，第一次是改革开放初期，在农村推行家庭联产承包责任制改革，通过给农民放权，调动农民生产积极性，促进农村经济大发展；第二次是20

世纪末进行的农村税费改革，落实国家对农民的“少取”精神，从制度上消除了加重农民负担的源泉，赢得了民心，也动摇了城乡二元制度的基础，为实现城乡协调发展，最终走向城乡一体化创造了条件；第三次则是十六以来党中央提出“统筹城乡发展”“两个趋向”“以人为本的新农村建设”“城乡经济社会发展一体化”“三化同步发展”“新四化协调发展”“城乡一体化发展”等战略思想，这一时期的政策核心是由原来的“少取”转向“多予”，即要给予农业、农村、农民更多的关照和支持，既要加强农业基础地位，加快新农村建设，同时也要加大城乡统筹发展力度，从体制机制建设上保障城乡一体化发展的顺利进行，确保广大农民能够平等参与现代化进程。可见，中国特色城乡一体化理论发展经历了前两阶段注重农村单方面改革向后两阶段城乡统筹、城乡一体化多方面改革的转化。随着党中央和国务院对城乡关系认识的深化和政策的不断调整，近年来，国家对“三农”政策倾斜和支持力度越来越大，在多种惠农措施的作用下，我国城乡之间那种过大的、不合理的差距逐渐缩小，城乡经济社会一体化发展局面加速形成。

从理论内涵看，随着党的十八对城乡一体化发展的布局，中国特色城乡一体化发展理论内涵逐渐丰富，涵盖了城乡政治、经济、生态、文化、社会结构体制、空间领域等多个方面。具体而言，中国特色城乡一体化理论包括以下几个方面的含义：一是要将城乡发展置于平等的地位，即要将城市和乡村视为唇齿相依、互促共荣的生命共同体进行通盘考虑，逐步取消城乡分治的二元结构，从根本上扭转城乡居民和各类经济主体不公平不公正的待遇。二是要建立起城乡一体化的基础设施和社会事业，即在整合工业化、城镇化和农业农村现代化建设的各项政策措施的同时，制定农业农村优先发展政策，加大对农村的公共道路、生活用水用气、供电供暖设施、通信设施以及垃圾处理设施等方面的建设投入；加强对农村义务教育、公共医疗卫生和社会保障等方面的投资倾斜；将农村剩余劳动力和就业问题纳入整个经济社会的就业体系，解除对农民进城务工的不合理限制和农民工子女的受教育问题和农民工的社会保障问题；妥善安置失地农民的就业和社会保障问题，通过上述综合措施加速缩小城乡差距。三是要将城乡产业和空间布局进行整体规划，在尊重城市和乡村各自的功能特点的基础上，扬长避短，将工业和农业、乡村和城市的优点结合起来并进行合理分工和布局，形成优势叠加。四是要统筹城乡资源配置，通过对户籍、农地、社会保障等相关制度和法律进行完善，促进城乡土地、劳动力、资本等的自由流动，尤其是通过政策倾斜，实现各种资源向农村合理流动，推动农业农村现代化发展。可见，中国特色城乡一体化发展理论的核心就是在遵循市场规律的原则下，通过国家宏观调控统筹生产要素在城乡之间的合理配置，特别是通过将资源配置结构向“三农”倾斜而全面提高农村经济社会发展，让农民享有公平的国民待遇、完整的合法权益和平等的发展机会，进而构建起平等和谐的城乡关系，促进城乡有机融合、协调发展。

总之，中国特色城乡一体化理论内涵丰富，为当前我们正确处理城乡关系，并从根本上扭转城乡二元经济、社会结构、促进农村乃至整个国民经济持续、快速、健康发展提供了政策机制保障。在我国目前的社会实践中，实现城乡一体化发展的关键就是要补齐农村短腿，推动农村城镇化发展。而农村产业融合推动就地城镇化发展作为当前我国农村城镇化发展的重要实现形式，其出发点和着力点就是通过农业和工业、服务业等的融合发展，促进城乡要素双向流动和农村产业结构优化升级，推进农业、农村和农民的现代化，进而实现“城乡有别”的空间形态、“城乡一体”的生产和生活形态。因此，农村产业融合推动就地城镇化发展本身就是中国特色城乡一体化发展理论的实践形态，推进其发展，势必需要吸收这一理论精华并要以此作为实践指引。

## 三、西方经济学的相关理论

### （一）劳动力转移理论

西方经济学劳动力转移理论在研究农业转型和处理工农业关系中具有举足轻重的地位。我国是一个农业人口大国，随着经济社会的发展也面临着较为严重的农村剩余劳动力转移问题。对此，我国许多学者都以西方经济学劳动力转移理论为基础探索解决我国农业、农村发展问题。虽然这一理论模型的提出和建构并不是以我国国情为基点的，但其中的政策主张为推进我国农村剩余劳动力的转移、正确处理工农、城乡关系提供了理论借鉴。

1. 以刘易斯为代表的二元经济结构理论

刘易斯的“二元经济结构”理论对农村城镇化发展的一般规律进行了充分揭示。该理论认为，在发展中国家的经济结构中，传统农业部门和现代工业部门由于具有完全不同的生产规律而形成了一个所谓的“二元”经济结构。

他指出，以传统生产方法进行生产、劳动效率极低的传统农业部门的工资水平极其低下，而以现代生产方法进行生产的、劳动生产率较高的、以现代工业为载体的城市工业部门的工资水平较高。在劳动者提供相同数量和同等强度劳动的条件下，工农业收入水平的巨大差异，使传统农业部门极为丰富的劳动力资源势必会在高工资的吸引下大规模向城市工业转移。而城市工业资本也会在追求利润最大化的过程中不断扩大生产规模，进一步诱使农村丰富的劳动力资源向城市工业部门转移，直到城市工业将农业剩余劳动力全部吸纳后，并在工业不断反哺农业并实现农业工业化后，农村劳动力工资与工人大体一致，工农业得到均衡发展，最终实现经济结构的一元化。可见，刘易斯二元结构理论就是通过以城市为基础的工业化导向战略吸纳农村剩余劳动力、带动农村经济发展，并认为这是实现城乡一体化的主要途径。但刘易斯的这一理论将农村视为是天然存在“要素边际生产率为零”的地方，认为这些劳动力即便全部离开农村，也不会造成农业产量降低。在工业化主导一切的发展思维里，农村农业就被完全忽视了，农业农村的存在似乎只是为了使用这些资源来支持城市工业的发展，而不是为了农村生活着的人们。

耶鲁大学的费景汉和拉尼斯针对刘易斯忽视农业部门发展的问题，提出了费景汉—拉尼斯模型。这一模型主张工业和农业要均衡发展，通过逐步消除工业和农业的差异来实现二元结构向一元化转换。他们认为，农业剩余劳动力的转移是在工农业发展相互促进的过程中实现的，一方面，只有当工业发展并吸纳一定数量的农村剩余劳动力后才能促进农业生产率的提高；另一方面，只有当农业劳动生产率得到大幅度提高且农产品有足够的剩余后，才能为城市工业发展和提供足够的原材料和农产品供给，才能促使更多的农村剩余劳动力及其个人的资本向城市转移的可持续性以及整个国民经济社会的健康发展。尽管费景汉—拉尼斯模型仍强调城市和工业是经济发展的主体，且其理论设计没有考虑和分析发展中国家的城市失业问题和现代工业部门发展中来自有效需求等方面的约束，但是这一模型为正确认识农业和工业之间的关系提供了一种更加接近现代发展中国家现实的理论描述。

戴尔·乔根森（Dale W.Jorgenson）于 1967 年在新古典主义框架内探讨了工农业发展的互动关系，提出了乔根森模型。这一模型否定了传统农业部门存在边际生产率为零的劳动力以及工农业工资水平固定不变的假设，把对二元经济的研究从剩余劳动转向农业剩余。该模型指出，农业是经济发展的基础，在农业总产出和人口增长呈正向关系时，农业剩余水平是影响工业部门发展和农村剩余劳动力转移的决定性因素；而且，农业和工业部门的工资水平将随着技术水平和资本积累的提升而同步提高，因此，劳动力可以在工业和农业两个部门之间自由流动。但由于农业部门的相对滞后以及农业部门在土地和劳动力投入后其产出的边际收益呈下降趋势，势必要求不断提高工业部门技术水平以加速农村剩余劳动力的转移。只有工业部门的技术不断进步，才能促进劳动力的增长和经济的发展，进而实现二元结构一元化。

上述理论都是对二元结构一元化的路径和方法的探讨，虽然表面上都与农村产业融合推动就地城镇化发展研究关系不大，但仔细思考，这二者在本质上具有很强的一致性，因为二元结构的一元化实质上就是传统部门的现代化，而发展中国家的传统部门主要是落后的农业部门，因此，二元结构一元化的方法和路径，也是实现农村产业融合推动就地城镇化发展的重要方法和路径，为我们在实践中加速农村产业融合，推动就地城镇化进程提供了重要的理论和方法指导。

2. 托达罗模型

20 世纪 60 年代末 70 年代初，伴随着大量农村剩余劳动力向城市的转移，后起国家城市失业问题变得愈发突出。在这样的特殊背景条件下，美国著名的发展经济学家托达罗建立了“托达罗模型”，即城乡人口流动模型。该模型认为，城市因其较高的工资吸引着农村人口不断涌入，但城市经济发展却难以为如此大量的转移人口提供就业机会，尤其是在城市人口失业率不断提高的情况下，农村转移人口的就业更加困难。托达罗认为造成这种问题的主要原因在于后起国家在城乡发展过程中，以发达西方国家大城市发展理念为指引，片面强调对城市的投资，而忽视农业农村的发展。对此，他指出，城市和乡村的地位是平等的，农业农村的发展并不是被动的供养和支持工业以及城市的发展，而是为了增强自身的竞争力，因此，要高度重视农业、农村发展。鉴于农业农村发展的弱势性，托达罗提出了一系列发展农村的政策建议，指出政府要通过增加农业生产设施、农村生活设施以及教育等方面的投入来加强农村的综合发展和综合建设，进而缩小城乡差距。可见，托达罗模型在充分重视农村与农业发展的同时，强调了政府支持在平衡工农城乡发展中的作用，这为当前我国发展以农业为核心的产业融合之路带动农村就地城镇化发展提供了有益思路。

## （二）改造传统农业理论

西奥多·舒尔茨（Theodore W.Schultz）在他的经典著作——《改造传统农业》中论述了：农业也能成为一国经济增长的源泉，但传统农业不行，因为传统农业中的农民实际上已经将有利可图的投资用于他们的农业要素的机会全部发掘殆尽。这就意味着投资于农民长期使用的那些类型的农业要素的边际收益率非常低下，低到无法激励人们对其进行储蓄和增加投资，因而无法打破长期停滞的均衡状态。要改变传统农业的弱势状态，使其成为经济增长点，需要改造传统农业，完善农业投资方式。对此，舒尔茨着重论述了三个问题：一是建立一套适合于传统农业改造的制度；二是改变技术状况，实现现代生产要素对土地的替代和对劳动的替代；三是对农村进行人力资源开发。其中，引进现代生产要素是促进农业生产要素价格下降的关键，也是促进经济增长的关键。可见，舒尔茨实际上就是主张用市场制度、现代技术和人力资本来改造传统农业，而随着农业注入现代因素和科技因素，农业同样会实现现代化，成为靓丽的经济增长点和缩小城乡差距进而实现城乡一体化的重要途径。从某种程度上讲，农村产业融合发展就是对传统农业的改造过程，是农村重要的经济增长点。因此，舒尔茨改造传统农业理论为农村产业融合能够成为就地城镇化发展的重要推动力并对如何推进农村产业融合发展提供了理论上的依据和方法上的指导。

## （三）产业结构演进理论

产业结构升级演进是城镇化的重要动力。城镇化发展的产业结构演化理论认为，农业是城镇化的基础动力，主要通过为城市提供粮食、原材料、资金原始积累、劳动力资源、消费市场等方式来推动城镇化的起步和发展；工业是城镇化的根本动力，工业所具有的初始利益棘轮效应、产业链条及连锁效应等特征，使得资本和人口高度集中，由此引发城市规模的不断扩张和城市数量的急剧增加；第三产业及服务业是城镇化发展的后续动力，服务业为工业化与城镇化发展提供生产配套性服务和生活消费型服务。同时，服务业的多数行业具有劳动密集型特点，能为农村剩余劳动力提供更多的就业岗位。而农村产业融合发展恰恰是农业与二三产业共赢与发展的过程，内含了城镇化发展不同阶段所需的产业支撑。因此，以农村产业融合发展作为城镇化发展的新动能符合城镇化发展的产业结构演化理论。

### （四）产业集聚理论

产业集聚是指特定领域内的相关企业在一定地域内进行地理集中和产业组织优化，通过聚集效应获得经济要素的竞争优势。产业集聚理论最早起源于阿尔弗雷德·马歇尔的外部规模经济理论。马歇尔从新古典经济学的角度指出，企业为了实现劳动力共享、中间产品投入与技术外溢而不断向特定区域集聚，企业的集聚有利于产生规模经济和范围经济的效益。阿尔弗雷德·韦伯从微观企业区位选择的角度入手，指出集聚是企业的一种空间组织形式，是企业为节约交易成本和促进创新而在某一区域范围内形成的相互联系的集聚体。20 世纪 90 年代，以克鲁格曼为代表的新经济地理学理论在马歇尔外部规模经济理论基础上进一步解释了企业为追求规模经济和实现收益递增而不断集聚，并从理论上证明了工业活动倾向于空间聚集的一般趋势。迈克尔·波特从组织变革、价值链、经济效率和柔性方面所创造的竞争优势等角度指出，企业集聚往往发生在基础设施条件较好且本地需求强大的区域，企业集聚发展有利于专业市场的形成和产业链的延伸，也有利于提高专业分工协作，提高交易效率，形成地区特色明显的专业市场和区域品牌。可见，产业集聚的实质是由于生产要素和经济活动在空间上的集聚而导致的规模经济。产业集聚发展在促进专业市场形成和产业链延伸的过程中带动资源、要素和经济活动等向特定地理空间集聚，使得集聚经济成为城市产生和不断扩大的基本因素，而且区域内产业的带动、行业的培育势必会优化区域产业结构和经济结构，并通过不断衍生出新的产业而扩大就业空间，承载农村剩余劳动力的转移。因此，产业集聚是决定城市形成和发展的最根本动力。

按照产业集聚理论，我国农业产业也可以形成集聚效应。随着农村产业融合的发展，以农业为核心的各种新业态不断涌现，而各农业企业为了获得规模效应和降低成本势必会向自然资源优越、生产规模较大、产业基础较好区域集中，优化了区域经济结构。与此同时，各农业企业在不断集聚的过程中，还能催生同类企业之间的竞争和创新效应，进而有效孵化各类新企业，为农村剩余劳动力创造更加广泛的就业空间，带动农村人口向小城镇聚集，这无疑对加速我国城镇化进程具有重要意义。因此，以产业集聚理论为基础，发展以镇为中心的农业产业集聚，为我国农村产业融合推动就地城镇化发展提供了具体的方法论指导。

综上，农村产业融合推动就地城镇化发展具有深厚的理论根基，深刻理解马克思、恩格斯的城乡关系理论、中国特色城乡一体化理论、西方经济学劳动力转移理论、改造传统农业理论、产业结构演化理论、产业集聚理论，并将其中蕴含的理论和方法运用到具体实践中去，必将实现农村产业融合推动就地城镇化发展的快速可持续进行。

# 第二章　我国城镇化发展的模式变迁：问题分析与现实选择

城镇化是人类社会发展的必然趋势，是任何一个国家都不可逾越的自然历史过程。总体来说，我国城镇化发展的实践是基于我国的具体国情条件而展开的，开创了具有中国特色社会主义城镇化道路。而且，我国城镇化发展实践中各个阶段的主要内容，从某种程度上说都是对先前内容的否定之否定。因此，历史地、理性地回顾和审视我国传统城镇化发展的实践模式，分析新常态下我国城镇化发展所面临的国内外条件，对于指导我国未来城镇化发展实践，创新城镇化发展模式具有重要意义。

## 第一节　改革开放以来我国城镇化发展的模式及问题反思

我国城镇化进程的起点，理论界普遍认为是新中国成立后的1949年，这一方面是因为我国独立自主进行大规模的社会主义工业化建设是从新中国成立以后开始的；另一方面是因为1949年新中国成立之时我国的城镇化率仅为10.64%，刚刚达到国际城镇化起步标准（城镇人口占总人口的10%）。[①]但新中国成立后至改革开放前，我国城镇化发展经历了缓慢波折的发展历程，城镇化真正快速发展是在改革开放之后。改革开放以后的城市化，是在国民经济高速增长条件下迅速推进的，城乡之间的壁垒逐渐松动，特别是乡镇企业的发展和工业化迅速推进，使得中国的城镇化迅速发展。综观改革开放后我国城镇化发展的道路，总体上可以概括为：以乡镇企业带动小城镇（就地城镇化）发展到以城市工业化为主导的大中城市（进城城镇化）发展的道路。客观地说，这两种城镇化发展模式既是对改革开放前我国城镇化发展模式的扬弃，也是在中国改革开放大背景下基于中国国情条件而开展的实践探索。实践证明，改革开放40年来我国城镇化建设取得的巨大成就与上述两种城镇化发展模式密不可分。但是，无论是乡镇企业带动的就地城镇化发展模式，

① 马怀礼，胡艳．中国的城镇化［M］．合肥：安徽人民出版社，2013：31.

还是当前如火如荼进行地城市大工业带动的农民进城城镇化发展模式，对我国经济社会发展的促进潜能都已经逐渐释放殆尽，并在实践发展中面临着一系列瓶颈制约。

## 一、乡镇企业推动小城镇快速发展的就地城镇化发展模式及局限

党的十一届三中全会以后，我国农业、农村的改革发展尤其得到了更多的关注。农村家庭联产承包责任制以及机械化的应用，带动了农业生产率水平的持续提高，农业产量连年大幅增长，极大地改善了粮食和农产品的供给状况，释放了农业部门的剩余劳动力。农村生产力的大解放，一方面为工业化和城镇化的起飞创造了基础性条件，另一方面也使得农村的乡镇企业在农村巨大就业压力和农民强烈致富愿望的双重作用下迅猛发展起来。

乡镇企业的前身是社队企业。改革开放初期，社队企业的发展再次得到国家的重视，1979 年，国务院对社队企业的发展进行了较为全面的布局，推动其发展进入了一个新的历史时期。1984 年 3 月，国务院批准社队企业更名为乡镇企业，并指出，“乡镇企业已经成为国民经济的一支重要力量，是国营企业的重要补充”“要积极地鼓励发展乡镇企业”。与此同时，在经济体制的不断改革下，中央放宽了政策并采取扶持乡镇企业发展的措施，如减少对农村各类产品的统购派购的品种和数量，产品价格逐步放开；允许农民兴办交通运输业；允许农民进入城镇经营工商业及提供各种劳务；鼓励乡镇企业生产出口产品，发展创汇产业，等等。同时，在税收、信贷、科技、人才等方面也制定了具体的政策措施。随着思想的解放，农村各项政策的放宽，乡镇企业犹如雨后春笋一般节节上升，出现了生机勃勃的发展景象。农村乡镇企业的异军突起，创造了中国工业史乃至世界工业史的奇迹。据统计，1984 年全国乡镇企业总产值增长 41%，1985–1988 年又实现连续的跃进发展。1986 年全国乡镇企业总产值中非农产业的产值首次超过全国农业总产值的 15.3% 而在农村经济的份额中占据“半壁江山”。到 1988 年，乡镇企业产值已占农村社会总产值的 53.2%。①

---

① 武力，郑有贵 . 解决“三农”问题之路——中国共产党“三农”思想政策史［M］. 北京：中国经济出版社，2005：644.

乡镇企业的迅猛发展从根本上带动了小城镇的建设和发展，推动了整个中国城镇化进入高速发展阶段。首先，乡镇企业的发展，冲破了农业长期以来所形成的自给、半自给经济的单一的、封闭的小生产格局，使农业耕地领域向非耕地领域拓展；由单一的种植业向多种经营和第二三产业转移；由固定区域向外区域拓展，进而使得农业发展不论是深度还是广度，都较之于过去更为丰富、更为广阔，为小城镇的快速发展提供了基础动力。其次，乡镇企业的发展为广大农民提供了大量的就业岗位，使得大批离开土地的农民到乡镇企业中进行就业，扩宽了农民的增收渠道；与此同时，工业基础较好的苏南等地区的农民通过开办家庭工厂和雇佣外地人的方式，促使商品经济不发达地区的农村剩余劳动力向这些地区流动。再次，随着乡镇企业的发展，大批农民到小城镇办工厂、搞建筑，带动了商业、运输业、餐饮业、服务业等的发展，为小城镇的发展奠定了坚实的产业支撑。农村产业结构的分离促进了各种专业化生产的发展，工业化的生产方式如加工厂、养殖场、建材厂等乡村工业的兴起并逐渐在广大的小城镇地区集聚带动了各种修理业、建筑业、采掘业和交通运输业等的产生和发展。随着越来越多的工厂安家落户，机器飞转、产销两旺，人气聚集，物流加快，对相关服务业的要求也不断增加，自然就把小城镇的发展带动起来，使小城镇逐渐成为工业中心。而小城镇的工业、商业、服务业、运输业、建筑业等大多是由乡镇企业主办的，开商店、办工厂、搞运输、搞建筑，开展各项生产服务和生活服务，使得古老的城镇重放异彩，一些新兴的小城镇熠熠生辉，成为区域经济、政治和文化的中心。有数据显示，1978 年时中国的建制镇仅为 2660 个，1998 年时增加到 19060 个，是 1978 年的 7.2 倍。①

乡镇企业带动小城镇蓬勃发展，主要是因为人们普遍认为，中国农村人口众多，现有的大城市基础设施薄弱无法承接如此众多的农村剩余劳动力，而发展乡镇工业和商品经济，既可以容纳剩余人口，繁荣农村经济，又可以避免西方国家城市化过程中的“大城市病”。随着费孝通先生《小城镇，大问题》一文的发表及其“离土不离乡”“就地城镇化”等观点的阐发，以小城镇发展为主的分散式城市化观点成为当时理论界和决策层的主流思潮。1978 年召开的第三次全国城市会议以及 1980 年的《全国城市规划工作会议纪要》都

① 刘文纪．中国农民就地城市化研究［M］．北京：中国经济出版社，2010：105.

明确提出了“积极发展小城镇”的方针，为小城市和小城镇发展定下了基调。与此同时，这一时期，国家放松了对人口流动的限制，降低了市镇设置的标准，以乡镇工业带动地方经济的模式得到了推广。1984 年到 1986 年期间，国务院对农民进入集镇的限制开始放松并降低了市镇建制标准，这为农民进入城镇提供了可能，也使得城镇数量一时大批量增加，有力地促进了我国小城镇的发展。这一阶段，小城镇呈现遍地开花，特别是在广大东南沿海各省，有工业发展传统且工业基础较好的地区，小城镇得到异乎寻常的发展。据统计，从 1978—1999 年的 20 年间，全国城镇新增人口 2.1 亿，其中小城镇吸纳了 1.4 亿，占城镇新增人口的 60%。①

但以乡镇企业带动小城镇快速发展的就地城镇化发展模式因乡镇企业自身规模过小、布局分散而造成了严重的污染问题，激化了农村工业化与农业发展之间的矛盾，也导致了颇具中国特色的“半城镇化”现象的形成，严重影响了乡镇企业和小城镇的健康可持续发展。具体而言：

一是造成了严重的环境污染。乡镇企业大都生产水平低，物耗能耗高，并且乡镇企业只注重眼前利益而不顾及长远的利益，只关注自己的盈亏而缺少社会责任，往往把自己的成本转嫁给自然，随意排放污染，缺少资金和技术来解决排污问题，再加上乡镇企业的分散化布局以及乡村公共设施条件差而造成工业污染难以有效治理，污染问题日益成为影响农业发展和农村生活质量的重要问题。据统计，在 1995 年中国乡镇工业所创造的工业总产值中，至少有 37.6% 是用环境污染的代价换来的。其中全国乡镇企业的废水排放量占当年全国工业废水排放总量的 21.0%；烟尘排放量和工业粉尘排放量均占全国工业同类污染物排放总量的一半以上。②

二是激化了农村工业化与农业发展之间的矛盾。由于乡镇企业缺少整体规划，规模偏小、布局分散。乡镇企业的设立和发展，都是在乡村的地理空间范围之内的，都与本地农民休戚相关，东部地区如此，中西部地区也如此。据统计，我国乡镇工业 90% 分散在村及村以下，农村工业发展较早的苏南地区几乎“村村点火，户户冒烟”；而且乡镇企业的员工多则三五十人，少则

① 张建云等 . 农业现代化与农村就地城市化研究——关于当前农村“就地城市化”问题的调研［M］. 北京：中国社会科学出版社，2012：35.

② 张建云等 . 农业现代化与农村就地城市化研究——关于当前农村“就地城市化”问题的调研［M］. 北京：中国社会科学出版社，2012：40.

五六人。这种分散化和小型化的布局方式所带来的弊端是显而易见的，一方面使得乡镇企业因规模过小根本无法获得规模效益，致使生产成本过高，企业之间联系少导致产业链不完善，难以为小城镇规模化和可持续发展提供产业支撑；另一方面则导致了过多地占用农村土地，加剧了土地资源短缺的矛盾，对我国农业的发展构成了严重的威胁。据统计，乡镇企业自20世纪80年代初大发展以来，已占用耕地1亿多亩，乡镇企业职工人均占用耕地面积已超过城市职工的10倍。① 乡镇企业带动小城镇发展造成如此大量农地的流失，已经引起社会的高度重视。

三是造成了颇具中国特色的“半城镇化”现象。乡镇企业带动的就地城镇化发展无法全面实现农民的城市化。在生产方式上，很多乡镇企业在发展中还处于手工业工场形态：企业规模小，多以自然资源作为生产和加工对象，产品生产的专业化和科技含量低，生产工艺流程落后，附加值不高。而且，乡镇企业在大规模改制前，有80%设在村落，12%设在集镇，只有7%和1%分别设在建制镇和县城。② 这种布局使得乡镇企业发展虽然吸收了大量的农业劳动力就业，但乡镇企业的工人在生活方式上，是那种“白天在镇上做工，晚上回农村睡觉，亦工亦农，半工半农”的模式，并没有改变与传统农业生产方式相适应的分散、个体、封闭的农村生活方式，没有实现完全意义上集中化、社会化和市场化的城市生活方式。同时，由于乡镇企业发展的定位始终是对城市国有工业和经济的有益补充，较少地与农业相联系，因此，并没有触及传统的农业生产方式，无法带动传统农业的转型升级。

乡镇企业发展过程中所产生的上述各种问题很大程度上在于我国对乡镇企业指导思想的偏差。正如前文所述，乡镇企业之所以能够在20世纪80年代初期蓬勃发展，其根本原因在于我国改革开放之前的重工业发展战略以及长期实施的城乡户籍制度的二元安排。基于之前我国重工业优先发展战略的实施以及庞大的农村人口数量的现实，城市产业发展无法在短时间内为城乡居民提供足够的生产和生活用品，也难以为农村剩余劳动力提供足够的就业机会，农民只能在当地，主要依靠自己的人力、物力建立和发展规模较小、较为分散的乡镇企业来平衡生产生活资料的供给以及实现农村剩余劳动力的

① 冯海发．论我国农村工业化与农村城镇化的协调发展［J］．河北学刊，2001（11）．

② 纪宝成，杨瑞龙．中国经济发展研究报告2005：城乡统筹发展中的中国“三农”问题［M］．北京：中国人民大学出版社，2005：114．

就地转移。城乡二元安排还从制度上约束了乡镇企业的产业分工布局。长期以来，乡镇企业一直被定位为城市国有工业和经济的补充，乡镇企业在其发展的初期，有一部分农业企业，但更多的企业是生产工业产品来补充城市国有工业和经济。这种与城市工业结构雷同，离农倾向日渐显现的产业布局，使乡镇企业过早地丧失了比较优势。20 世纪 90 年代中期以来，乡镇企业发展全面陷入困境，很大程度上也是由它们所处的历史条件所天然赋予的。1996 年 10 月，全国人大常委会通过的《乡镇企业法》，明确地将乡镇工业定义为“农村集体经济组织或者农民投资为主，在乡镇（包括所辖村）举办的承担支援农业义务的各类企业。”这种规定使得企业的主体是农民，企业的区位在农村乡镇。这决定了乡镇企业在总体上存在技术落后、人才素质较低、管理水平落后等弱点。

随着乡镇企业陷入全面困境，由乡镇企业带动的小城镇发展出现了全面萎缩，这种以乡镇企业带动农民“离土不离乡”的就地城镇化发展模式也越来越多地受到质疑。作为短缺经济时代的特殊产物，乡镇企业的产生和发展具有其历史发展的局限。以乡镇企业为推动力的小城镇模式也仅仅适合东南沿海等地工业基础和交通条件相对较好的地区。而对于工业基础较差，特别是在人口密度较低，交通不发达的中西部地区，这种小城镇很难实现发展。

乡镇企业在经过 20 世纪末改制重组后，不断进行产业升级和结构调整，对农村劳动力的吸纳逐渐在增加，但是乡镇企业一度是农村的二三产业，虽然乡镇企业和农业关联度在增加，对农业的发展也有了一定的促进作用，但是这种作用仍然是外在的，不是内生于农业本身，没有触及农业生产方式的根本性变革。可见，传统的以乡镇企业带动农村就地城镇化发展模式已经难以为继了，但其发展中存在的问题，为我们今天创新就地城镇化发展新动能提供了实践依据，并使我们进一步明确了发展方向，即乡村必须要以自身的主导产业农业为基础，大力发展以农业企业为核心的产业集聚，通过真正变革农业生产方式来促进农村就地城镇化的真正实现。

## 二、工业化推动大中城市快速发展的进城城镇化发展模式及潜在风险

20 世纪 90 年代中期以来，我国城镇化发展出现了重大转变，即城市特

别是大、中城市建设呈现快速发展态势。其主要原因，一方面是乡镇企业经过二十余年繁荣发展后，由于种种原因面临严重困难，随着乡镇企业的萎缩和转型，难以创造更多的就业机会来吸纳农村剩余劳动力，也使其带动的小城镇发展陷入困境。另一方面，从根本上说，这也是适应当时我国经济发展进入新阶段的必然要求。随着我国工业化战略由重化工业向符合我国经济发展阶段的以轻纺工业为重点的工业化战略的转变，我国逐渐完成了消费品生产的工业化并实现了生产的相对过剩，而高科技含量的工业，成套机器设备、精密机械、电子工业等生产不足，大量依赖进口。新型工业发展需要大规模基础设施支持，需要第三产业的服务，大城市无疑具有更大的优势。而且这一时期，信息工业风起云涌，愈发需要大城市发挥集聚人才、技术的功能。同时，大城市是第三产业兴起和发展的基础，城市规模越大，服务商机也越多，第三产业逐渐成为继第二产业之后推动城市发展的主要力量。①此外，由于农村生存条件的相对恶劣以及农民对城市较高工资、基础设施和公共服务的渴望，大量农民为了寻找更好的就业机会和生活环境开始由自发转为有组织地涌向经济发展条件较好的沿海大中城市，使得中国农民在创造了“离土不离乡”的乡镇企业带动就地城镇化模式后，又掀起了“离土又离乡”的民工进城大潮，而人口从农村向城市的大量迁移进一步刺激了中国经济的增长。

在此背景下，国家调整了城镇化发展战略。“十五”时期和党的十六大都提出要“完善区域性中心城市功能，发挥大城市的辐射带动作用，引导城镇密集区有序发展”的方针。之后，虽然没有文件或者规划明确提出要发展大城市和大都市，但多个五年规划都提出要积极稳妥推进城镇化，发挥大中城市尤其是城市群作为经济增长级的拉动作用。与此同时，国家在具体政策上也作了相应调整。随着土地改革、房地产市场的改革以及城市基础设施投融资体制的改革等，政府可以通过协议、招标和拍卖等方式出让土地使用权，从而为旧城改造、新区建设和基础设施投资提供了大量资金。以此为契机，城市空间开始迅速发展和重组，旧城改造方兴未艾，新区建设日新月异，高新技术园区、工业开发区如雨后春笋般崛起，中心商务区成为城市最新潮流。与此相伴，城市新增人口和城镇化率迅速增长，其中，“九五”到“十五”期间，我国城镇人口年均增长 4.66%；“九五”期间，有三年的城镇化率每年

① 严正．小城镇还是大城市——论中国城市化战略的选择［J］．东南学术，2004（2）．

增加 1.7 个百分点，“十五”期间年平均增长 1.35 个百分点。“十一五”期间，我国城镇化发展继续保持良好势头，城镇化水平也由 2006 年 42.99% 提高到 2010 年的 49.95%，平均每年提高 1.39 个百分点。① 从这一时期各等级城市的数量和比重看，从“九五”到“十一五”期间，我国中等规模以上的城市数量不断增加，其中大城市与中等城市的数量上升较快，仅 2001–2008 年间，我国大城市和特大城市就增加了 39 座，增幅达 30%，中等城市的数量由 2001 年的 218 座增加到 2008 年的 239 座；而小城市和建制镇的数量不断减少，其中小城市的数量由 2001 年的 341 座减少到 2008 年的 274 座，建制镇的数量由 2001 年的 19794 座减少到 2008 年的 19234 座。② 可见，这一阶段我国城镇化发展一定程度上体现出大城市优先增长的规律。大中小城市建设投资的扩张，极大地促进了我国城镇化发展的进程，使得在“十二五”期间，我国城镇化率实现了两大突破，2011 年我国城镇化率达到 51.27%，超过城镇化率 50.0% 的水平；2012 年我国城镇化率达到 52.57%，首次超过全球平均水平。但经过“九五”至“十一五”时期的高速推进后，“十二五”时期增速有所减缓，年均增速 1.21 个百分点，创 20 年最低。③ 尽管自 2002 年之后，我国城镇化政策的关注逐渐从“数量”转为“质量”，“十三五”时期我国城镇化发展再次重点强调要进入以速度为主转向速度、质量并重的转型时期，国家也提出了控制大城市发展规模和速度的相应政策，并指出要因地制宜地发展特色小镇，然而这些政策并没有从根本上抑制住大中城市快速发展的趋势，当前我国城镇化发展仍然是以农民进城的大中城市的稳速提质发展为特征。

我国之所以热衷于依托工业化带动农民进城城镇化发展模式来推进城镇化进程，其主要原因在于：按照经典的工业化与城市化理论，在工业化发展的同时，农村剩余劳动力流向城市，从而使城市人口比例提高，城市化水平得到提升。由于农民进城城镇化既涉及工业化又涉及农村剩余劳动力向城市的转移，更符合经典理论所强调的工业化和城市化并行的观点，因而在学术界和政策层面更多地倾向于把农民进城城镇化作为当前我国城镇化发展的主要途径。从理论上及短期的效率上看，大城市有着高度密集的经济活动，便于发挥规模经济效应，因此，在市场经济主导下走以农民进城为主的大城市

① 数据根据《中国统计年鉴》和《中国城市统计年鉴》（各年度）计算整理得出 .

② 任致远 . 试论我国大城市与中小城市发展走势［J］. 城市发展研究，2010（9）.

③ 数据根据国家统计局公布的中国城市化率历年统计数据计算得出 .

化道路是有一定道理的。但从长期的效率或者从发达国家的城镇化历程或城镇化比较成功的国家和地区的历史发展来看，这种观点是站不住脚的。实践中，大多数发达国家在大城市快速发展并不同程度地出现“城市病”后，都在注重大城市发展的同时积极发展小城镇，使得小城镇的数量在城镇总量中占据了绝大多数。从目前来看，尽管我国尚未大规模爆发“大城市病”，但由于城市大工业带动的农民进城城镇化发展更多地体现在城市化的外在表现形式——城市建设、城市数量及人口数量的增加上，再加上当前我国城市自身发展能力及体制机制的限制，使得进城城镇化的快速发展已经蕴含了一些潜在的风险，这些不容忽视的风险正在“倒逼”我国城镇化转型发展。

### （一）潜在的“城市病”将延缓城镇化发展速度

“城市病”是由于违背城市化的一般规律，无序的开发城市，使城市的蔓延、扩张与城市的发展不相协调而出现的失衡现象。[①]20 世纪 90 年代中后期以来，在农民进城城镇化的推动下，我国大中城市飞速发展，产业集聚、人口集聚带来了城市规模的不断膨胀，但由于我国城市基础设施建设和公共服务能力发展的滞后，引发了一系列的“城市病”：

一是交通拥堵。交通拥堵是“大城市病”的首要难点。当前，我国大城市交通越来越繁忙，道路负荷日益加重，虽是一马平川的大道，走起来却如蜀道之难，严重影响了城市运行效率。据专家估计，目前北京、上海、深圳、广州等 15 座城市每天因拥堵造成的损失近 10 亿元。[②] 城市交通拥堵也大大增加了城市生产和生活成本，其中交通阻塞成本占北京人均收入的 12.5% 及上海人均收入的 9.1%。[③] 其实，改革开放以来，我国道路交通已经有很大改善，但是大中城市因其较好的公共基础设施和服务，聚集了越来越多的人到大中城市发展，致使这些城市的通行能力已经接近极限，公众的不满程度越来越高。

二是能源资源紧张。随着我国工业化的加快和城市规模的过大，人们生活的最基本需求如水、土地、天然气、住房及教育、医疗、基础设施等资源，

---

① 刘文纪 . 中国农民就地城市化研究［M］. 北京：中国经济出版社，2010：120-121.

② 中科院专家：15 座城市每天因拥堵损失近 10 亿元［EB/OL］.（2010-10-13）［2016-12-25］. http：//news.sina.com.cn/c/2010-10-13/104021266374.shtml.

③ 国家发展研究中心课题组 . 中国新型城镇化道路、模式和政策［M］. 北京：中国发展出版社，2014：70.

都不可避免地面临紧缺。仅拿水资源为例，缺水越来越成为城市经济社会发展的瓶颈。在中国 600 多座大中城市中，有 2/3 的城市严重缺水，而且一些城市因超采地下水导致地下水位下降，地面下沉。①此外，随着粗放型工业化的发展以及城市人口的剧增，我国石油、天然气等资源也面临着严重的短缺，中国对进口（特别是能源进口）的依赖程度越来越严重。

三是生态环境严重恶化。生态恶化、污染严重是大城市的一个突出问题，严重威胁着人们的生产生活安全。城市环境恶化最严重的是空气污染，工业废气、汽车尾气排放构成了大气污染的主体，而城市居民民用燃料也造成了危害性很大的以粉尘和酸雨为主的大气污染。除了空气污染，大城市水污染问题也十分严重，使城市的饮用水资源标准不达标。噪声污染在大城市也已经不堪忍受，主要是交通噪声，特别是道路两边的居民小区，其次建筑工地、装修等噪声也令人困扰。此外，“光污染”已成为城市的一大公害，被发达国家列为水污染、大气污染、噪声污染、电磁污染之后的第五大杀手，城市的过度亮化、玻璃幕墙、水泥地面，加上绿地少，是光污染产生的根源，使得城市无法正常呼吸。

四是居高不下的房价。根据国家发展和改革委员会、国家统计局调查显示，我国楼价长期居高不下，远超过一般市民的购买能力。据相关数字统计，目前中国城镇平均房价收入比已达到 8 左右，京沪深等许多热点城市房价收入比已经超过 20，其中深圳房价的收入比更是高达 36.57。②这就使得大城市新增城市人口住房难成为我国大城市的重大民生问题。如此高昂的房价和生活成本让很多农民对进城城镇化望而生畏，也使得中国难以实现向以国内需求为基础的经济体转型发展。

综上，大城市人口快速增长所带来的种种社会问题已经严重影响了城市居民的日常生活，更令人担忧的是，随着人口向大中城市的快速集中，这种大城市病正在蔓延，一些中小城市也被传染了大城市病。可以预见，如果对大中城市的过快增长不加以控制的话，未来一段时期，将是我国各大城市“城市病”集中爆发期，“城市病”将成为影响城市和谐稳定的重大隐患。

---

① 刘文纪．中国农民就地城市化研究［M］．北京：中国经济出版社，2010：121.

② 和房价战斗的人们 深圳上海厦门房价超过家庭收入 20 倍［EB/OL］.（2017-03-31）［2017-04-10］.http://news.hexun.com/2017-03-31/188699903.html.

### （二）不容忽视的“农村病”加剧“三农”问题的严峻性

与“城市病”相对应，在农民大量进城城镇化进程中出现的“农村病”同样令人担忧。“农村病”是指由于壮年农村劳动力，尤其是男性劳动力外出务工而引致的农业抛荒问题、农民工问题、三留守等社会问题。①具体表现在以下几个方面：

一是农业面临的危险。在传统城镇化强调农村人口及非农产业不断向城市集聚的理论指引下，我国农村大量青壮年劳动力和优秀人才都离开了土地，致使农村劳动力数量和质量下降，农业劳动出现了老年化、女性化、低学历化现象。这就意味着农业劳动的弱质化，它表明农业对农户的意义仅仅是口粮，是补贴家用，农户想着用尽可能少的投入，粗放式的经营，简单的管理来实现这种“口粮农业”，农业退化到传统小农业的状态。除了农业劳动的弱质化，农业后继乏人问题也步步紧逼。统计调查表明，越来越多的农村年青人选择离开农村、进城打工生活，即使少数留在农村的年轻人也不愿意种地或不会种地，这种农业发展的后继无人使得我国粮食安全面临着严峻的挑战。此外，再加上工业化和城镇化的快速推进导致城市急剧扩张，土地征用规模大，速度快，耕地数量和质量大幅下降，以致我国耕地面积面临着突破 18 亿亩耕地红线的风险，这进一步加剧了我国农业发展的危险。

二是“空心村”问题。随着大量农村青壮年劳动力的进城发展，引发了农民“人走屋空”、宅基地“闲置废弃”、土地抛荒、产业萧条等农村空心化现象，致使农村一步步走向凋零：原来精耕细作的土地现在因劳动力不足而只能望天收；原来园子里各式各样的时令蔬菜瓜果如今早已被杂草侵占；原来院子里房前屋后整洁的沟渠如今已是垃圾遍地。村子里见不到后生的身影，只有老人儿童相互偎依，乡村学校和乡村医院也都差不多人去楼空尽显沧桑。农村这一萧条的场景一方面造成耕地资源的严重流失和粮食安全的重大隐患，另一方面也导致了农村整体面貌难以改变，乡村人居环境受到破坏。当前，我国大量“空心村”的涌现，已成为推进新农村建设和统筹城乡发展的最大难题。

三是农民工问题。随着大量农村剩余劳动力转移到城市，我国大量的农民工应运而生。国家统计局抽样调查显示，截至 2016 年年底，全国农民工总

① 刘云喜．中国农村经济转型条件下的农民就地城市化问题研究［D］．北京：中央民族大学，2012.

数已达到2.82亿人。[①]由于我国实行的是按照出生地划分城市居民的二元户籍体系，农民工虽然在城市居住和工作，但其户籍却是在农村，拥有农村的土地使用权，无法享有城市户籍居民同样水平的公共服务和社会参与权利。农民工的出现是伴随工业化、城市化和市场化推进而出现的一个社会现象，是社会的需求，市场的需要，也是经济发展的需要，因此必须要肯定它在历史上的积极作用。但是，受现行户籍制度、相关制度安排的限制，以及多种资源的缺位和错位，城镇基本公共服务和社会保障没有普遍、均等地惠及农民工阶层。从工资平均水平来看，农民工承受着“同工不同酬”“同城不同权”等不公待遇，据报道，农民工的工作时间比城镇职工更长，但其工资水平却仅为城镇职工的一半。而且，由于缺少职业技能，背井离乡的农民工在城市里从事的大多是最脏最累最苦而工资又最低的工作，他们很难在工作中获得安全感、尊重感和自我价值实现感。从社会保障水平看，企业“用而不养”，农民工在劳保、工资、福利、社保、培训以及劳动力市场信息服务等方面难以享受与城市职工同等的待遇。与此同时，农民工及其子女也很难享受到与城市居民同等的教育、医疗卫生、计划生育、社会救助等公共服务。高强度的劳动、低水平的工资和社会保障，很大程度上抑制了农民工的消费需求。再加上年复一年的“候鸟式”的流动以及城市社会对农民工的歧视，使他们难以真正融入城市。可以说，上述这些问题造成了中国城镇化过程中特有的“半城镇化”和“被城镇化”现象，严重影响了我国经济社会的和谐发展。

四是农村社会问题。在城市化进程中，农村人口大量转移是必然趋势，但随着大量素质相对较高的青壮年农民持续流入城镇，逐渐改变了农村原来的社会结构，带来了以农村“三留守”为主要特征的一系列社会问题。据统计，2011年，我国外出农民中举家迁移的3279万人，仅占20.7%。[②]由于家分两地，农村约有2000万“留守儿童”，2000万“留守老人”和4700万“留守妇女”。[③]三者相加，近1亿人。“三留守”人员的生活问题、教育问题、道德行为问题和安全问题越来越令人担忧。特别是随着越来越多的青壮年农

① 全国农民工总量达到2.82亿［EB/OL］.（2017-03-14）［2017-04-10］. http：//www.xinhuanet.com/fortune/2017-03/14/ c_1120627561.htm.

② 2011年中国农民工调查报告发布总量超2.5亿人［EB/OL］.（2012-04-27）［2016-04-27］.http：//news.163.com/12/0427/17/804737BV00014AEE.html#from=relevant.

③ 汪昌莲. 留守的“半边天”呼唤关爱的阳光［N］. 宁波晚报，2010-07-14.

民进入城市，随之产生了一个特殊的需要特别关注的未成年人群——农村留守儿童。2017年度《中国留守儿童心灵状况白皮书》显示，农村学校学生中，因父母均外出而无人照料的留守状态学生占近三成。在孩子成长和教育的关键时期，在最需要父母关心、教育、监管的时候，这部分孩子却生活在一个缺乏亲情关怀的环境中。由于缺乏关爱与交流，他们对周围环境难以产生积极、乐观的认识，从而导致了潜在的心理危机和性格缺陷。因此，从某种程度上说，农民工付出的不仅是自己的劳动力，甚至有可能是一代留守儿童的前途和未来。

总之，交通拥堵、房价昂贵、环境恶化等“城市病”、“空心化”、“三留守”、土地抛荒、农业规模经营问题等“农村病”已是当前我国进城城镇化发展面临的十分棘手的问题，这在一定程度上警示我们：必须要重新关注农村的就地城镇化问题。

## 第二节　农村产业融合推动就地城镇化发展模式的现实紧迫性

现实是历史发展演化的结果，城镇化发展的新模式必然是在总结原有城镇化发展模式的缺陷和问题基础上产生的。同时，城镇化发展不同阶段所面临的国内外背景和时代背景又大相径庭。农村产业融合推动就地城镇化发展正是在尊重我国传统城镇化发展模式得失基础上，充分考虑我国现阶段所处的国内外条件及未来城镇化发展过程中所面临的任务和挑战而形成的城镇化发展新模式。新时期，加快推进农村产业融合推动就地城镇化发展，具有现实的紧迫性。

### 一、基于现阶段我国国情的必然选择

#### （一）农村人口比重大是实现现代化的难点所在

我国城镇化发展的前提和背景条件是巨大的人口压力尤其是农村人口压力。据国家统计局公布的数据显示，截至到2019年年底，中国大陆人口总数约14亿人，其中居住在城镇6个月以上的常住人口占60.6%，居住在乡村的

人口占 39.4%。所谓“常住人口”就是将到城市里打工的农民、农民户籍身份的各类人员也计算在城镇人口里面了。这些打工者和农村户籍身份的各类人员很多处于循环流动之中，绝大部分分享不到户籍人口的包括教育资源、住房资源在内的各种福利保障待遇。农民工这种“不稳定”的生活状态提醒我们，虽然我国城镇化率已经超过 60%，但是这其中有很大一部分尚未完全城镇化。[①] 因此，还原我国人口的真实状态就是仍有近 2.2 亿户口在农村但在城镇工作生活超过半年的农民工和近 5.8 亿农村常住人口。那么直接的问题就是这些人口的未来在哪里？对于 2.2 亿人口的农民工，一直以来的政策就是“要大力推进农民工市民化”，但事实上，我国 70 后或 60 后的老一代农民工来到城市，更多的是经济所迫而已，城市不一定是他们喜欢的归宿，很大一部分人群市民化意愿不强，愿意落叶归根；对许多人来说，20–50 岁可能是城市人，到 50 岁以后又重返农村做农民。而对于我国近 5.8 亿的农村常住人口，随着我国城镇化水平不断提升，虽然会有所减少，也还会有四五亿人在农村（比世界上一些大国的全部人口还要多），可见，较长一段时间内，我国农村人口的绝对量并不会随着城镇化的增长而大幅度下降。但随着经济社会的快速发展，缩小城乡差距、全面共享发展成果的要求却越来越迫切。未来的农民和城市到底是什么关系，如何让农民在农村生活得更好，让居住在农村的人们也过上像城市一样的生活，这是当前我国城镇化发展必须面对的现实问题，也应该成为当前我国城镇化的重要发展战略和全面建成小康社会的重要内容。

### （二）我国农产品稳定供给及粮食安全压力巨大

在我国这样一个人口基数大的农业大国，保证粮食基本供给和安全是我国在经济建设中的重中之重，也是我国经济社会发展的“定海神针”。从中长期看，一方面，我国新生人口不断增加，粮食需求量刚性增长，据有关研究，我国总人口将在 2025–2030 年达到峰值 16 亿人，新增人口需要增加的粮食数量至少 600 亿公斤，供需缺口高达 440 亿公斤。[②] 如此巨大的缺口如果依赖

---

① 中华人民共和国 2020 年国民经济和社会发展统计公报［EB/OL］.（2021-02-28）［2021-02-28］.http：//www.stats.gov.cn/tjsj/zxfb/202102/t20210227-1814154.html.

② 张建云等 . 农业现代化与农村就地城市化研究——关于当前农村“就地城市化”问题的调研［M］. 北京：中国社会科学出版社，2012：45.

进口必将引发国际市场粮食价格的飞涨和世界性粮食恐慌。与此同时，随着工业化进程的加速，粮食的工业用途不断拓展，医药、化工、生物能源等产业对粮食的需求将大幅度增加，粮食增长要赶上消费增加的速度，压力很大。另一方面，城镇化的快速发展，使得我国耕地数量下降，后备耕地资源不足；农产品成本增长的趋势加剧，农民种粮比较效益远低于种植经济作物和外出务工的收益，农民种粮的积极性不高，致使粮食播种面积少，耕地抛荒增加；而城镇化的发展又使得大量农业人口转移到城镇，由原来的农产品生产者变成纯粹的消费者，这也势必会增加对粮食的需求量。因此，从长远来看，我国粮食供求关系紧张。如何"把饭碗牢牢端在自己手上"，掌握好粮食安全的主动权，存在着不可低估的风险和隐患。农村产业融合发展是以农业的发展为基点和核心的，就地城镇化的实现有利于稳定农业生产队伍，促进土地的规模化、集约化、社会化生产和经营。因此，以农村产业融合推动就地城镇化发展是新时期确保我国粮食安全和农产品的有效供给，提升农业国际竞争力的重要抓手。

### （三）经济新常态下农村剩余劳动力转移任务艰巨

尽管我国城镇率不断提高，但还远远低于发达国家，甚至与世界上同等经济发展水平的国家相比，我国城镇化的步伐也明显滞后。根据世界银行的数据显示，2014 年我国城镇化率为 54%，同期美国、英国、德国、法国的城镇化率分别为 81%、82%、75% 和 79%，同为金砖国家的巴西和俄罗斯是 85% 和 74%，亚洲的韩国和日本分别为 82% 和 93%。① 而与我国类似收入水平的国家的平均城镇化率也在 70% 左右。② 中国要在 21 世纪中叶完成现代化强国的任务，其城镇化率要达到西方发达国家城市化率 80% 的水平，就必须保证城市化率以年均 1 个百分点的速度增长，这意味着，在未来城市化进程中，平均每年约有 1300 多万的农村人口转化为城市人口。如此众多的人口转移到城市，就业是最大的难题。虽然自 2010 年以来我国劳动年龄人口比重逐渐下降，但我国人口基数大，人多地少的国情决定了未来中国劳动年龄人口依然较多，尤其是中国农村劳动年龄人口较多。一方面，随着农业技术和机

---

① 芮国强．产城融合发展——常州特色与实践［M］．北京：社会科学文献出版社，2017：18.

② 国家发展研究中心课题组．中国新型城镇化道路、模式和政策［M］．北京：中国发展出版社，2014：88.

械化水平的进一步提升以及农业生产组织经营模式的变化，劳动生产率将进一步提高，势必会释放出更多的农业剩余劳动力；另一方面，我国农村现有的劳动力也并没有得到完全释放，当前我国农民工在45岁以后开始大量返乡，而国际劳工组织将工人的黄金年龄界定为25–54岁，按照此标准我国返乡农民工大多处于工人黄金年龄，因此，对“刘易斯拐点目前在中国已经到来”的判断是值得商榷的，这同时也表明了如果通过新型城镇化政策的实施，使农民工返乡年龄拖后的话，我国农村劳动力未来可能释放的数量将更大。

要将如此众多的人口全部转移到城市，首当其冲的就是要通过农业现代化来提高农业劳动生产率和农产品质量以满足城镇人口和工业发展的基本需求，同时还必须要解决大量劳动力从第一产业不断转移到第二和第三产业的就业问题。但目前，我国经济发展已经进入新常态，经济增速已回落到7%以内，且仍有进一步下行的压力，经济增长方式发生转变，由数量扩张主导向提高质量和效率主导转变，经济增长动力也发生改变，由外需转向内需，由要素驱动转向创新驱动，产业结构不断优化升级。在农业剩余人口向非农产业转移尚未完成、工业部门加快结构升级、资本有机构成和机器排挤替代劳动等各方面因素综合作用下，工业接纳劳动力的数量在大大减少。据统计，2005–2013年，我国“二产”就业总数从1.78亿增长到2.3亿，增长了30%，但是每亿元工业投资吸纳的劳动力从0.46万人下降到0.13万人，下降了73%。[①]未来，随着新型工业化进程的深化，通过工业吸纳劳动力以改变农村人口转移的格局正在产生变化，中国劳动力总量庞大和就业不充分的问题将进一步凸显。那么，当城市工业的发展无法解决农村剩余劳动力转移问题时，除了大力发展服务业，提升服务业就业比重外，还必须要以农业自身力量为依托，通过农业自身的机械化和现代化、农业与工业的融合来拓展工业化的内涵和外延，通过农业与第三产业和新兴技术的融合发展催生农村新产业、新业态，为农村劳动力就地、就近就业创造更多机会。可以说，这将成为较长时期内解决我国农村劳动力充分就业的现实途径，也是当前我国城镇化政策制定必须考虑的关键问题之一。

---

① 李铁．新型城镇化路径选择［M］．北京：中国发展出版社，2016：24.

### （四）我国已进入城乡融合发展的窗口期和关键期

2020年我国城镇化率为60%，按照城镇化发展的阶段性规律，已经走向城乡融合发展的战略转型期和关键期。未来我国城镇化发展的重点应该是全面提高城镇化质量，走城乡融合、城乡一体化的新型城镇化道路。但是，中国“城市像欧洲，农村像非洲”的这一说法既说明了当前我国城乡差别之巨大，又说明了城乡融合发展的难度，且难就难在像非洲一样的农村。

近年来，尽管我国经济社会取得了举世瞩目的发展，国家也制定了一系列调整政策支持农业农村发展，城乡差异有所缓解，但城乡之间依然还存在着不小的差距。这既表现在城乡生产和生活方式的差距上，也表现在部分农村人口没能充分享受到国家经济发展的成果上。据统计，2016年，我国城乡居民人均可支配收入之比仍高达2.72：1，尽管较之2007年的3.33：1有所下降，但城乡收入的绝对差却从2007年的9600元，扩大到了2016年的2.13万元，且农村居民的消费水平也仅为城镇居民消费水平的36.8%。[①] 尤为严重的是，在我国广大中西部的农村地区，农业现代化程度很低甚至为零，农民对土地的依赖严重，公共基础设施更是无从谈起，教育、医疗、社会保障等还没有得到普及，这些地区农民的生产和生活方式与东部沿海大中城市的生产和生活方式形成了强烈的反差。因此，在城乡融合发展的大背景下，必须尽快补齐农村现代化的这块短板，加快推进农村城镇化进程。而要尽快补齐农村现代化的短板，关键在于坚持问题导向，即正视我国农村经济社会发展的难点所在，要以加强农业、富裕农民、繁荣农村为突破点，拓宽农业产业化发展领域，全方位地释放农民收入增长的积极因素，要从有利于乡村振兴和“三农”发展的角度创新农村城镇化发展思路。而农村产业融合推动就地城镇化发展恰恰是以城乡融合发展为目标的农村城镇化发展新路径。

## 二、基于现阶段我国所面临的严峻国际形势的必然选择

受2008年国际金融危机影响，全球经济环境业已改变。世界经济萎靡不振，复苏动能不足，在深度调整中低迷发展，呈现出“总量需求增长缓慢、

① 建立健全城乡融合发展，要把握好这四个关键点！［EB/OL］.（2017-11-17）［2017-11-18］. http：//www.tuliu.com/read-67016.html.

经济结构深度调整”的特征，致使经济全球化出现波折，逆全球化思想抬头；自由贸易思想受到影响，保护主义抬头。美日等经济强国试图重构世界贸易规则，推进“TTP”和“TTIP”谈判，实行新的贸易保护主义，这导致了国际贸易和投资低迷。国际经济发展的新形势，一方面使得我国出口严重萎缩，对经济增长贡献率呈下降态势；另一方面也使得我国东南沿海地区一些以出口为主的劳动密集型企业面临着产业结构转型升级的巨大压力，产业的转型升级势必会对农民工的就业产生巨大的冲击。因此，传统的依靠出口拉动经济增长和转移剩余劳动力的发展模式已经难以为继，必须要实现由以出口导向为主的经济模式向以扩大内需为主的经济发展模式转型，要更多依靠国内消费带动国内生产、交换和分配。而我国农业大国的经济特征决定了扩大内需着力点和突破点在农村和农民，特别是中西部落后地区农村的增长空间、后发优势和城镇化潜力。试想，如果实现 2.2 亿农民工住有所居、学有所教、劳有所得、老有所养，让居村 5.8 亿农民同城市居民一样享受国民待遇，这种城乡均衡的消费政策必将刺激经济出现新的活力，拉动经济持续增长。

与此同时，全球产业分工的新格局正在形成：一方面制造业正在向东南亚、南亚、非洲等成本更低的地区转移；另一方面，随着美国、墨西哥等国由于劳动生产率提高和能源成本优势明显，使得这些国家的制造成本优势逐渐显现，跨国公司制造业生产呈现向发达国家加速回流趋势。而我国经济步入新常态后，劳动力成本快速上升，这对中国内地承接产业转移构成威胁，许多产业竞争力受到其他发展中国家的挤压，使得国内剩余劳动力转移压力进一步增大。此外，新能源成为影响全球发展格局的新兴主导因素，国内外能源格局正在进行新一轮的“洗牌”，城镇化发展对传统资源型经济的过度依赖已经难以为继，亟需探寻城镇化发展的新兴产业支撑。在这种情况下，对于中国广大农村地区，发展现代农业，通过农业自身内部的纵向融合、农业与第二、第三产业及新技术的横向融合所形成的新业态将迅速崛起为新兴产业，并且正在逐步发展成为当前我国新型城镇化发展的重要动力产业和转变农村经济发展方式的有力抓手。

由此可见，在当前我国所面临的严峻的国际形势下，大力推进农村产业融合发展，并将农村产业融合发展与就地城镇化有机结合起来以释放农业发展活力和农村内需潜力，是保证当前我国经济社会稳步健康发展的必然选择。

综上，农村产业融合推动就地城镇化发展是我国传统城镇化发展模式历史演进的必然结果，也是适应当前我国国内国际新形势的现实选择。纵观我国城镇化发展模式的历史演进，不难看出，我国传统城镇化发展模式总体上就是力图通过工业化的发展带动资本、技术和劳动力向城镇化集聚，这基本上符合世界城镇化发展的一般规律和我国当时的基本国情。但我国传统城镇化发展模式的一个共同难点就是都没有从根本上带动我国传统农业的转型升级，还没有真正通过农业生产方式的变革而带动农民生活方式的变革。因此，笔者认为，在当前我国特殊的国情、世情背景下，我国城镇化发展亟需进入一个以农业自身发展为推动力的新阶段，即通过农业与二三产业及高新技术产业的融合发展来促进农业生产方式和农民生活方式的根本改变以及农村空间形态的集聚，再通过政府引导加大农村基础设施建设，促进公共事业的发展，进而实现农村就地城镇化。可以说，这一城镇化发展模式既对于解决我国城镇化发展进程中出现的各种问题——农业基础地位不牢固、乡镇企业发展的局限、农民工问题、“大城市病”和“农村病”等问题是一条切实可行、行之有效的选择，同时也契合了时代发展的要求，顺应了广大农民对现代化发展的新期待。

# 第三章　农村产业融合推动就地城镇化发展的机理

如前文所述，农村产业融合推动就地城镇化发展具有坚实的理论依据和现实的紧迫性。但是农村产业融合究竟如何推动就地城镇化发展则需要深入剖析其中的内在机理。就地城镇化从本质上说就是农民就地实现传统生产方式的根本性变革，以及由此带来农民的生活方式、思维方式和思想观念等的根本性改变。就地城镇化的过程就是农村人口、产业、空间形态、公共产品不断就地、就近集聚的过程。农村产业融合发展正是通过推动农业生产方式现代化、农民生活方式现代化以及农村空间形态的集聚来促进就地城镇化条件生成和发展的。

## 第一节　农村产业融合发展促进农业生产方式现代化

生产方式是指人们生产自己生活资料的方式，包括两种基本含义：其一是生产要素的技术结合方式，即具有何种技能的劳动者以何种技术组织方式与何种技术类型的生产资料相结合；其二是生产要素的社会结合方式，即劳动者与生产资料分别以何种社会形式相结合，这两种生产方式是技术基础与社会形式的关系。①从生产方式的这两个维度看，农业生产方式的变革一方面是指农业生产要素的技术结合方式的改变，即靠现代科技发展力量改变农业的产出方式或产出结果，它表征的是农业生产力的发展水平；另一方面是指农业生产要素的社会结合方式的变革，即靠社会化、商品化经营力量改变农业生产活动的社会组织形式，通过优化农业生产关系推动农业生产力的发展。农村产业融合发展对于农业生产方式的促进作用也正是源自这两个根本点。

① 张宇. 高级政治经济学［M］. 北京：中国人民大学出版社，2007：71-73.

## 一、农村产业融合发展有利于改变农业的产出方式，提高农业生产力

“劳动生产力是随着科学和技术的不断进步而不断发展的。”[①]科技进步是推动生产力发展的基本动力，农业生产力的发展更需要科学技术的推动。近三十年来，现代农业发展的内在需求和农业科技本身的迅速发展，使得农业科技进步对农业发展的影响越来越大，农业科技贡献率不断增长。大力推进农业技术创新对于保障国家粮食安全、食品安全、生态安全、提高资源利用效率、增加农民收入、提高人类健康与生活质量、促进人与自然和谐发展具有不可替代的作用。[②]而农村产业融合发展既是技术创新的结果，也是对现代高新技术的不断应用，其发展的过程就是通过吸引现代技术要素，将传统农业改造为现代产业，拓宽传统“衣食农业”的狭窄发展领域，通过不同产业之间的技术融合、功能融合和价值整合，延伸农业产业链，催生休闲农业、创意农业、农村电子商务等新业态，提高农业综合效益；同时，实现农业内部横向行业，即农业与林业、农业与牧业、农业与养殖业等的大融合，建设生态大农业，由此提高农业生产力，使农业成为高效产业。

### （一）农业与相关产业的大融合发展

1. 农业与现代高新技术的融合发展

农业与现代高新技术相结合，必将提升传统农业的知识含量，延伸传统农业的生命周期，创新传统农业的运转流程。如工厂式农业，利用塑料大棚、玻璃温室等技术，使农业在生产手段上实现机械化、自动化、工厂化生产的同时，也摆脱了气候等自然条件限制，实现一年四季都可以稳定地有计划地生产，极大地改变了传统农业的生产方式。再如非耕地农业，包括无土栽培、沙地种植、水体养殖等，有效突破了耕地和淡水短缺的约束，通过为作物营造较为适宜的生育环境，降低农业成本，缩短农作物生长周期。“转基因工程将会培育出抗盐全新品种，使利用海水灌溉成为可能，或者海水淡化技术取

① 资本论（第1卷）[M].北京：人民出版社，2004：716.

② 本刊编辑部.以科技进步引领和支撑社会主义新农村建设——“依靠科技进步促进社会主义新农村建设”研讨会发言选编[J].科技进步与对策，2006（10）.

得突破，沙漠等不毛之地就能成为可耕地”。[①] 同时，在全球新一轮科技革命和产业变革方兴未艾的背景下，农作物高光效育种、动植物天然免疫、农业纳米新材料与功能产品制造等将不再是天方夜谭，现代科技发展正在使这一切变为现实，这些都使得农业这一传统产业迅速过渡为高科技产业，获得跨越式优化升级，极大地提高了农业的生产效率。

将现代先进的信息技术应用于农业，会使农业劳动彻底改变“面朝黄土背朝天”的劳动局面，并且，农业信息化智能监控系统会使传统的施肥、打药、温度、湿度、光照、二氧化碳浓度等的模糊处理转变为定时定量的精确把关。例如，智能温室娃娃、室外气象自动监测、负水头精准灌溉、液肥精确施用、静电精准喷药等越来越先进的信息化专利技术，实时定量监控农作物在不同生长周期所需的温度、湿度、光照、二氧化碳浓度等，调节水肥药的投入；再如运用物联网技术，轻点鼠标就能种田；无人驾驶的拖拉机牵引着播种机，在北斗卫星导航系统指引下自动播种等，不仅帮助农民从繁琐劳累的劳作中解放出来，而且实现了更高层次的精耕细作，无限提高了农业的劳动生产率。[②] 据相关统计，使用拖拉机作物田间管理自动导航精准施肥，可节约肥料30%。精准施药，可大幅度提高作业质量，可节省用药60%。[③] 农业信息技术与数字化技术强劲地改造了传统农业，有效促进了农业生产方式的现代化和农业生产力水平的提高。据农业部统计，目前我国农业科技进步贡献率已超过56%，主要农作物耕种收综合机械化水平超过65%，设施农业超过5500万亩。[④]

农业与现代信息技术的相融合发展还形成了“互联网+”农业，即通过互联网技术打通农民与农资用品、农产品与城市消费者之间的直接联系通道，获取农产品交易中的消费者需求信息并将农村电子商务的大数据反馈于农业生产者，引导农业生产者适应市场需求结构调整种养结构。“互联网+”农业的发展，既克服了农产品从使用价值到价值跳跃的惊险，有效解决农产品滞销和卖难问题，也大大降低了农业的生产成本和提升了农业的生产效率。

---

① 罗必良.现代农业发展理论——逻辑线索与创新路径［M］.北京：中国农业出版社，2009：78.

② 张建云等.农业现代化与农村就地城市化研究——关于当前农村“就地城市化”问题的调研［M］.北京：中国社会科学出版社，2012：98–99.

③ 专家学者纵论农产品加工业与农村产业融合发展［N］.天中晚报，2017–09–14.

④ 农业部：我国农业机械化水平明显提高［EB/OL］.（2017–09–29）［2017–09–30］.http：//news.eastday.com/eastday/13news/auto/news/society/20170929/u7ai7126874.html.

2015年7月4日，国务院发布《关于积极推进“互联网+”》行动的指导意见，为“互联网+”现代农业的发展指明了行动方向。2016年中央一号文件提出要让农业驶上互联网高速公路，推动农业全产业链改造升级。在国家政策和市场双重利好的作用下，我国“互联网+”农业呈现蓬勃发展态势，以农业大数据、农业物联网以及农业移动互联技术为核心的农业互联网服务平台在阿里、京东等农资电商企业的带动作用下，已经在不少农村地区落地开花，有力助推了农业发展、农产品销售和农民的增收。正如我国著名经济学家张培刚先生在《农业与工业化》一书中所言：在以信息技术为代表的高新技术产业的发展过程中，与农业的渗透融合为这些产业的成长提供了新的增长点和广阔的发展空间。

2. 农业与工业的融合发展

农业与工业的融合发展形成了农产品加工业。农产品加工业是指以人工生产的农业资料和野生动植物资源及其加工品为原料所进行的工业生产活动。它介于第一产业与第二产业之间，联系着农业、工业、流通业，是衡量农业现代化水平的重要指标之一。农产品加工业的发展对于改变农产品鲜活易腐、生产的季节性的自然特性以及农产品生产和消费的分散性特点，延伸农产品的流通半径，增加农产品附加值具有重要作用。

我国是一个农产品生产和消费大国，主要的农副产品都可以通过精细加工、深加工提升其品质，增加其附加值。如种植棉花，除了棉花，棉花籽可以榨油，棉花秆可以做建材、饲料；种植橘树，除了鲜橘，橘子果肉还可以加工成橘子汁等产品，橘子皮也是中药材；而养殖产业链条也很长，从繁殖到饲养再到屠宰，再到皮毛加工等，可见，通过农产品深加工的发展能够实现对加工原料的综合利用和提升附加值。与此同时，随着收入水平的提高、恩格尔系数的明显下降以及工作生活节奏的加快，城镇居民消费需求快速升级，人们对方便快捷、高品质、绿色安全的精深加工食品需求剧增，这也预示着农产品加深工业发展的空间越来越广阔。

但是长期以来，我国农副产品加工转化工业发展十分滞后。目前我国农产品加工率只有65%，远低于发达国家80%的水平，加工业与农业产业的比值只有2.2:1，与发达国家3–4:1和8–9:1的理论值差距很大，尤其是精深加工水平更低。以玉米为例，美国深加工量占玉米加工量的20%左右，品种超过3500种；而我国玉米深加工量不到玉米加工量的9%，品种只有200多种。[①]而且，与我国农产品深加工业落后相对应的是，我国农产品加工业的技术装备水平非常落后，比发达国家落后至少15–20年左右，汇源、蒙牛、雨润等有一定规模的农产品深加工企业的大部分中高端设备依赖于进口。[②]农产品深加工业以及农产品深加工业技术装备的滞后无疑成为影响我国农业发展的重要掣肘。2016年11月，国办印发的《关于进一步促进农产品加工业发展的意见》指出，我国力争到2020年将农产品加工业与农业产值比提高到2.4:1，农产品加工转化率提高到68%；到2025年，加工转化率达到75%。并提出要组织实施农产品加工业转型升级工程，实现“应加工、尽加工”，“宜精深、必精深”，推进农产品加工技术升级和信息化、智能化、成套化、大型化精深加工装备研制，这必将全面提升农产品深加工业发展水平，而农产品深加工业的快速发展，将大大提升我国农业的综合生产能力和增值能力。

3. 农业与旅游业的融合发展

农业和旅游业融合发展是以农业生产经营活动以及农村的田园景观、自然生态、乡土文化资源等为载体的新型旅游产业，是农村产业融合发展的独特承载体，也是旅游业发展的主要动力源。农业与旅游业的融合发展天然地将农业生产、农产品加工、销售及休闲观光服务等产业于一体，不仅能够改造传统农业，丰富农业的产业内涵，增强农业的供给活力，满足人们体验农趣、休闲娱乐、亲近自然等多样化的市场需求，也能拓展旅游业的视野，促进农业增效和农民增收，同时还能改观农村生态环境破败和乡土文化流失的局面，是一个一举多效的新业态，其发展具备无限前景。据统计，目前我国乡村旅游资源占全国旅游资源的70%。[③]良好的生态环境、独特的自然景观以及未经商业开发保留的原生态风貌，使广大农村地区旅游业的发展潜力与空间巨大。

我国农业与旅游业的融合发展虽然起步较晚，但发展速度快。目前，农业和乡村旅游的融合发展不断拓展并已渐进成熟。在传统的观光农业、休闲

---

① 张红英 . 发展农产品加工业，要做大更要做强［N］. 东方城乡报，2017–04–27.

② 张建云等 . 农业现代化与农村就地城市化研究——关于当前农村“就地城市化”问题的调研［M］. 北京：中国社会科学出版社，2012：96–97.

③ 发展乡村旅游精准扶贫的突破口［EB/OL］.（2016–03–15）［2016–03–16］.http：//www.cnta.gov.cn/ztwz/lyfp/zyhd/201603/t20160314_763850.shtml.

农业的基础上，乡村旅游已经发展成集吃住、购物、娱乐、体验和参与、科普教育、科技示范、健康养生、综合服务等多种功能于一体的高效高质产业，实现了农村一二三产业的高度融合和互促互进，拓展了农业发展空间，优化了农村产业结构，促进了农民的有效增收。据农业部乡镇工业局介绍：休闲农业每增加一个就业机会，就能带动整个产业链增加 5 个就业机会。一年接待 10 万人次的休闲农庄，可实现营业收入 1000 万元，直接和间接安置 300 名农民就业，可带动 1000 户农民家庭增收。[①] 由此可见，农业和旅游业的融合发展已经成为保障农民收入持续较快增长的希望和突出亮点。

改革开放以来，经济的繁荣发展促进了当前我国城乡居民消费结构的不断升级，城市的拥挤喧嚣和环境问题唤起了人们到乡村休闲娱乐的心理需求，休闲、健康的生活理念也逐渐被公众认知，这给休闲农业和乡村旅游的发展带来了良好的发展契机。按照我国现阶段的发展目标，到 2020 年我国将全面进入小康社会，届时中高收入群体将进一步发展壮大，近 8 亿城市人口的文化旅游消费将是一个巨大的市场，再加上法定假日、带薪休假制度的稳步落实，城里人到乡村“养眼洗肺、解乏去累、沟通情感、求知怡情”的愿望更强烈。因此，中国休闲农业、乡村旅游、生态康养等新业态，将会以前所未有的规模和速度进入蓬勃发展的历史新阶段。但是，当前我国休闲农业和乡村旅游发展仍然没有从根本上摆脱自发式的发展模式，实践中呈现出农村基础设施建设不到位、产品开发模式单一、资源的同质化和同类化现象明显、农产品品牌影响力不强、乡村印象保持不够、主题不明等问题。对此，2017 年7月，国家发改委等关于印发《促进乡村旅游发展提质升级行动方案（2017 年）》，方案指出要进一步激发投资活力，改善乡村旅游基础设施和配套服务；完善发展环境，强化乡村旅游扶持政策和长效机制；加强分类指导，推动乡村旅游区域差异化发展。随着国家对休闲农业发展规划的完善，休闲农业与乡村旅游示范活动的创建，以及宣传推介的加大等一系列努力，农业与旅游、农业和教育、农业和养老养生等新业态必将大有文章可做，这些新业态必将提升农业的比较效益，释放农业的增值潜力。

---

① 丁青．休闲农业面临难得的发展机遇——访农业部乡镇企业局局长张天佐［J］．中国乡镇企业，2012（5）．

### （二）农业自身内部行业大融合发展：生态循环农业

农业自身内部的融合发展就是将农、林、牧、副、渔等农业横向行业综合起来的大农业发展模式，也可以将其称为生态循环农业。其具体内涵就是利用生物与环境之间的协同作用原理、生物之间的相互制约原理以及经济与生态协同进化原理，通过种养循环、农牧结合、农林结合等方式，实现以最少的自然资源消耗、最小的生态环境代价，取得尽可能好的经济效益（高产量、高质量、高效益）的农业生产经营模式，是兼备经济效益、生态环境效益和社会效益的可持续发展的现代化农业，也是当前我国农业领域推进绿色发展的产业切入点。

生态循环农业是我国农村产业融合发展的重要形式，各地在生态农业建设中已经探索总结出多种模式类型：一是立体种植、养殖模式。即在自然调控与人工调控相结合条件下，利用光、热、水、肥、气等资源和各种农作物在生育过程中的时空差，让农业内部物质和能量在合理组装、精细配套的作用下实现多层次、多途径利用。这种立体循环农业发展模式不仅能够节约资源、节约空间，而且能够达到集约经营的效果，能够实现农业生产的最大综合效益。如“间套轮”种植模式，通过农作物之间的轮作、间作与套种等能够提高各种农作物之间的水份和矿物质资源之间的利用率和农作物产品的产出率，实现生态资源保护和农民致富增收的“双赢”；再如，以沼气为纽带的“猪、沼、果（菜、鱼）”模式，该模式以沼气为纽带，把畜禽养殖和粮食、林果、蔬菜、食用菌种植联结起来，畜禽粪便入池发酵产生沼气，沼气可以作为燃料做饭、洗浴等，沼液能够喷灌作物，沼渣则是优质的肥料，能够有效改良土壤，提高农产品产量和质量，增强农作物和果树的抗旱抗冻与抗病虫能力，能够起到生产无公害产品的作用；沼肥还是一种优质的饲料添加剂，可以用来饲养猪、鱼虾等。可见，这一模式构成了种养殖产业的内部良性循环，在提高种植业和养殖产出率的同时，还实现了农民家园的清洁化、生产过程的无公害化、产品品质的优质化，提高了农民的收入和生活水平。此外，不少地区还将种养和加工有机结合起来，形成了“育苗—基地—鲜销加工—深加工—加工废品利用—回用基地”等绿色循环模式，通过发展适度规模经营，创建高产、高效生态循环示范基地，实现农业与加工业的“双丰收”。二是自然灾害综合治理模式。自然灾害如风沙、暴雨、山洪、冰雪等对农业生产极为不利，但在治理这些自然灾害时可以依靠科学技术变害为利、变害为宝。如我国东南沿海风沙危害治理模式，即首先通过植树造林运动，建起沿海防护林带。在防护林带保护下，利用沙质性土壤大量种植芦笋；防护林后面发展海珍品陆地工厂化养殖业，还可以穿插种植龙眼、荔枝、黑珍珠等名优水果。而在风沙比较严重的地带可以充分利用风能这种清洁能源，建立风力发电厂为人们提供清洁能源。三是无公害农产品生产模式。现代农业大量使用人工合成的化肥、农药等，虽然增加了农产品的产量，但却大大降低了农产品的口味，而且对人们的身体健康也造成了潜在的威胁。因此，无公害化农业生产模式已经成为当前很多国家和地方大力倡导的农产品生产模式。这种模式一方面强调要灵活利用传统的农作物秸秆、人畜粪便、豆科绿肥、塘泥草木灰等有机肥料来保持土壤肥力；另一方面主张采用植物农药控制模式，利用生物防治的方法来清除农田的病虫和杂草，植物农药治标又治本，对蔬菜等害虫药效大，对人畜毒害小，或者没有。可见，无公害农产品的生产既保证了一定的产量又能保证食物的自然风味。

自 20 世纪 90 年代初开始，为落实农业可持续发展战略，我国就开始加大力度推进生态农业产业化，鼓励和扶持生态农业产业发展，以发展绿色食品为标志，加速生态农业产业化和现代化，为农业的绿色化发展打下了一定的基础。2014 年农业部在全国启动建设了 13 个现代生态农业示范基地，因地制宜地配置低碳循环、节水、节肥、节药和面源污染防治的技术和设施，为绿色食品的大规模发展创造良好的生产环境和市场环境。经过几年的实践，目前，我国农业绿色化发展取得了较好成绩。但客观地看，由于生态循环农业发展对规模化要求较高，前期资金投入大，且生态循环农业技术的推广具有较强的公共品性质，因此其在发展实践中面临着较大的阻力。对此，《全国农业可持续发展规划（2015–2030 年）》指出，要通过优化区域布局和“四项重大工程建设”来推进生态循环农业的快速发展，力争到 2020 年国家现代农业示范区和粮食主产县基本实现区域内农业资源循环利用，到 2030 年全国基本实现农业废弃物趋零排放。随着国家政策的大力支持以及绿色发展理念的深入人心，生态循环农业在现代生物工程新技术的渗透作用下发展范围将大为拓展，有机农业、绿色农业等产业将迎来广阔的发展空间，并将成为提升农业生产效率和农民收入的坚实支撑点。

总之，在农村产业融合发展过程中，依靠着科技创新、消费需求水平提升和农业功能的拓展，农业生产按照“横向扩展、纵向延伸”的路径，改变了传统农业的生产方式，加粗和延长了产业链，提高了农业生产率，创新了农业的价值链，进而拓宽了农业的就业空间和增效空间，也提升了农业产业竞争力，一定程度上改变了人们对传统农业是“夕阳”产业的错误认识。

## 二、农村产业融合发展有利于创新生产要素的社会结合方式，优化农业生产关系

农村产业融合发展其内涵虽然是强调农业与二三产业的交叉发展，但其发展的核心要义就是要合理配置和使用生产要素，继而改变和提升现有的农业生产方式和生产过程。在农业生产的组织方式上，我国目前实行的是家庭联产承包责任制。在这种经营方式下，农具等生产工具归劳动者私人占有，农民对土地虽然没有所有权，但是有长期使用权，土地属于农民个人的劳动资料。土地分配秉承社会主义公平原则，基本上是无论面积大小和土质肥瘦一律按人头平均分配，这种平均分配土地的方式对社会公正、社会保障、生态环境的可持续性具有一定的正效应。而且在具体运行过程中，这种分散的经营形式适应了农业生产自身的特点；家庭经营的内在机制如：激励机制、约束机制以及无需外部监督等制度优势极大地激发了农民的生产积极性、主动性和创造性，在较短的时间内提高了农业产量，解决了人们的温饱问题，更重要的是家庭联产承包责任制确立了农民的独立经济地位和自主经营能力，从而为搞活农村商品经济、建立市场经济创造了基础条件。

但家庭联产承包责任制造成了农村土地的分散化与细碎化，也注定了农业生产方式是小规模、集约化程度非常低，这就使得我国农业的生产与马克思对小农生产的界定相一致，即是以直接生产者的小私有制为基础的孤立、分散的经济生产方式。在以市场化为基础的新一轮改革的大背景下，这种农业家庭经营形式越来越开始受到冲击，一定程度上束缚了生产的发展。农户作为独立的经营主体和市场交易主体进行小规模的生产和流通，使他们难以抵御自然灾害和市场风险，在激烈的市场竞争中越来越处于被动、弱势地位。而且，传统的分散经营模式不利于农业的机械化作业和农业新技术的推广，致使农业的生产率及农民的收入水平长期处于较低水平，进而造成大量农民外出务工流入非农产业。但从整体来看，家庭联产承包责任制的制度绩效利

大于弊，针对家庭联产承包经营的上述缺点，我们可以通过改变家庭经营的规模及外部组织形式等来克服，这也是党中央在多次农地制度改革中都强调坚持以家庭经营为基础的农村基本经营制度不变的根本原因。农村产业融合作为农业现代化发展的最新实现形式，其发展过程中就是通过不断地进行组织机制创新，将农村分散的人力、土地、资金、技术等生产要素进行优化整合，促进农业生产的规模化、商品化、社会化经营的过程。

### （一）农村产业融合发展有利于改变传统的小农经营模式，实现农业生产的规模化和组织化

改造小农经济，在坚持家庭联产承包责任制的前提下实现农业的适度规模经营是现代化大农业发展的一个关键问题。农村产业融合发展是解锁这一问题的钥匙。

一是农村产业融合发展首先是农业自身的机械化和现代化发展，推进其发展必然要求土地的规模化生产和集约化经营。然而在当前农村社会保障严重缺乏的情况下，农民惜地意识浓厚，不愿、不敢把土地流转出去，尤其是在当前农民工作不稳定而导致的工资性收入减少的情况下，进城农民更是宁愿把土地闲置撂荒也要攥在自己的手里充当生活的最后保障，致使土地的机械化、规模化生产难以实现。农村产业融合发展作为当前我国农业农村发展的新动能，其发展过程在为一产注入现代生产要素促进农业自身现代化发展的同时，还有效激活了农业的多态性和多效性，使农业具有了较好的产业发展前景和收入预期。这就使得农村产业融合发展能够通过创新农业组织形式和运行机制的方式，吸引农户将分散的土地、资金等向农业合作社等新型组织形式集聚，进而实行土地的规模化和集约化经营。目前，各类农业合作组织已经成为推进农村产业融合发展的中坚力量。实践中，农业专业合作社、农产品供销社、农业技术协会、行业协会等各种形式的专业合作经济组织依托自身的组织优势，在尊重农民意愿的基础上，通过土地流转、托管、入股等方式把土地承包权主体同经营权主体进行分离，进而把农民的土地与资金集合起来，并通过合同、订单、股份合作和利润返还等方式，构建成由企业按照现代农业理念进行集中统一布局，但农民又是土地和农产品主人的生产经营模式，有效地配置了各种农业生产要素。可见，农村产业融合发展所激发的这种组织创新就是通过发挥农业的外部规模经营优势来弥补家庭经营内

部规模不经济的缺陷。在这种组织创新下，一方面能够把传统分散弱势的众多农户和农产品组合成一个社会化大生产的产业链和产业群，实现规模经营和规模效益；另一方面还能够建立起农业生产经营有效运作和实现利益合理分配的组织载体，提高农民的组织化程度的同时更好地实现农民利益最大化以及推进产业化健康发展。

二是农村产业融合发展是农业与相关产业的跨界融合，这种跨界融合发展大大提高了农业劳动生产率，也衍生出许多新业态，使得更多的农业生产者能够转向与农业密切相关的新业态中，形成农业产业工人。随着农业产业工人队伍的壮大，各农业企业将会为农业产业工人提供与城市产业工人一样的社会保障，届时城乡一体的社会保障制度将会形成，在一定程度上也将会使“离土”（不直接从事农业生产）的农民放弃土地的经营权，将“离土”人员留下的土地、设备等生产要素在“留守”农户之间进行重新配置，这必将为实现农业的规模化和集约化经营奠定基础。

### （二）农村产业融合发展有利于改变传统农业生产的孤立性，促进农业生产的社会化和商品化

我国传统农业生产的基本模式是小农经济，其最大的特点就是一家一户的小农生产，规模小、分散性强。这些欠缺在农村产业融合发展中通过创新农业组织形式已将分散的土地和农民组织起来了。因此，规模小、分散性强也就仅仅成为小农生产的表面缺欠。我国小农生产的根本缺欠则在于农业产品商品化低，自足性强，生产出来的全部或多数产品用来自己消费，而不是进行商品交换，这就使得小农生产具有一定的封闭性和孤立性，难有创造性的发展。[①]要彻底改变我国传统落后的小农经济生产方式，只有将全部农业要素都融入市场经济体系中，使农业进入与其他部门的普遍联系和普遍交换中，成为社会化大生产的一个重要环节和组成部分，才能使传统农业走出封闭、孤立的自然状态，进而与工业等所有生产部门融合为一体，从而完成自身的蜕变。农村产业融合发展在促进农业生产的社会化和商品化方面发挥了巨大作用。

---

① 张建云等. 农业现代化与农村就地城市化研究——关于当前农村“就地城市化”问题的调研［M］. 北京：中国社会科学出版社，2012：103.

一是农村产业融合发展在坚持农业产业化发展的基础上，把不同的农业生产分解成一个个专业化的工序，实现农业专业化生产的同时，又把农业延伸到二三产业中，让农业这一基础产业参与到社会化大分工中去。而农业生产的专业化和社会化生产必定是为市场而生产，这就决定了农村产业融合发展必将以农业的经济效益为中心，紧贴国际国内市场多层次、多样化的消费需求，促进农业发展由“生产导向”向“消费导向”“需求导向”向“市场导向”的转变，这很大程度上改变了农民根据自身需要安排种植或养殖的数量及种类的现状，使农民比以往任何时候都关心市场需求和经济效益，也打破了农民在经济上的自给自足性。随着农业生产与市场需求的有效对接，各农业主产区立足当地的自然和人文优势，因地制宜地发展特而专、精而美、新而奇的各种物质、非物质产品，促进了各地区农产品专业市场的形成。

二是农村产业融合发展依托合作社等经济组织在企业和农户之间的中介作用，提高了农户在市场上的地位，加强了企业和农户之间的联系和合作。同时，各类合作经济组织还为农户提供资金、技术、信息、加工、运输等服务，农户通过合作社购买农用物资、销售农产品并获得生产经营过程中所需要的服务，使农民的多样性需求同样也依靠市场来满足。而农业外部的相关工业和商业通过合同制经营把相关的资金、技术和市场力量带入农业生产领域，将农民卷入到市场经济大浪潮中，激发了农民的商品意识和竞争意识，进一步推动了农业生产的市场化。

三是农村产业融合发展还激活了农村要素市场。在农村产业融合发展大好前景的诱致下，各类农村生产要素按照市场机制，实现了在城乡产业和地域上的双向流动，也促进了农村土地市场、劳动力市场和资本市场的活跃，为农业的商品化和市场化生产营造了良好的经济环境。

## 第二节　农村产业融合发展促进农民就地市民化

农民市民化是农村城镇化发展的核心内容，也是建设高水平小康社会的必然要求。在我国城镇化进程中，推进农民市民化通常指农业转移人口变为城市居民的过程。这一过程既包括农民从农村到城市、农民到工人的地域和职业方面的转变，也包括农民的价值观念、生产方式、生活方式、行为模式、社会权利等方面与城市居民同质化的转变。但由于我国国情条件的特殊性（前文已分析）让众多的农民进城转变为城市居民并从事工业、服务业是没有现实可行性的，甚至从某种程度上说城市也并不是农民市民化的理想载体。由此，农民市民化最根本的含义应该是无论农民居住在什么地方，从事何种职业，都能享受到与城市居民同等的公共产品和公共服务，享受到现代文明生活的过程。农村产业融合发展对农民市民化的促进作用也正是体现在不通过农业人口向城市的转移的情况下，让农民就地实现职业转化、生活方式现代化以及农民增收，进而拉平城乡居民之间在身份、地位以及所享受的公共产品和公共服务等方面的差距。

## 一、农村产业融合发展促进农民职业化

农民职业化是相对于农民的身份而言的。在我国，农民往往指的是居住在农村，拥有农村户口的人。可见，农民这一称谓带有浓厚的户籍色彩，成为与城市居民相对应的概念。新中国成立之初，我国并没有农民和城市居民严格意义上的户籍区别，农民迁徙是自由的。但是随着“大跃进”和“人民公社化”运动，催生了粗放的工业增长，农民大炼钢铁，使种地的人逐渐减少，粮食短缺成为严重问题。为了促进农业生产，确保粮食产量，公安部于1958年1月9日颁布了《中华人民共和国户口登记条例》，形成了一套限制农民进入城市的严格程序，此时才将中国公民严格区分为农业户口的公民和城市户口的公民。这种户口的划分，形成了城乡二元社会结构，导致农业人口和城市人口利益的严重不平等，也使得我国农民成为了“身份农民”。城市户口上附有就业、上学、医疗、保险和各种粮食及副食品的各种利益，能够取得城市居民户口，意味着从此脱离贫穷的日子，过上幸福生活。而农村户口则是贫穷的象征，在收入方面、消费方面以及保障方面低人一等，农民由此成为身份低下、乡下人的代名词，与城市居民相比，处于下层阶层，需要向城市居民提供粮食，通过价格剪刀差向城市居民输送福利。这种固化的不平等的城乡二元结构一直持续到1978年。这20年的严格户籍制度对中国经济社会发展影响深远，直到今天，农民的身份依然因出身决定，成为农民，不是人们自由选择职业的结果，也不需要专业的技术知识，而是通过户籍赋予的一种与生俱来和难以改变甚至带有歧视性的身份，可见农民已经演变为

一个打着“身份”烙印的职业概念。

农民职业化是指从事农业生产经营和劳动由原来的因其出身自然决定变为经营农业是人们自愿选择的社会职业以及农民阶层的分化和整体性消亡的过程。农民职业化包括一系列质的规定性：一是充当农业生产经营者或工资劳动者是有条件的；二是农业生产方式与其他产业生产方式是同质的；三是从事农业职业同样得到全社会的平均报酬；四是投资经营农业是现代企业家发展事业的理想选择。农村产业融合发展在促进农民由身份象征向上述职业标识转化过程中发挥了重要的推动作用。

一是农村产业融合发展使从事农业的生产经营或劳动不再由个人出身所决定，而是人们自由选择和努力训练、学习才能获得的社会职业。具体而言，农村产业融合发展将信息化、工业化中的先进科技和理念渗透到农业中，实现农业工业化和信息化，并通过市场化运作，实现农业产业化、规模化、专业化和集约化发展。因此，使得农业变成了一个具有一定技术含量和管理艺术的综合产业体系，这就要求充当农业生产的经营者和工资劳动者必须具备一定的农业专业技能和文化水平。即使是承担着农业生产或农产品加工工程中的某一环节，甚至是某一环节中的某一个具体操作，都需要经过专业的训练，如在农业产业区负责农业种植的劳动者，必须了解农业生产的温度、湿度以及相应的农具使用技术；而负责农产品生产加工的劳动者，必须要精通农产品加工、流通的工艺过程和操作技能以及农产品生产中的质量控制、技术标准，在实践中能够按照一定的工业规程和技术标准严格进行；负责农产品销售的劳动者，必须具备相应的市场营销知识，熟知市场经济发展规律。正如孟德拉斯在对法国农业和农村所做的广泛调查后得出的论断：“过去，要想了解土地和很好地耕种土地，必须出生在农村；将来，要想选择农业劳动者职业，必须上学和拥有资本。”①

二是农村产业融合发展运用现代化技术、机械化工具、专业化分工、企业化组织、信息化管理、市场化供需、按要素分配收入等经营管理农业，使得农业生产方式与其他产业生产方式同质化，农业和工业、商业、服务业等非农产业之间将不存在什么本质区别，农民和工人都是从事相关产品生产的产业工人，他们只有分工的区别而不再存在身份、地位上的差别。因此，在

① ［法］H. 孟德拉斯 . 农民的终结［M］. 李培林译 . 北京：中国社会科学出版社，1991：273.

农村产业融合发展中，农民成为农业投资者、管理者、产业工人以及为农业服务的经营者，实现了传统的身份农民向新型职业农民的转换。

三是农村产业融合发展不仅化解和降低了经营农业的自然和市场风险，也形成了众多的新业态，使得投资经营农业同样能满足一部分高素质人员的高层次需求，尤其是那些农科院校、企业管理院校的毕业生可能不再留恋大中城市，从事农业生产和管理更能让他们施展才华和实现人生价值，农民这个职业成为令人羡慕的职业。

## 二、农村产业融合发展促进农民就业“非农化”

农民市民化除了表现在农民职业化外，还包含着农民就业结构的根本性调整，即农民就业的“非农化”。一般而言，农民就业“非农化”是指在市场经济发展新形势下，农民从单一的土地耕种和畜牧业向二三产业转型。但笔者认为，农民就业结构的“非农化”，并非是所有农民都转移到与农业无关的工业、商业、服务业等非农业领域，与农业密切相关的农产品加工业、农业管理、农业社会化服务行业等也属于“非农化”产业。而农村产业融合发展既能够提高农业生产率，促进农民向城市二三产业转移就业，还能够前后延伸、左右拓宽农业产业链条，通过农业与工业、农业与休闲旅游业、农业与电子商务业等的融合发展来合理配置丰富的农村劳动力资源，使农村劳动力按照产业、行业发展的规律，依循市场发展的阶段，合理地、全面地实现农村劳动力向农产品加工业、农业旅游业、农业服务行业、农产品电子商务业等其他与农业密切相关的非农产业转移就业，推动了农村劳动力在农业产业内的转移，实现了农民职业的就地“非农化”。而农民就地就业的“非农化”将改变农民传统的单一就业结构，也使农民收入来源渠道多元化，有力地提升农民的收入，为农民就地市民化奠定坚实的经济基础。

## 三、农村产业融合发展促进农民生活方式的现代化

在传统农业劳动和农业生产方式的作用下，农民的生活方式显示出一系列不同于城市居民的特征：一是农业活动是农民生活体系的基础。土地是农民生产生活的重要内容。农业不仅是农民谋生的重要手段，也是其生活活动

的重要组成部分，成了他们自我实现的基本愿望和要求。同时，农业劳动以人力、畜力为主，劳动活动较为分散、劳动强度大，闲暇时间少且受季节性支配强。二是家庭是农民生产、生活格局的基本单元。家庭是农业的基本生产单位，也是农民的交往单位，农民的人际交往范围狭小，仅限于血缘、地缘之间。三是农民的消费结构单一，消费水平低，消费主要用于衣食住行基本需求，精神消费、享受消费需求低，储蓄观念强。四是农民生活节奏与大自然的节拍相吻合，生活节奏相对缓慢，缺乏严格的时间观念和较强的纪律约束。五是农民生活的自给性强。农民的许多生产、生活用品（尤其是食物、蔬菜）及生活服务，主要依赖自己生产和自我满足。农村产业融合发展是一种高效的产业组织方式，它在促进农业现代化发展的同时，也促进了农民生产和生活方式由传统向现代的转变。

一是促进了劳动领域生活方式的现代化。农村产业融合发展首先需要的就是运用现代技术不断改进农机具，以先进的机械代替人力劳动。高水平的农业机械使农民从传统繁重、劳累的农业劳动中解放出来，在减轻农业劳动强度的同时，也为农民提供了大量的闲暇和从事兼业的机会。如农业机械化的实现，使技术和资本不断替代劳动，不仅解放了农民的体力，而且还克服了手工劳动质量不均等弊端，大大提高了农业的生产效率；设施农业的发展，冬季日光温室的使用，使农业生产过程在新条件下得以延伸，农民的劳动时间分布渐趋均衡，改变了农民的生活节奏；特别是农业产业化经营逐步兴起，使农业产业链延长，农民比以往任何时候都关心市场需求和经济效益。农民的劳动领域在拓宽，从原来的单纯种植业、养殖业向加工、流通、服务领域扩展。

二是促进了消费领域生活方式的现代化。随着农村产业融合发展的深入，农村的生产力水平不断提升，农产品社会化程度越来越高，农民不再局限于自给自足型的生活消费方式，而是越来越依靠社会和市场的交换来满足自身的消费需求。与此同时，农村产业融合发展提高了农民的收入水平，使农民的消费模式趋向城市化，许多农民已经不再满足于温饱型消费，而是转向舒适型和发展型消费，且消费需求有了高品质的追求，消费观念也逐渐向低碳环保、节约务实转变。特别是农村产业融合发展客观上要求农民具有较高的农业专业知识和广阔的社会视野，因此，加大了农民对知识的需求，使得富裕农民在文化、教育方面的支出和消费也呈现不断上升的趋势。

三是促进了社会交往方式的现代化。一方面，随着农村产业融合的不断发展，传统的建立在血缘和乡土邻里关系为纽带的人际关系逐步地向以地缘、业缘为主要纽带的人际关系转变，农民之间的人际交往逐渐建立在行业共同利益基础上，彼此之间形成了既互相竞争又互相协作、既讲效率又讲人情的新型人际关系；与此同时，农民维护自身权益的意识明显增强，法律意识有所提高。另一方面，随着休闲农业、体验农业的发展，扩大了农民的交往范围，农民不再限于与天、地打交道，与熟人打交道，交往范围已由过去村与村、镇与镇发展成为农村与大城市的交往、农民与市民的交往，城乡人员的自由流动和相互交往为农村注入了新思想、新知识，这必将影响农民的吃穿住行和精神生活，增强农民的时效意识、加快农民的生活节奏，促进农村生活方式向现代文明的方向迈进。此外，随着“互联网+”对农业农村的逐渐渗透，农民交往方式的多样化和现代化态势愈加明显，传统的以面对面的交流获取信息的交往方式逐渐被手机、电脑等现代电子通讯方式所取代，网络作为一种新的媒介方式已经走进农民生活，促进了农民的思想认知、交往方式与时代接轨，也加速了现代文明在农村的传播和普及。

## 四、农村产业融合发展促进农民增收

农民就地市民化需要一定的经济基础作为支撑，这就要求采取切实有效的措施加大农民的收入，充分发挥农业作为农民收入重要来源的作用，丰富农民就业增收渠道。推进农村产业融合发展，既有利于引进新技术、新品种、统一采购农资、加大品牌宣传、调整种养结构，使农业生产节本增效；又有利于催生新产业、新业态，增强农村发展新动能和新活力，开辟农民增收的新渠道，具体而言：

首先，通过降低农业生产风险和提高农业资源的利用率而促使农民增收。一方面，农村产业融合发展通过运用大棚、太阳能等现代科学技术，一定程度上改变了农业生产的周期性和季节性，降低了农业生产经营的自然风险；同时在现代生物技术和信息技术的渗透作用下生产出越来越多的优质原生态农产品，提升了供给质量，有效满足了市场需求，避免了谷贱伤农的问题。另一方面，随着农村产业融合的不断推进，农业逐渐融入全社会产业分工中，使得与农业密切相关的各种要素在社会化分工中得到充分利用，进而给拥有资产和要素的农民增收带来机会。比如，通过农业、农村与旅游业的融合发展，可以有效唤醒农村大量沉睡的资源，激活闲散的农村劳动力，使农村大量的农用汽车、牲畜和农业劳动力在农忙时用于农业生产，而在农闲时，则可以用来提供旅游服务，如农闲时可以将农用汽车用于接送游客，让城市居民体验农用汽车的新奇；而大量闲置的农房可以通过互联网共享平台连接供需双方，为游客提供“短期共享民宿”，牲畜可以供游客骑行和观赏，而农民则可以在农闲季节就地“转业”成为物业服务员，提供保洁、餐饮等服务。这样一来，保障了农民收入的“四季不断”，使农民能够获得农业物化产品和精神产品的双重增值。

其次，通过组织化、规模化、信息化生产和经营来降低交易费用而促进农民增收。一方面，农村产业融合发展实现了组织对市场的大规模替代。随着农业与相关产业的渗透融合发展，农业内部各部门之间以及农业与二三产业之间的技术壁垒被打破，传统产业之间的边界逐渐消融，产业间分工向产业内部分工转化，而各相关产业的跨界发展势必会要求扁平化、柔性化的经济组织，诸如各类合作组织、战略联盟等组织创新代替传统的分散型家庭经营组织，进而实现组织对市场的代替，这样势必会降低市场交易费用。同时，组织对市场的代替还使各主体的利益联结和分享机制不断完善，促进了二三产业价值向第一产业“回流”。另一方面，农村产业融合发展缩短了农业生产与消费者之间的距离。随着现代网络技术的发展以及电子商务的普及，以往的农产品由农民到消费者手中至少要经过四五个环节，很大程度上影响了农产品供给结构与需求结构之间有效匹配，增加了农业生产的风险以及消费者能否购买到满意产品的风险。而在农业与互联网、大数据等现代信息技术融合发展后，既能够实现低成本、全方位地搜集市场需求信息，避免农产品滞销等问题，实现供需的有效对接，缓和农产品市场的周期性波动；又能打通市场与生产的通道，通过直接交易的方式，省去一系列中间环节，保证农产品质量，节约交易费用；还能够使农业产业链延伸到工商业后附加值内部化，进而增加农民收入。此外，农村产业融合发展实现了规模经济效益。随着农业产业链的前后延伸和左右拓宽，势必会带动相关企业向区位较好的地区不断集聚，进而形成规模经济效益，进一步优化跨产业价值链，降低单一产业链内部各环节以及跨产业链间的市场交易费用，间接促进农民增收。

再次，通过扩大就业容量与激活要素资源来促进农民增收。由于不同产业之间的融合发展，在拓宽和延伸农业链条的同时也在农业产业链的各节点中蘖生出新的产业链。这不仅优化了农村产业结构，扩大了就业容量，使农民在从事农业生产获得生产性收入的基础上，还可以在农产品加工、流通、农业旅游服务等劳动密集型产业领域就业，有效增加了农民的工资性收入。此外，在农村产业融合发展的过程中，农村的土地和闲置资金可以进行流转、入股，有效增加了农民的财产性收入。

总之，农村产业融合发展能够通过边界的拓展和产业交叉部、结合点的出现有效降低各种交易费用，并通过创造更多的农业就业机会、收入来源以及激活农村各种要素资源等方式最终实现农业的提质增效和农民的增收，为农民实现就地市民化奠定了较好的物质基础。

## 第三节　农村产业融合发展促进农村空间形态集聚化

农村城镇化是农村人口与非农产业、资本、市场等不断由分散向集中，并由此衍生出崭新的空间形态和地域景观的经济、社会过程。农村产业融合发展对就地城镇化的推动作用，也正是体现在促进各种资源、产业和公共服务就地、就近的空间集聚上，即通过以农业为核心的相关产业的发展，带动农村各种资源、产业、公共服务等向产业发展较好的村域（镇）集聚，进而将大量分散的自然村逐渐合村并点成为中心村、中心镇，实现农村空间结构的优化。

### 一、农村产业融合发展促进农村生产要素资源集聚

农村生产要素资源主要由劳动力、资金、土地、信息、技术等组成。从传统村落的形成看，由于我国大多数农村都是为了便于生产和生活而自然形成的，因此，具有一定的分散性和封闭性。再加上新中国成立后，城乡二元政策的固化作用，农村生产要素一直在市场经济规律的作用下朝着报酬高的方向流动。这在很大程度上抑制了农村要素资源的发展和集聚。农村产业融合发展打破了传统农业的生产方式，是农业的专业化、机械化和集约化生产，有赖于高新技术的推广应用、资金投入、人才支撑、支持政策等核心要素的

聚集并发挥作用，反过来，农村产业融合发展的过程中也将带动这些要素不断集聚。

首先，农村产业融合发展能够促进劳动力资源向产业园区集聚。农业与相关产业的不断融合发展使得农业产业内部的分工和专业化生产日益精细，愈发需要大量职业农民来完成现代化大农业的生产。特别是在“互联网+”等对农业的不断渗透，农业发展高度依赖互联网、大数据、云计算等高新技术人才，与此同时，发展高端种业与新型制种技术研发、高技术含量的农业产业化等也都亟需复合型人才作为支撑。不仅如此，随着农业产业的不断成长，与农业密切相关的上述产业也势必为了节约交易费用而不断向农业产业较好的区域集聚，这就使得农业企业用工需求将不断增长，进而带动大量的劳动力不断向农业产业园区集聚。为了生产和生活的方便，大量人口也将转移到农业产业园区，一定程度上促进了传统分散的农村村落不断向产业资源丰富的中心村或中心镇集聚。

其次，农村产业融合发展能够促进资金的集聚。作为实现农业现代化和乡村振兴战略的重要抓手，国家对农村产业融合发展的新业态、新项目都给予了大量的资金支持，带动了资金向有产业融合发展项目的村落集聚。同时，农村产业融合发展项目还能促使民间资本向产业区集聚。在农村产业融合发展进程中，农业与其他产业的大融合发展，极大地丰富了农业的产业内涵，使现代农业获得了无限商机和发展前景。在农村产业融合发展预期收益的吸引以及国家双创政策的支持下，那些在外打工数十载并积累了一定技术、资金和管理经验的农民工，文化水平较高的大中专毕业生，事业有成且有寻梦乡愁的乡贤等纷纷把握市场机会而返乡创业，他们利用自身的技术知识、社会关系，将农民闲散的资金通过入股等方式集中起来，创办农业企业，在促进农村资金集聚的同时也使农民的资金得到了高效的利用和增值。此外，农业新业态、新模式的出现改变了传统农业的边际报酬率，在新的利润增长点的刺激下，农村还吸引了大量外资企业的投资和集聚，进一步繁荣了农村经济，带动了农民增收。

再次，农村产业融合发展能够促进技术资源的集聚。从形成和发展来看，农村产业融合发展本身就是技术进步和创新的结果，反过来，在农村产业融合发展过程中，不同产业之间的技术融合和碰撞又有利于激发企业创新，进而促进农业新业态的出现。可见，农村产业融合发展能加速技术进步，不断为经济增长提供原动力。

最后，农村产业融合发展还能促进土地资源的集聚。农村产业融合发展首先是农业的现代化发展，这就需要农地的集约化和规模化经营，因此，推进其发展，有利于将农村分散的土地进行规模布局和集约利用，让有限的土地资源通过集聚效应而充分释放出更大的生产效率。同时，农业与二三产业的融合发展有利于促进与农业密切相关的企业聚集式发展，由此产生聚集规模效益，这样企业用地得到合理规划，也一定程度上节约了农村土地，提高了土地资源的利用效率。

## 二、农村产业融合发展促进农业企业集聚

农村产业融合发展突破了传统农业行业和区域界线，延长了农业的产业链，把加工业、商贸业、旅游业、文化业和电子商务等产业优势引入传统农业，衍生出众多的新业态，扩大了农业的产业群。众多的农业企业以及与农业密切相关的各种企业集中在一起，通过相互之间竞争、互补、协作、联合等集聚到区位条件比较好的小城镇或者村域，不仅直接丰富小城镇或特定村域的经济内容，而且对于促进就地城镇化发展条件的形成具有巨大的推动力。

按照产业集聚理论，农业企业集聚的形成源于两个因素，一是由于产业分工分业的发展，二是不同地区的自然资源特色。长期以来，我国农业分工程度很低，一直呈线性产业链发展状态。但随着现代技术的不断渗透，农业社会分工的格局发生了很大的变化，传统的农业从生产（种子、化肥、农田整理、收割）到加工（农产品加工）再到销售（农产品的出售）由原来的家庭农户独立完成的形式早已变成了由不同的专业农户分工协作完成。不仅如此，不同产业间的融合发展，使得传统农业线状产业链的节点上蘖生出许多新的产业链，这进一步给农业产业内分工提供了新的机遇。与此同时，在龙头企业、合作组织的介入下，农业的专业分工向产品分工、产品内的生产环节分工方向发展，农户生产的产品趋向专一，农村集市也逐渐由原来的多种产品交易向专业化的产品交易发展。随着农业专业化和分工的细化，必然促使一定地区相互联系的农业产业由于共性和互补性而集聚起来，形成合作网络，以实现基础设施等资源共享，节约资金，降低成本。此外，农业企业的集聚一般都集中在区位条件比较好的特定区位，由于动植物生长与自然条件

息息相关，特定地区对特定的动植物而言，有最适宜、较适宜和不适宜的区别。各地区的农业生产必然会以其独特的生态资源环境为依托，发展适宜本地区农业生产活动并促进农业生产向自然资源环境最良好的地区集中。随着农业企业落地区位条件较好的村镇，必将吸引与其密切相关的产业也向这一区域聚集，进而形成企业集群。农业企业集群所形成的产业区不是孤立存在的，它必然需要农业产业工人，需要配套的基础设施等，而这些必然将成为新村镇、新城市的重要依托。

## 三、农村产业融合发展促进农村公共产品和公共服务的完善和集聚

农村就地城镇化的本质是让居村农民能够就地享受到与城市居民同质、等量的公共产品和公共服务。因此，农村公共基础设施和服务设施的建立和完善是就地城镇化的基本表现。由于我国的公共产品一直实行城乡分割的“双轨制”，致使农村公共产品和公共服务严重缺失。具体来说，农村公共基础设施包括：水、电、气等生活设施，如自来水、燃气、电力、电信、卫生设施，道路交通、农田水利设施、学校教育设施、医疗设施等。农村社会公共服务事业包括：生活服务类，如义务教育、社会保障、社会治安、文化生活等。生产服务类，如环境综合整治、农机农技服务等。有关调查显示，当前农村迫切需要的公共产品和公共服务主要是农村基础设施、基础教育和医疗卫生。①但是，无论是农村基础设施等公共产品和文化、教育等公共服务的供给，还是农村养老、医疗保险等社会保障，都需要强大的经济实力和财源做后盾，也需要农村的集聚发展以便于公共产品和公共服务的集中供给。

由于公共产品和公共服务具有受益的排他性和消费的非竞争性等特点，农村的公共产品和服务应由中央政府和地方政府共同承担。农村产业融合发展是以农业提质增效为核心的农业多业态发展模式，是农业农村发展的新动能，其健康可持续发展是国民经济和社会发展的基本保障。因此，为了保障农业的基础地位和补齐农村发展的短板，国家势必会加大对农村公共产品和公共基础设施的投资力度来支持农村产业融合发展，这是发达国家在推进农

① 睢党臣．农村公共产品供给结构研究［M］．北京：中国社会科学出版社，2009：50.

村产业融合发展时的共同经验。近两年，随着国家对农村产业融合发展的重视，国家通过直接投资、支持政府和社会资本合作、发挥政策性银行和开放性银行的作用等不断加大对农田水利、农村道路、信息网络等基础设施建设和公共服务的投资力度。在农村公共基础设施和公共服务的“乘数效应”下，当前我国农村经济设施、社会事业发展和农民生活环境改善得到了很大的改善。可见，农村产业融合发展因其自身所承载的功能，本身就能引致政府对农村公共产品和公共服务资源的投资和集聚。

但由于多方面条件的限制，特别是随着经济增速和财政收入增速“双放缓”，农村公共产品和公共资源单靠中央政府的投资是不现实的。这时培育壮大地方政府的财政力量，充分发挥地方政府在改善农村公共产品和服务方面的作用显得尤为重要。随着税费改革的不断深化，特别是2006年取消农业税后，乡镇、村两级政府筹集资金的渠道基本被堵死，财政收入锐减。因此，千方百计发展县、乡镇经济，增加县、乡镇两级政府的财政收入，对增加农村公共产品和服务的投入、实现城乡一体化供给是至关重要的。农村产业融合发展所产生的各种新业态，是农村的重要产业支撑，也是县乡镇政府的重要财政来源。良好的公共基础设施（道路、交通、通信、水利）是农村产业融合发展的通行证。事实上，为了实现较好的经济效益，农村产业融合发展项目选址往往会选择具有较好的基础设施或生产经营条件的区域，地方政府为了吸引各个企业投资，势必会加大对该区域公共基础设施的投入。而引致来的各农业企业为了降低自身的生产经营成本，同样会加大对企业周边公共基础设施以及与之相配套的医疗、卫生、教育等社会公共服务事业的投入，这就使得农村公共基础设施逐渐向农业企业集聚。而公共产品和公共服务的集聚，也将会引导村庄向公共基础设施、社会公共服务事业相对较好并集聚着农业企业的中心村、中心镇集中。农村村庄的集聚发展使得农村空间的配置更趋合理化，更易于达到规模经济，有利于引致农村基础设施及相应公共产品的集中供给，降低公共服务的成本。

农村产业融合发展在促进农村公共基础设施完善和集聚的同时，因其本身是以生态大农业、农业新业态发展为基础，其发展也势必会依托政府、合作社、农业龙头企业等为其提供农机农技、畜牧防疫等生产类服务，这在客观上也促进了农村社会公共服务水平的完善。此外，农村产业融合发展通过促进农民职业化，使农民像工业、服务业企业中的工人一样，靠工资收入来家养糊口，这样一来农民也将向产业工人一样能够享受农业企业为其提供的社会保险、医疗保险、失业保险，进一步完善了农村的社会保障。

总之，农村产业融合发展通过促进农业生产方式的现代化、农民的市民化和农村空间形态的集聚，为农村就地城镇化条件的生成和发展提供了强大的推动力，使得我国广大农村能够不放弃农业优势、不大规模转移农业人口、不改变农业性质而实现传统农民的就地市民化、农村的就地城镇化。但需要指出的是，由于农业、农村发展的弱势性，决定了要真正实现农村产业融合推动就地城镇化发展，除了需要大力促进农村产业融合发展改变传统农业生产方式并为就地城镇化奠定坚实的物质基础外，还必须加大政府对农村公共产品和公共服务体系的支持力度，通过制度体系的完善让农民真正享受到与城市市民同等待遇，进而改变农民传统的生活方式，弥合农民与市民的身份差距，促进城乡融合发展的实现，这既是发达国家的经验启示，也是我国城镇化发展实践探索中的选择。

# 第四章　农村产业融合推动就地城镇化发展的实践探索

农村产业融合推动就地城镇化发展的机理为我们在实践中加快推进农村产业融合、推动就地城镇化发展进程提供了理论建构。尽管中央提出“推进农村产业融合与新型城镇化有机结合”是在2015年，但其发展实践在全国各地却早有不同程度的出现，且具有加快发展的趋势。本章选取了东部北京近郊农业主产区大兴区、中部农业主产区河南浚县、西部农业主产区广西富川县这三个全国首批农村产业融合发展试点示范区（县）进行了较为详实的调研，将这些地区农村产业融合推动就地城镇化发展的实践归纳概括为：功能拓展型融合发展带动的大兴模式、产业链延伸型融合发展带动的“中鹤模式”、多业态复合型融合发展带动的富川模式，力图通过对上述发展模式的总结和概括，提炼出具有普遍意义和价值的东西，以期对我国将要进行农村产业融合推动就地城镇化发展的地区有所启示和帮助。

## 第一节　功能拓展型融合带动就地城镇化发展的大兴模式①

大兴地处北京东南郊，境内永定河东侧，是北京市农业大区，也是典型的都市型现代农业新区，全区农用地面积102万亩，人口55万人。10万亩西瓜、20万亩蔬菜、20万亩果树，构成了大兴独具特色的“绿海甜园”产业资源。2016年，大兴被列为全国农村产业融合发展首批典型示范区。作为北京京郊农业大区，大兴依托北京国际化大都市这个大市场，以满足都市人健康饮食、假日休闲、娱乐、旅游的需要为目标，在过去只注重农业生产功能的基础上，大力开发农业的生态功能、生活功能、示范功能、教育功能、服务功能，充分发展休闲农业、生态农业、创意农业和康养农业等农业新业态，使得农业新的产业形态和价值得到了更好的诠释和拓展，促进了农村经济的

① 资料来源于北京市大兴区农村工作委员会、农业局、农工委等网站.

发展，带动当地村庄发生了翻天覆地的变化。

## 一、大兴农业功能拓展型融合发展的特点和主要做法

大兴特殊的自然地理环境成就了其“中国西瓜之乡”的名片，在大兴西瓜这个响亮品牌的带动下，又发展了蔬菜、西甜瓜、果品、甘薯、花卉等五种种植主导产业和奶牛、生猪、肉羊、禽类四大养殖主导产业，并通过农业与休闲旅游业、服务业等的融合发展，形成了以农业功能拓展型融合发展为特征的现代化大农业。其在实践中的具体做法如下：

### （一）农业与现代科技融合发展，提升农产品品质和质量安全

大兴作为北京近郊农业主产区，为了适应北京市民近年来的高端化、多元化市场需求，不断促进农业与现代科技的融合发展，通过加大农业科技创新和推广，促进农产品品种多样化和高品质化，以满足京郊居民对优质安全农产品的需求。一是大兴区政府与中国农科院、中国农大等进行合作，围绕全区主导产业提升，进行农业生产关键环节、关键技术的研究和推广。例如，针对大兴传统西瓜品种反复种植后产量降低、品质退化的发展瓶颈，农科院的专家们从大兴自然环境以及市场需求出发，引进、研制了一系列的大中小果型的西瓜品种，并通过实施密植、立体栽培技术，促进西瓜产量增殖，使得小果型和中果型西瓜特点赢得了消费者的青睐，适应了市场的需求。再如，为了提高肉食品的安全性，农职院的专家利用“土著菌发酵床养猪”技术进行生态养猪，通过生物发酵、免疫营养和生态循环理论与新型设计理念进行有机结合，减少饲料喂养，保证生猪饲养过程中几乎不用任何药物，提高了猪肉安全性。此外，为了丰富农产品的品种，大兴区政府还通过“院区合作”的方式，对西瓜新品种选育、甘薯产业化升级、西洋梨新品种引进、奶牛及肉羊等新型饲料和饲料添加剂等进行了研究与示范，大大提升了农产品的品质。二是利用现代信息技术实施精准农业和数字化农业工程。针对传统农业生产中农作物浇水、施肥、喷药等仅凭经验和感觉的非标准化操作，北京市及大兴区政府前期投入 1700 多万元资金，为农业生产基地和农民购置精准农业技术所需要的各种自动化、智能化、远程控制的生产设备，让农业生产者能够利用现代信息技术，通过信息化智能监控等对农作物生长的土壤性质及

温度、湿度、光照等因素实施即时定量分析，保证了农业生产能够实现优质、高产、低耗和环保的可持续发展。三是为保障农产品质量安全，大兴区还建立和完善了农产品质量安全体系，成立了大兴区农产品质量检测中心，配备了先进的农产品检验设备，初步形成了区级、批发市场、生产基地相互补充的检验检测网络，保障了首都人民的食品安全。

### （二）农业与旅游业融合发展，打造休闲农业

休闲观光农业与乡村旅游是农业多功能性的重要体现，为提升市民幸福指数、促进农民就业增收、支撑和谐宜居城市建设等发挥了不可替代的作用。近年来，大兴区不断推动休闲农业提档升级，促进休闲农业由粗放的外延式发展向内涵式提升转变，休闲农业品牌化、高端化、规模化发展水平迅速提高。产业形态由最初的观光采摘向休闲、体验、养生、度假等多向度发展，产业发展的文化和生态意蕴特征日益明显。以最近几年火爆京城的大兴采摘为例，随着将传统的单纯的休闲采摘项目拓展为农事体验、农技学习等活动，“春采桑葚夏采瓜，秋冬摘梨摘草莓”，挖花生、刨红薯、掰玉米，各类络绎不绝的农事体验活动让远离乡村的都市人感受到了现代高科技农业的新奇，体验到了农事乐趣，学习了稼穑技艺，收获了喜悦和回归自然的乐趣。游客们替农民打理和采摘各类农产品，既节省了农民的劳力又提升了传统农产品的价格；而游客不仅感受到采摘的乐趣，而且还可以学习现代农业科技，可谓一举多得。跳出单纯的生产、采摘功能，大兴还赋予这些田园以文化内涵和生态价值。目前，大兴区建起了340余个农业种植园，成功地将其中的130余个种植园提升为农业观光园，并重点打造出了40多个以体验为主的蔬菜园、南瓜园、精品梨园、桑葚园、花卉园、生态园等，其中御瓜园、安定古桑园、长子营有机蔬菜园、老胡梨园等特色精品观光采摘农业园深受游客的喜欢。为了方便市民到大兴采摘旅游，大兴区投资近亿元建设了集产业发展、科技示范、精品销售、观光休闲、新农村建设于一体的庞安路都市型现代农业产业带，推动了大兴休闲旅游的发展，吸引了无数游客前来观光游赏。随着游客不断增加，大兴的餐饮、住宿等服务业也日益红火起来。“吃农家饭、住农家院、观乡村景、享田园乐”成为大兴区旅游的新亮点。2016年，大兴区现有民俗旅游户452户，观光休闲农业收入15466万元，休闲农业已成为当地农民增收、农业增效的重要途径。

## （三）农业与文化创意产业相融合，形成了创意农业

创意农业是休闲农业和乡村旅游的升级版，是为了改变“乡村旅游”缺少特色、千篇一律的状况，利用农村的生产、生活、生态“三生”资源，为农业生产及农产品注入文化创意元素，通过科技手段和艺术加工，使普通的农事生产变成艺术创造的过程，普通的农产品成为艺术品，提升农业观光和休闲度假旅游的档次。[①]创意农业是近年来大兴都市农业的一个突出亮点。

在大兴，有代表性的创意农业首先就是农产品节庆活动。作为全国农产品节庆活动的创始地，截至2020年，大兴已经连续成功举办了32届西瓜节。目前，大兴和大兴西瓜已成为国内外知名的节庆品牌，蜚声海内外，并成为大兴区及北京市加强中外交流、展示企业形象的舞台以及招商引资和促进产业发展的平台，也成为了推动大兴农业发展、促进农民增收的新通道。除了西瓜，大兴还有种植千百年的大兴梨、葡萄、桑葚等，为了提升这些农产品的价值，赋予这些农产品中树龄达200年以上的千亩古梨园、千亩古桑园、千亩葡萄园等以丰富的文化内涵，并通过创办各种节庆活动来吸引全国各地的友人、爱好者和志士到大兴观光、采摘和投资建业，使得大兴的创意农业进入了爆发式增长期，农业节庆活动数量、质量和级别都达到了前所未有的水平，彰显了大兴农产品品牌优势，促进了当地休闲旅游产业的发展。

大兴的创意农业还表现在农产品艺术品化生产和创造方面。即通过包装创意、栽培创意、用途创意等，使普通农产品变成商品、纪念品、甚至成为艺术品，从而提高农产品身价。仍以西瓜为例，大兴的玻璃西瓜、西瓜娃娃、各种贴字西瓜、根雕艺术西瓜等等，都是运用新理念和科技手段把农产品变成了可供长期观赏的艺术品，成为了北京乡村旅游畅销纪念品，使单个西瓜的价格能够达到500元，大大提高了农产品的附加值。除了西瓜，大兴区创新设计生产的农产品已达几十种，包括农产品加工与包装艺术设计相结合的包装产品，如桑葚汁、桑葚乳、桑葚果酱、桑茶、桑茶饮料等系列；农产品与观赏相结合的新品种系列，如茎用型、叶用型、鲜食型、烤食型、观赏型100多个甘薯新品种系列；民俗食品开发中，有“止八席”“西瓜宴”、长子营镇留民营村每年一次的“千人饺子宴”，已成为奇特一景；在特色产品开

① 张建云等. 农业现代化与农村就地城市化研究——关于当前农村“就地城市化”问题的调研［M］. 北京：中国社会科学出版社，2012：173–174.

发中，有盆栽西瓜、五彩甘薯、七彩花生、玻璃花卉、悬空甘薯、食用菊花、西瓜王等。创意农业投入的是文化创意，农民收获的却是实实在在的真金白银，目前创意农业已经成为大兴农村发展最快的富民产业。

融合产业创意和农业主题园创意也是近年来大兴创意农业发展的重点。在融合产业创意方面，2015 年，“庞各庄金把黄鸭梨”获得国家农产品地理标志认证，围绕金把黄鸭梨这一地域优势的特色农产品品牌，梨花村推动一产与二三产的融合，在二产方面开发鸭梨凉茶、酒等产品，2014 年全村生产“金把黄”鸭梨凉茶 1000 万罐、梨汤 200 万罐，大大提升了“金把黄”鸭梨的附加值；在三产休闲旅游方面，依仗万亩梨园和“金把黄”贡果的美誉，梨花村通过赏花会和采摘节等节庆活动发展民俗旅游。据统计，梨花村依托一产，挖掘三产，全村农民人均年收入达 1.8 万元。在农业主题园创意方面，2016 年，魏善庄镇以世界月季洲际大会为契机，通过流转 3000 多亩土地，引入高端企业参与发展月季产业，打造了集月季文化传承、月季产业链延伸等多种功能于一体的文化创意园，让农民在获得土地流转收入和文化创意园区就业工资收入的同时，还能分享到月季产业确权分利收入，极大地带动了当地村民的就业增收。

### （四）农业与生态环境建设相融合，打造休闲生态康养产业

北京城是一个人口密度大的超大城市，生活压力大，生态环境不容乐观。因此，作为大城市郊区的农业除了要发挥传统农业功能外，更要强化其生态功能。近几年来，大兴从北京市总体生态环境建设要求出发，充分发挥城郊现代农业的生态保护功能。在农业生产方面，通过引入生态经济效率的理念，以保护生态为前提，以资源耗费最少、污染物排放最少、生物资源能多次利用为目标，谋求本地经济的快速发展。具体而言，大兴在发展现代农业时与北京构建宜居城市的要求相一致，充分发挥农业的生态功能，使京郊农、林、牧等大农业真正起到固化土表、涵养水源、净化空气、美化环境的调节作用。其中大兴以“十大公园”为龙头推动南部新区生态建设，兴旺湖公园、滨河森林公园、南海子公园等，以缓坡、草地、湖泊、密林共同建立动态的生态群落系统，大幅度增加了城市绿化量，涵养了水源，净化了水质和空气，成为一个个“城市绿肺”。随着大兴区森林公园、湿地公园的发展，大兴区良好的生态环境成为京郊市民休闲康养的圣地，使得大兴休闲康养产业正在成为

最具发展潜力的就业空间和普惠民生的新兴产业。

## 二、大兴农业功能拓展型融合推动就地城镇化发展状况

随着大兴农业由生产功能向生活、生态、示范功能的拓展，农村产业融合发展取得了骄人的成绩，带动了农村经济的不断发展壮大和农民收入的持续增加，农村的面貌也随之发生了翻天覆地的变化，昔日落后的乡村变成了美丽的农业园区和农业特色小镇，园区和小镇农民的生产方式、生活方式和思维方式已经与城市文明不再有本质差别，农民基本就地实现了城镇化。大兴在以农业多功能拓展型融合发展带动农村就地城镇化过程中的具体做法和成效如下：

### （一）促进了农村外在形象的城镇化

农业具有供给粮食、旅游休闲、保护生态环境、文化传承等功能。农业功能拓展型融合发展的最大特点就是在农业这些功能的基础上呈现“接二连三”的产业融合发展态势。在农业多功能拓展型融合发展的带动作用下，大兴区农村经济和农民收入不断提高，在此基础上农民改善生活条件和生活环境，期望过上与城市一样的生活的呼声也越来越高。对此，大兴区政府依据北京市的总体规划，积极推进国家级新型城镇化试点建设，坚持新型城镇化建设与美丽乡村建设双轮驱动，推动小城镇发展与疏解首都中心城区功能相结合、与特色产业发展相结合，因地制宜地根据农业多功能拓展型融合发展的需要，改造农村村庄和打造特色农业小镇，并通过不断加大对农村的公共基础设施和公共服务的投入，改善农村的生产和生活环境。

1. 因地制宜地规划改造农村村庄和布局农业特色小镇

为了适应多功能农业发展的特点，提升农村的人居环境，大兴区政府对该区域内的农村并没有完全采取集中上楼居住的方式，而是针对不同的村域特点进行了分别规划和指导。具体而言，将全区的村划分为四个层次：一是将纳入北京中心城区的大兴、亦庄两个村庄，采取了集中规划建设的办法，以撤制、转非、上楼为建设内容，坚持以城带镇、以镇促城，引导农民向城镇集聚，加速资本和产业转移，形成新型的城乡产业结构和城镇体系。目前，全区已累计搬迁 143 个村，11 万人搬迁上楼，城镇化发展已为百姓带来了真

正的实惠。二是纳入中心镇区和规划为功能性建设用地的村庄，通过规划集中建房形成中心镇并建立产业基地，带动周边农村的城市化建设，如采育镇、庞各庄镇、榆垡镇、魏善庄镇作为大兴区重点发展的城镇，依托各自的区位特点和产业特色吸引人口向这些中心村、中心镇集聚。三是规划保留的中心村，要积极引导，对于要求新建、翻建的农户，要引导其采用新户型、新建材、新能源，建设使用寿命长、节能抗震且具有北方村落特色又兼备旅游接待功能的新型农民居住区；但是对那些具有历史文化底蕴的农村住宅，要注意保留原生态的庭院式格局，通过科学的规划设计，使农民住宅的居住功能延伸出经营功能。四是规划将来准备撤并的村庄，将根据村庄体系规划进行撤并重组，逐渐向中心村集中，不再进行大的投资建设。

除了对村庄进行科学布局外，在大兴区休闲旅游规模日益壮大的过程中，北京市及大兴区政府还以休闲农业、观光农业等农业新业态为依托，对大兴区城市格局、景观格局、产业要素、交通要素、资源要素、土地要素、发展机遇、上位规划、市场对接等方面进行了统筹规划，构建了大兴独特的区域资源整合型小镇发展模式——“1+N”发展模式，即 1 个一级小镇带动 N 个二级小镇，1 个核心项目带动 N 个毗邻项目，1 个核心主题带动 N 个其他主题，1 个公共服务体系串联 N 个小镇，1 个主导产业带动 N 个产业共生。在此模型指导下，大兴积极打造三大产业特色小镇群（详见下图[①]）：永定河生态康养小镇群（以艺术梨花小镇为核心，联动绿港休闲小镇、欢乐西瓜小镇、森林航空小镇）、南中轴会展创意小镇群（以浪漫月季小镇为核心，联动御林古桑小镇、美食购物小镇、时尚影视小镇）、京南商务休闲小镇群（以温泉葡萄小镇为核心，联动湿地生态小镇），并对重点小镇进行了详细策划，包括项目体系、产业要素、节庆策划、游线设计、公服串联等。以大兴农业为核心的休闲特色小镇的打造整合带动了村庄的集聚，也为未来大兴旅游小镇发展建设奠定了坚实的基础。

---

① 注：图片源自 http：//www.davost.com/case/detail/4386-1f877f6b30.html.

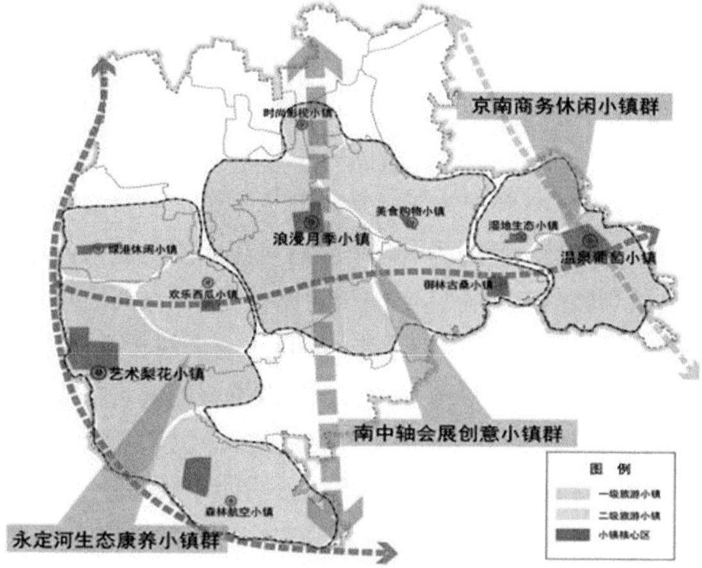


**大兴区三大产业特色小镇群**

2. 加大对农村公共基础设施的改造和完善

休闲农业、创意农业的快速发展离不开农村公共基础设施和公共服务的完善，同时休闲农业、创意农业的快速发展本身也会反哺带动农村公共基础设施和公共服务的完善。政府作为公共基础设施建设的主体，2015 年大兴区人民政府办公室印发了《大兴区提升农村人居环境推进美丽乡村建设的实施意见（2015–2020）》，为从根本上改善农村居民的生产、生活环境投入了大量资金，并取得了显著成效。

从农业生产基础设施和生态环境建设看，一是加强水环境治理，通过实施东南郊水网、黄村再生水厂、新凤河水环境改造工程，实施污水资源化利用工程、农业节水灌溉工程及安全饮水工程、防汛安全和抗旱工程等，使全区水资源环境整体水平得到明显提高。二是对中低产田进行田间路硬化、衬砌渠道等改造，同时进行农田水利、农田培肥、田园清洁循环、沟路林渠配套等土地整理。三是通过开展“一路一品、一街一景”工程，建设了具有综合生态功能的南海子郊野公园、兴旺带状公园、体育休闲公园等绿化建设。目前，全区绿化率已达到 30%。四是实施清洁空气行动计划，通过改造上楼以及太阳能、热泵等新能源新技术推广使用，完成减煤换煤、节能保温等任务。

从村庄道路交通、农宅改造、网络通讯等基础建设情况看，大兴区政府严格落实《北京市大兴区人民政府办公室转发〈大兴区农村基础设施运行与维护管理指导意见〉的通知》，加大对农村安全用水用电、街坊路、厕所改造、无公害垃圾处理、村庄绿化、节能环保等各项基础设施管护资金的投入，使得大兴区农村基础设施得到有效改善。具体来说，一是实施农村安全饮水工程，已投资2亿多元，解决了200个左右村庄的安全饮水问题。二是重点村在村村通柏油马路的基础上，实现街坊路硬化率100%，并且推动农村公共交通事业发展，截至到2017年5月，全区已有农村公交线路32条，基本实现了城乡交通一体化。三是开展农村电网改造，提高农村供电能力和保障水平。截至2017年年底，符合相关条件村庄的农村用户已经全部完成“煤改电”，实现了电采暖的全覆盖。四是顺利完成了每年7900余户的农宅抗震节能改造任务，确保了农民居住环境的舒适安全。五是在信息网络建设方面，经过几年的努力，大兴区已经实现信息网络、有线电视及广播“村村通”“户户通”全面覆盖。

### （二）促进了农村内在的城镇化

1. 农民身份、地位实现转化

随着大兴区农业多功能拓展型融合发展，休闲农业、创意农业、生态康养产业等较好的发展前景使农业正在成为农民自主选择的职业，越来越多的农民不再选择进京打工，而是利用自家的土地和农业资源发展水果种植、休闲旅游和餐饮服务，成为新型职业农民的典范，不仅实现了自己致富，还示范带动了周边农户的发展。除了转换为新型职业农民外，魏善庄镇、青云镇、安定镇、长子营镇、榆垡镇等都通过自身的资源环境和产业特点大力推进农村产业融合发展，通过发展现代农业园区及特色民俗旅游等将农民转移到与农业密切相关的新型产业业态中去，促进了农民“非农化”，同时也让农民实现了在家门口就业。随着农民的增收富裕，农民传统的生活方式和消费方式也随之发生了根本转变。

2. 农村基本公共产品和公共服务与城市逐渐趋同

农民身份地位的转化不仅仅体现在由传统农民向职业农民的转变和非农产业的转移，还包括在二元体制下，消除城乡差别，统筹城乡发展，使农民与市民能够享受相同的公共产品和公共服务待遇。近年来，大兴区农业多功能拓展型融合发展为该区农村经济社会发展注入了新的发展活力，也为当地政府提供了可观的税收收入。北京市及大兴区政府在统筹城乡发展的原则下，确立了一系列城乡基本公共服务均等化制度，不断加大对农村公共产品和公共服务的投入力度，通过深入开展医疗、养老、低保、就业、教育、文化、邮政等民生工程，使京郊农民越来越多地享受到和城市居民相同的公共产品和服务。具体表现在：

在户籍制度方面，大兴积极响应国家号召，较早地实现了城乡统一户口登记制度，从制度上保证了农民的平等身份。

在医疗方面，作为全国最早的农村合作医疗试点，目前，大兴区农村合作医疗制度不断完善，农民参合率已经达到96%以上。为了减轻农民看病负担，大兴区政府规定农村居民在区内一级医院住院没有起付线并享受80%的报销比例，这一举措既提高了广大农民的健康水平，也能有效解决农民因病返贫致贫的问题。为了便于农民就医治疗，大兴区政府还积极打造区级中心医院、镇级卫生院和社区卫生服务站三级卫生服务网，保障居民在20分钟内即可享受到社区卫生服务。为了彻底解决农民看病报销手续繁琐的问题，大兴农民自2018年1月1日起，实现了持卡就医，实时结算。

在社会保障方面，大兴区政府积极统筹农村居民与城市居民的社会养老保险，在推进新型农村社会养老保险的改革中，政府不断加大组织引导力度，充分尊重农民意愿，在个人、集体、政府三方筹资的基础上建立了个人账户与基础养老金相结合的制度模式，规定了凡是参加新型农村社会养老保险并达到制度规定条件的农民都能享受到除个人账户养老金外的基础养老金。目前，大兴区新农保参保率已达到95%。随着农村社会保障制度的不断完善，大兴区政府每年还根据财政收入水平，不断调整基础养老金标准，并对病残人员提供新农保补贴，有效提升了农民的社会保障覆盖面和水平。

在教育方面，近几年，大兴区不断加大对农村教育的投入，在对采育中学、魏善庄中学以及农村基础薄弱的学校进行新建、改造的同时，积极推动大兴区内的中小学与北京市重点中小学联合创办分校，以此来提升教育水平。在农民专业技术培训方面，大兴区开设了“田间学校”。以田间地头、养殖现场、温室暖棚等作为教室，专家、农技人员作为辅导员与农民面对面交流，现场进行操作实践，手把手教授农民种植、养殖技术和解决问题的能力。为了不耽误农民日常的生活和工作，田间学校的集中理论授课时间定在晚上，开班“夜间课堂”，辅导员和学员都有充足的时间，确保了学员的出勤率和培训效果。同时，还通过农业产前信息引导、产中技术服务和产后农产品销售于一体的综合农业信息服务平台和农业信息库、热线电话等形式，帮助农民解决农业生产中的各种问题。

在文化建设方面，随着农村多业态的发展，农民收入增加，农村基层文化设施得到普及，大兴农民的文化生活日益丰富多彩，村村建起了文艺队伍，成立了各类文艺组织。以榆垡镇为例，目前，榆垡镇已投入2000多万元建立文化大院58个，近几年通过新农村建设，新建12个农民俱乐部、15个特色书库，13个农村数字家园，实现了全镇58个村，村村有文化大院、均有活动阵地的局面。

3. 农村管理与城市管理逐渐同质化

因大兴区紧邻北京市区，很多村庄的流动人口已经超过户籍人口，治安和社会管理等面临着诸多新问题，传统自然村落开放失管的状态已经不能适应新的形势变化。对此，大兴区经过摸索、积累，创建出“村庄社区化管理”模式。即借鉴城市小区的管理方式，通过建栅栏、安街门，封闭不常用的路口；设岗亭，人员和车辆持证出入，主要路口路段安装监控摄像头等来保障农村治安环境。但为实现更好地管理效果，大兴区政府充分考虑了农村管理的特殊性，将城市的“三站一室”整合为村综治中心，由社区民警与村干部协同，发挥“实有人口管理、安全防范、治安管理、信息收集和服务群众”五大职能，并通过配备巡防队员和流动人口管理员两支村庄专职防范力量及社区民警，明确职责任务，规范工作环节。此外，大兴区农村社区化管理适应了京郊农村的特点，将流动人口纳入管理范围，实行流动人口与户籍人口同等对待、同等服务。在实行“村庄社区化管理”后，大兴区的警情、刑事案件大比例下降，社会治安水平和村庄环境得到了有效的改善，群众的安全感和满意度也大幅度提高。

总之，大兴农业功能拓展型融合发展从根本上促进农村的就地城镇化。从产业发展上看，农业功能的拓展无限提高了大兴农业的附加值，农民从事农业同样可以创造辉煌业绩；从生产、生活环境看，目前农村各方面基础设施建设已经完全不同于传统农村的落后模样，而是成为既有城市的便捷，又有乡村清新的新型农村社区；从养老、医疗等各方面待遇上看，大兴农村和城市已经或者正在并轨，城乡一体化正在变成现实。

### 三、大兴农业功能拓展型融合带动就地城镇化发展的经验总结

作为北京大都市近郊区，大兴区并没有通过大城市的辐射带动而完全通过征地的方式直接并入城市，也没有完全通过发展非农产业而消灭农业，而是让农民依然留在当地，依托当地的自然资源发展现代化大农业，即通过创新农业科技提高农业生产率，弱化农业满足人类食物需求的传统单一功能，拓展农业多种功能，特别是通过发展与农业密切相关的休闲旅游业、创意农业等，使郊区农民在不改变第一产业性质，不向城市大规模转移农业人口的情况下，实现农村剩余劳动力的就近、就地就业，进而在农村经济发展以及政府扶持的基础上实现就地城镇化。在推动农村就地城镇化的进程中，北京市及大兴区政府投入大量资金，加大对农村公共产品和公共服务的供给，使农村的面貌得到了根本改观，并使农村在保留村庄某些特征的同时，实现了在生产、生活方式上乡村和城市差别的消融，城乡进入了协调发展的良性循环。

大兴农业多功能拓展融合发展带动农村就地城镇化以事实证明，尽管在大城市，农业产值占 GDP 总产值的比重越来越微不足道，但综合考量，农业的价值是巨大无比的，特别是其生态服务价值和文化乐生价值在多功能拓展型农业发展过程中释放出了巨大能量，有效带动了农村经济社会发展。因此，农业多功能拓展型融合发展完全可以成为大中城市郊区农村就地城镇化的产业支撑，实践也证明这条道路符合城市发展规律，顺应了发展趋势。因此，大兴农业多功能拓展融合发展带动农村就地城镇化的实践探索必将为我国大中城市郊区的农村就地城镇化发展提供可资借鉴的经验。

## 第二节　产业链延伸型融合带动就地城镇化发展的“中鹤模式”①

中鹤集团（生产基地、工业园区）坐落在亚洲黄金小麦圈——河南省鹤壁市浚县王庄镇。王庄镇下设 13 个行政村，有 6 万多名农村户籍人口，13 万

① 资料来源于河南中鹤现代农业开发集团有限公司及河南浚县农业局相关网站．

亩耕地，是国家优质小麦种植基地、优质玉米育种基地、优质粮食主产区和商品粮基地。依托王庄镇小麦、玉米产业这一资源优势，中鹤集团于1995年起，开始发展农产品加工业，之后不断壮大崛起。目前，中鹤集团已经成为国家级重点农业产业化龙头企业。近年来，为落实中央一号文件精神，中鹤集团不断优化农业产业结构，深化农业供给侧结构性改革，以“农业农村发展为基础，打造‘农、金、商’一体化企业集团，做中国农区‘三产融合’发展”的典范为使命，采取市场化方式，探索出了一条以农业现代化的重要实现形式——农村产业融合发展来引领美丽乡镇建设的路子，并在河南省鹤壁市浚县王庄镇得到了成功实验，这条对城乡一体化发展的有益探索路径，被高度概括为“中鹤模式”。“中鹤模式”发展的成功经验是对我国传统城镇化发展模式的扬弃和创新，对解决当前我国中部粮食主产区农村就地城镇化发展之路提供了可借鉴的思路。

## 一、“中鹤”以产业链延伸型融合带动就地城镇化发展的具体做法

农业一直被认为是弱势产业，但中鹤集团并不这样认为。中鹤集团以大规模、机械化为手段，以农业产业化方式为引领，通过合理组织、科学管理，极大地提高了农业的劳动生产率和财富贡献率。“中鹤模式”之所以能够成功，关键在于集团具有农业现代化的战略眼光、对农业农村发展趋势有着深刻的理解、对农民有着深厚的情感、对社会具有高度的责任感。食品安全是人们生活、生命安全的前提和基础。中鹤集团正是从消费者最关心的这一问题着手，深化供给侧结构性改革，通过将大规模的粮食生产基地作为农产品加工第一车间来实现从源头上控制食品安全，并在提升传统的农产品加工业水平的基础上严格把控农产品销售渠道，有效保证了“从田间到餐桌全产业链”的食品安全和优质农产品的供应，为做大做强农产品加工业奠定了坚实基础。其在实践中的具体做法如下：

### （一）以土地有序流转为基点，促进农业规模化生产和组织化经营

一是有效开展土地流转促进农业规模化生产。农业的规模化生产是实施农业机械化、集约化生产的前提，也是降低生产成本，提高农业效益的重要手段。王庄镇地处中原地带，地势平坦，如若能实现土地的成方连片，适合

大规模机械化耕作。但现实的问题是，农地产权的模糊和农民的惜地意识浓使土地的规模化经营困难重重。为了解决这一难题，中鹤集团从农民流转出去土地之后的“后顾之忧”即土地流转后农民如何保障生活来源为突破点，一方面，大力发展农产品加工业、流通、商贸等新型产业，为农民提供大量的就业岗位，通过就业给予农民稳定的生活保障，进而弱化土地的社保功能；另一方面，平衡农民长远利益和根本利益，在与农民进行平等协商的基础上，以高于农民自我耕种收益的价格征租土地，激发了农民流转土地的主动性和积极性，有效确保了集团能够实现土地的成方连片耕种，同时也为完善农业技术、信息和运输等服务体系以及开展集约化经营、申请产区原粮的绿色认证等创造了条件。随着中鹤集团的发展壮大，在实践中又面临着村庄处于大片农田之中难以大面积成片开发耕种以及集团工业建设用地难的发展瓶颈。为此，中鹤集团大胆创新，在政府出资和多元化社会资本的共同支持下采用了请农民上楼的方式，将王庄镇的耕地和村庄进行统一规划，将村民集中到统一的中鹤新城，并通过对旧村庄、村路复耕，田埂、沟渠二次平整的方式获得大批土地复耕。随着浚县农地和宅基地的流转和规整，目前，中鹤集团已经把全县 13 万亩土地全部实现流转，有效带动了高标准优质农田基地、标准化养殖基地、果蔬种植基地的发展。

二是发展专业合作社促进农业组织化经营。为了实现农业生产的组织化经营，同时又避免组织化经营带来的效率低下问题，中鹤集团投资创建了鹤飞农机服务专业合作社。集团以合作社为依托，将农田租赁来以后，又将其反包给农机合作社，农机合作社再将土地分包给承包大户，由承包大户按照中鹤集团的统一标准和安排进行小麦、玉米的生产，这种分与统的辩证统一，既克服了土地小规模经营的问题，又避免了龙头企业粗放经营的问题，极大地促进了中鹤集团现代化大农业的发展。除了发挥土地流转的中介作用外，鹤飞农机服务专业合作社还为农户提供农机装备、提升农机化作业水平，培养专职农民队伍，推广农业科学技术等一系列农业社会化服务。近年来，鹤飞农机服务合作社利用银行贷款、国家农机补贴等资金，不断引进大马力拖拉机、大型联合收割机和配套农具等，数量之多，装备之新均居国内领先地位，接近世界先进水平。随着大批量大中型农用机具和配套机具的使用，目前，河南浚县田间作业综合水平达到 99.5%，基本实现了从种到收的统一耕作、统一耕种、统一灌溉、统一施肥、统一植保、统一收割的“六统一”作业，实现了小麦、玉米生产的机械化、信息化、标准化和优质化。

三是由集团出资对租赁的农田进行高标准建设。为了支持高标准农田建设，中鹤集团出资新打机井600多眼，铺设地埋管道500余千米，架设电力线路50千米，修建道路60千米，新建桥涵6座，安装星陆双基设备8套。随着农田建设标准的提升，中鹤集团创造了小麦、夏玉米两季亩产1394.4千克的高产记录，也成为我国小麦、玉米发展史上的一个新的至高点。

### （二）以全产业链经营为抓手，确保粮食绿色有效供给

针对大食品工业的上下游供给安全及抗风险能力的脆弱，中鹤集团紧抓产业链两端——掌控粮源与终端渠道网络，确立了全产业链经营的思路，确保集团农业产业化发展的优势地位。具体而言：

一是抓好粮源及收储。为了进一步保障粮源的质量，近年来，中鹤集团借助国家对农村土地流转的大力支持，把产业链延伸到田间，将土地以租赁等方式集中由公司统一经营管理，建立了自有优质小麦和玉米生产基地，使农业大田成了中鹤产业园区的“第一车间”，有效把控了农产品生产源。

二是发展生态循环农业。为了实现农区节粮型畜牧业链式发展，中鹤集团于2013年3月开始推行“种养加”生态循环农业发展模式。在当前我国面临粮食库存量高，尤其是玉米库存多的难题下，中鹤集团大力推进农业供给侧结构改革，利用不同农作物和畜牧业之间的互补优势，调整玉米种植结构，通过改种青储玉米并将其大量转化为牛羊饲料来发展牛羊养殖业，以缓解玉米成本高、库存量大以及中原地区玉米小麦两季套种难等问题。而牛羊的养殖又产生了大量的粪便，通过自建有机肥车间，使粪便经过工艺处理后变成了上好的有机肥。这一循环农业模式引领了当地农业结构的调整。目前，中鹤集团在农作物生产中普遍使用有机肥，严格控制化肥、农药的使用，其种植的高端果蔬已经供不应求，既较好地践行了农业部“一控两减三基本”的绿色农业发展指导理念，也为绿色农业发展作出了很好的示范。

三是注重科研技术创新和推广。建设现代化大农业，其首要根本点就是创新农业科技，使农业高科技化。为了达到此目的，中鹤集团在科技创新投资、完善科技服务等方面做了大量工作。首先，为了强化科技创新，先后与中国农业大学以及河南省内的科研单位和院校建立了密切的合作关系，使集团在较短的时间内掌握了关于产品基因、设计、定位、流程、包装等方面的

最新技术，迅速提升了核心竞争力。同时，中鹤集团还成立了现代农业科技园区，并在园区内开发建设了农业气象实验站、良种繁育和技术集成示范基地，胚胎移植中心等，实现了对农业、畜牧业等绿色化生产等关键性技术的不断突破。其次，中鹤集团还借助“互联网+”，推广科技服务信息化，通过建设环境监测站、购置高清监控和虫情监测设备、引进自走式大型喷灌机等，对农作物生长所需的温度环境、病情防疫和水肥一体化喷灌进行时时监控，有效保证了产品质量。再次，为了使广大农民掌握最新科技成果，中鹤集团依托鹤飞农机专业合作社进行技术推广，通过聘请知名专家讲课，定期对农民进行科技知识、食品卫生知识、规范操作方面的培训。

四是注重终端销售领域的监控。为了让消费者在终端环节能够买到放心食品，中鹤集团投资参股“麦多超市”和裕隆超市等农产品连锁超市，让这些连锁超市成为中鹤集团产品的重点销售商，并通过将超市零售点下沉到地县乡镇一级，确保优质农副产品资源能够直接送到老百姓餐桌上。

### （三）以农产品加工业为支撑，推进农业产业集群发展

中鹤集团的优势是农产品深加工业。实践中，集团紧紧抓住小麦、玉米等农产品优势，建立起了以农产品加工业为中心的产业集群，成为浚县经济和社会发展的强大动力。具体而言，在农业自身生产方面，集团现有玉米、小麦种植基地30万亩，优质花生1.2万亩、优质林果3万亩，年出栏优质羊20万只，优质肉奶1万头，如此丰富的优质原料为集团加工、食品业的发展提供了先天优势。同时，集团依托浚县良好的自然生态环境及自身独特的全产业链经营理念，使其具有生产绿色、安全、有机食品的优势，再加上集团已经实现了现代化、机械化、科技化和标准化生产，产品品质高，具有巨大的市场前景。在农业与工业融合发展方面，集团以小麦、牛羊等农产品为依托，围绕农产品进行深加工。在发展实践中，集团工业发展初期就是从办米、面加工等小工厂开始的，经过20多年的发展，中鹤集团始终坚持农业产业化和商品化经营，重点围绕面粉、粮油、淀粉、牛羊等主导产业，建成了以粮食精深加工、饲料加工、生物有机肥生产、牛羊屠宰冷藏保鲜、牛羊肉制品加工以及仓储、物流等配套产业为主体、门类齐全的大型农业产业集群。目前集团年加工小麦100万吨，玉米45万吨，年产主食80万吨，年物流量100万吨，形成了以种植业、养殖业、特色经济为主的产业链。为了使集团做精、

做强，近年来，中鹤集团着力打造、培养、壮大了一批子龙头企业，如中鹤粮油公司、谷元粉公司、品鲜食品公司等18家企业。如今，在这些品牌产品和企业的产业升级中，中鹤集团的工业优势显示出无限美好的发展前景。在农业与第三产业融合发展方面，目前，中鹤集团的农业与第三产业特别是旅游业正在实现完美对接。农业是古老的产业，也是与自然联系最紧密的产业。浚县正是因为以农业为支柱产业，才有了保存完好的蓝天、碧水、麦浪，再加上浚县千年古城的美誉，其特有的民间艺术和名胜古迹构成了浚县独有的魅力。目前，集团正在积极推进农业与旅游的融合发展，集养老养生、文化旅游、农业观光为一体的供销特色小镇正在成为中鹤的旅游品牌。随着农业与旅游、养生等产业的融合发展，必将进一步发展壮大农业产业集群。

### （四）以撤村并居、打造中鹤新城为载体，推进新农村建设

中鹤集团以农产品加工业为核心的产业集群的快速发展，促进了浚县面貌发生了根本改观。一方面，农业增产、农民增收后，富裕起来的农民有了改善生活、享受城市文明的迫切需要；另一方面农业生产形成大面积、成方连片的作业场景，使更多的劳动力从土地上解放出来，具备了发展第二、第三产业的物力、人力条件。对此，中鹤集团在充分考虑王庄镇村庄现实基础条件上，结合集团自身的优势提出了“三化协调、四化同步”发展战略，自2010年开始推进农村城镇化，撤村并居，规划建设中鹤新城。在实践中，中鹤集团对新城的建设制定了可行的发展规划，规划按照布局合理、规模适度、辐射带动农村发展的要求，以田园城市理论为设计基点，致力于打造一个农区景城一体的宜居城镇。新城规划面积1.65万亩，计划利用15年的时间分三期进行建设。除住房建设规划外，中鹤集团还对新城基础设施建设、科技、教育、卫生、社会保障等社会生活方面都制定了详细的目标、具体的实施步骤和方法，最重要的是还对新城产业发展进行了明确规定和详细规划，确保了入住新城的农民能够就地实现就业转移。目前，新城一期工程已建成，并已入住1.6万人，二期工程也基本竣工，且有1万人入住，相关配套设施正在积极推进，转移出来的农民部分被安排到种养一体农业中，部分被安置在社区配套的商业、服务业中。2016年中鹤新城荣获“联合国人居环境奖”。

在推进新城搬迁进程中，中鹤集团坚持以人为本，和谐拆迁。改善农民的居住环境虽是一项利民工程，但并不是所有的居民都愿意离开传统村落，

集中居住。对此，中鹤集团在地方政府的支持和引导下，转变工作思路，创新工作方法，以提高人民生活水平为基本目标，充分尊重农民意愿，力争照顾每户居民的具体情况。集团在对农户撤村并居意愿进行调查了解后，从农民的种种担心入手，在利益上分析引导，确定了撤村并居的具体思路：一是切实保护被拆迁农民的利益；二是尽量照顾居民原有的生活、生产习惯；三是要让被拆迁的农民买得起、住得起楼房。在实施中，中鹤集团通过旧房置换，宅基地作价，不同房型结构差别缴费，增地（经营地）促收，人均基础面积仅以成本价格的一半进行出售等方式，使农民无需自己出钱，使用政府的补贴即可进入楼区居住，确保了搬迁的顺利进行。

## 二、“中鹤”以产业链延伸型融合带动就地城镇化发展的主要成效

### （一）有效保护了农民的耕地和土地权益

通过对农地的流转以及对宅基地复耕、“四旁”（村树路沟）和“四荒”整理等，使中鹤集团在推进新型工业化发展中不仅解决了企业用地难的瓶颈，还有效地保护了耕地。在土地流转过程中，中鹤集团创新出一条以高于农民自己耕种农作物的价格租赁土地和提供就业双保险的方式，让农民在获得土地流转增值收益的同时还让农民拿到务工薪酬，保护了农民的土地权益，极大地调动了他们参与土地流转的积极性。此外，在国家大力倡导农村建设用地入市的大背景下，按照近期河南省农村宅基地复垦卷的拍卖情况，目前每亩地的指标交易价格为 30 万元，3 万亩指标目前的交易价格为 90 亿元，可以收回前期的大量投入。可见，“中鹤模式”在推进土地流转的过程中，有效扩大了土地的使用规模，充分保护了农民的土地承包权和土地使用权的增值效益。

### （二）促进了农村生产方式转变和产业结构调整

农民生产方式的改变离不开现代农业的设施装备水平的提高。中鹤集团在对流转后的土地以及原有宅基地进行整合后，实现了规模化大生产。整齐划一的万亩示范农田的耕种、灌溉、收割等全部依靠农业设施装备，实现了农业生产全程的机械化，永远结束了“小镰刀，大弯腰”的传统劳动场面。特别是随着现代农业装备电子、液压和信息化技术的广泛应用，全球卫星定

位技术、遥感技术、地理技术、计算机自动控制技术等经过综合配套组装，使得大马力机械实现了自动导航、精密播种、变量施肥、即日测产等精准化、标准化作业，甚至有些农业生产通过手机终端就能完成操作，从根本上改变了传统农业小规模、手工化的生产方式，将农民从繁重的农业劳动中解放出来的同时也大大提高了劳动效率。

与此同时，“中鹤模式”还促进了农村产业结构的调整。为了做大做强企业，中鹤集团大力发展生态循环农业，通过实施“粮豆轮作”“青储玉米和小麦结合”的生产模式调整种植结构，并在种植结构转变的过程中，利用生物之间的能量转换开展规模化肉羊、肉牛的养殖，确保农业生产的绿色、低碳。在第一产业发展的基础上，集团重点发展农产品加工业，通过打造农业全产业链及农业产业园区，推进农村城镇化；在第三产业上，集团由原来农产品销售一业独大，发展到用农业的多功能性发展休闲农业等新型业态，并通过新城建设发展商业、教育、医疗等，实现了多行业、多门类齐全，共同繁荣，协调发展。

### （三）促进了农民的职业化、“非农化”以及农民的增收

土地流转以及实现大规模机械化作业后，大量农民从土地上解放出来。对此，中鹤集团为农户提供了多种就业渠道：一是对有一技之长并愿意外出务工的人员，对其免费进行培训，引导其外出务工，到城市从事非农产业。二是让农民进入集团成为农业产业工人。在这一过程中，中鹤集团通过引导农民以土地、劳动力、资金、技术等各种生产要素入股的形式参与各类园区基地建设，部分农民从事农业生产，成为职业农民，部分农民成为农产品加工产业工人。职业农民和农产品加工业产业工人和城市其他劳动者实现了各种机会和权利的平等。走进产业园区，我们会不禁被农村产业融合发展的力量所震撼，全程机械化的农业生产，让人感受到农业生产的全面工业化；农业产业工人在生产线上生产、加工的农产品很快会被运到市场上出售，真正实现了农业生产的商品化和社会化。因此，在河南浚县王庄镇，传统农民的本来含义已经褪去，农业真正成为一种现代职业，农民要想从事农业生产，必须了解农业市场需求，具备操作农机具的技能和熟知农产品加工工艺；农产品加工业的产业工人和工业产业工人一样，完全实现了社会化、商品化的大生产，他们区别仅仅是生产的产品不同而已。三是鹤飞农机合作社中与农

业密切相关的各种服务岗位可以安置释放出来的部分劳动力，而新型社区建成后，相关的社区物业服务、生产生活服务行业也一定程度上促进了农民的“非农化”就业。

“中鹤模式”通过推进农业、农村新业态新发展建设生态新社区，加快了农业、农村的大发展，同时也带动了农民的增收，促进了县域经济的发展。在土地入股发展中，农民在获得土地承包权收益的同时，还获得了土地使用权的增值价值，有效激活了农村土地资源，促进了农民的增收。与此同时，“中鹤模式”在发展过程中，围绕农产品深加工业促进农业产业集群发展，为农民提供了大量的就业岗位，增加了农民的工资性收入，有效带动了农民的增收。

### （四）促进了农民居住环境和生活水平的改善

中鹤新城建立之前，各个村庄零散地分布在中鹤产业园区周边，也横亘在连方成片的耕地中，既导致了集团难以实现规模化经营和工业用地难，也使一些公共基础设施、公共产品和服务无法均衡地延伸到每一个村落。把零散的居民集中到统一的中鹤新城，农民的居住条件和生活环境得到了很大改善。在集中居住后，农村外在面貌发生了巨大变化，原来布局凌乱、泥泞的道路，高低不齐的平房，变成了错落有致、道路宽敞、设施齐全的楼房。新型农村社区外部配备了环境优美的小公园、居民健身广场；小区内部统一的供气、供暖和垃圾处理使农民摆脱了传统的依靠煤炉取暖的日子，既节约了能源，又避免了污染，也大大改善了卫生条件。此外，小区内部还有超市、幼儿园、社区卫生站等，便利了农民的生活，使中鹤新城居民的生活方式、思维方式等基本上与城市居民相差不大。

## 三、“中鹤”以产业链延伸型融合带动就地城镇化发展的经验总结

“中鹤”模式的成功经验可以用“一个核心、两个转变”来概括，“一个核心”是保护了农民的土地问题；“两个转变”是食品加工业出于对优质原料的需求催生了农业生产方式的转变，农业生产方式的转变进而催生了农民生活方式的转变，而这“两个转变”恰恰体现了农村就地城镇化发展的本质。

农村实现就地城镇化的关键在于产业支撑。传统城镇化理论狭隘地理解

工业、服务业的内涵，认为只有工业、服务业等非农产业才能带动农村城镇化，实现农业人口的转移和农村就地城镇化。在这种传统理论的指导下，我国的农业常常处于尴尬境地，被人轻视、忽视，严重影响了农业的发展。河南浚县是传统的农业主产区，在现代化发展中，中鹤集团从浚县自然资源环境出发，紧紧把握农业优势，以机械化生产为手段，以农产品深加工业为依托，通过打造农业全产业链，做大做强企业，进而实现了以农业现代化带动农村城镇化发展。“中鹤模式”的成功，离不开中鹤集团这一强大的龙头企业的引领和带动。因此，培育壮大龙头企业是各地推进农村产业融合发展以及新型城镇化建设重点。“中鹤模式”的成功还在于建立了以市场为基础、以利益为纽带的新型城乡工农关系。这样的城乡工农关系将农民与集团紧密联系在一起，一荣俱荣，一损俱损。此外，在实践中，中鹤集团遵循市场经济规律，在争取国家政策支持的同时，以大量自有资金垫支，并通过引资、合作、贷款等多种形式，千方百计的拓展新城建设融资渠道，保证了新城的顺利建设，这一融资方式也为我国其他地区进行就地城镇化发展提供了经验。

总之，“中鹤模式”的成功，为我国农业主产区走以农业产业链延伸型融合发展带动新型城镇化建设提供了具体的实践方案。

## 第三节　多业态复合型融合带动就地城镇化发展的富川模式①

富川瑶族自治县隶属于广西壮族自治区贺州市，位于广西东北部，四面环山，是一个典型的山区农业县，也是一个老、少、边、山、穷的国家扶贫开发重点县。全县辖 12 个乡镇、137 个村委 18 个社区，总人口 32.1 万人，其中瑶族人口占 56.8%。截至 2015 年底，全县仍有贫困村 57 个，贫困户 15465 户，大部分是少数民族群众。作为 2016 年全国农村产业融合发展的典型示范县，富川县依托自身特殊的自然地理环境，通过“脐橙”这一特色农业产业的多业态复合型融合发展，有序引导农民就业、进行村镇合理布局并改善农村生产生活面貌，这对于欠发达农业地区开展就地城镇化发展有积极

① 资料来源于广西富川瑶族自治县农业局、农工委及其相关网站.

地促进作用。

## 一、富川农业多业态复合型融合发展的特点与主要做法

### （一）以改革为引领，提升特色农业产业发展水平

农村产业融合发展在不同地区会以不同的形式表现出来。富川县作为一个落后的边远山区县，依托自身的资源条件，坚持“做特农业”，以“脐橙”为依托，注重科技兴橙，在传统单一品种发展的基础上以市场化需求为导向，不断开发多元化、个性化新品种，围绕推进基地化布局、标准化生产、品牌化经营，加快脐橙等特色果蔬产品由注重产量的粗放发展向更加注重质量效益的集约发展转变，使供需相适，避免增产不增收。具体而言：

一是以规模化布局提升脐橙发展水平。富川县脐橙生产始于农户的自发和零散种植，大部分由单户小规模经营。由于单户经营规模小，使脐橙生产难以实现规模化，更不可能实现标准化，进而影响到市场开拓能力和品牌竞争力。针对这种情况，富川县委、县政府为帮助农户树立规模化经营意识，采取了一些针对性的措施：第一，鼓励连片开发，扩大生产规模。农业生产规模不仅需要扩大种植面积，更需要在联合的基础上提高生产能力，这就需要在土地集中的基础上，实现集约化生产。为了达到这一目的，富川县委县政府以土地确权颁证工作为基点，积极推进土地流转工作，引导和鼓励农户通过租赁、转让、互换等多种形式进行土地流转。据统计，截至2016年年底，全县土地流转面积总量已达46万亩，使脐橙等果业生产初步具备了规模化、集约化农业的特征。与此同时，为了调动了农民规模化经营的积极性，富川县委县政府做出了对连片种植脐橙20亩以上的农户给予一定的财政补贴的决定。第二，鼓励县直机关单位和干部示范带动参与水果开发。为了引导脐橙的连片规模开发，富川县通过鼓励和督促县直机关单位、领导干部种植脐橙来引导农户扩大规模。为了收到良好成效，富川县政府以此作为政绩考核标准，对各级单位、干部参与脐橙园开发的规模进行详细的制定、纳入年终考核。在这一政策的作用下，全县水电局、民政局、扶贫办等31个单位和近千名干部职工参与了各种脐橙园的开发和种植，并已经成功打造百亩以上的脐橙果场315个，千亩以上的脐橙果场15个，万亩以上的脐橙生产基地8个。第三，鼓励脐橙园管理分离。一定规模基础上的农业生产经营，不仅需要强

化对土地承包经营的责任，更需要强化专业化知识和管理技能。为了保证脐橙园开发后经营能力与生产规模相一致，富川县引导和鼓励承包和开发果园的干部聘用专业果园管理人员负责具体生产经营管理工作。第四，鼓励国内外客商到富川投资办果场。任何县域经济的发展都离不开资金、技术的支撑，尤其是富川这样的贫困县，要依托自身的资源条件实现大发展，更需要借助更多的外力来支持。对此，富川县委县政府通过土地优惠和信贷贴息等办法，招商引资，吸引国内外 30 多家客商助力脐橙发展。

二是以标准化生产促进脐橙发展水平。为了保证脐橙的品质，富川县不断加强脐橙标准化体系建设。首先，以现代农业技术为导向，严格按照保水、保土、保肥的建园标准规范果园开发，积极试验应用以虫治虫、植物源农药等生物防治技术，并利用“专家大院”“农家课堂”等对果农进行标准化无公害生产技术培训，指导果农进行配方施肥，以改变过去果农们凭经验选苗、挖果苗穴、施肥、打药的老做法。其次，富川县委县政府还通过发布《关于大力发展脐橙生产的实施方案》《富川脐橙种植技术规程》《富川脐橙无公害生产技术规程》等来提高脐橙栽培管理标准化水平。

三是以品牌化经营提高脐橙发展水平。富川县始终坚持品牌化作为助推脐橙高端发展的重大战略。为了做大做强脐橙产业，富川县在确立特色农业品牌过程中首先是统一脐橙品牌。为了改变脐橙生产经营者众多、果品质量高低不一、牌子众多、消费者难以识别的问题，富川提出在商标各异的基础上统一品牌的办法，对富川脐橙实施地理标志产品保护，切实维护果农、销售企业的利益和富川脐橙的品牌声誉。为了打响“富川脐橙”品牌，富川县还不断加大品牌宣传力度，通过以办节促品牌，以活动扩影响的方式，充分利用每年举办富川脐橙节的契机，帮助果农和果品经销公司在较短的时间里大量销售果品，积极扩大富川脐橙的影响。此外，富川县还通过展示展销中心及体验式消费，推广其品牌。品牌创建极大提升了脐橙的知名度，也使其成功走进了国内外市场。

### （二）以改革增动力，融合发展促进农业转型升级

富川县在产业融合发展的大背景下，积极运用跨界思维，转变发展方式，把农业生产与二三产业发展有机融合起来，对农业产业化项目实行企业化管理、规模化经营、市场化运作，以此提高农业综合效益。

一是建园区搭平台促农业转型。富川县为顺应农业三产融合互动发展大趋势，深入推进以脐橙为主的水果种植，分别在富阳镇沙汪、铁耕、福利镇花坪、毛家、福利等五个村委以及横塘水库、神仙湖两区域规划了富川瑶族自治县现代农业示范区。核心示范区以“绿色”发展为核心理念，以水果、蔬菜、养殖三大产业为支撑，发展“猪－沼－果（菜）－猪”生态循环农业，促进了农业自身内部的融合发展，也满足了城乡居民对有机水果、蔬菜、富硒农产品等绿色健康食品的需求。同时，核心示范区还规划建设了占地2000亩的农产品加工物流中心，入驻了富兴、富泽等8家农产品加工企业，年加工水果近50万吨，蔬菜10万吨以上，以脐橙为主的农产品深加工业的快速发展，不仅延长了果蔬产业链，提高了果蔬市场竞争力，还带动了农村劳动力的就业和农民收入水平的提高。据统计，在核心示范区内从事农业生产和经营的农户已达2664户，农民人均现金收入9214元，比全县农民人均现金收入7553元平均高出22%。核心示范区内的生态旅游观光游览区、民俗休闲体验区等也初具规模和逐渐完善，使得现代农业园区承载能力不断提升，加速推进了富川县三次产业相融合、现代农业与美丽乡村建设相协调、产加销一体化、宜居宜业宜商宜游的现代农业发展步伐。

二是培育龙头建基地促农业升级。富川瑶族自治县始终坚持把龙头企业发展壮大作为特色农业发展的着力点，建成了富隆果业、广东杨氏、绿庄园、富兴果蔬公司等一大批集水果基地种植、农资配送、加工冷藏保鲜、流通等为一体的龙头企业，形成了“龙企＋基地＋农户＋市场”的产业化经营模式。目前，全县共有农业企业496家，龙头企业16家，其中自治区重点农业龙头企业1家，市级农业龙头企业15家。几年来，随着农业龙头企业的不断发展壮大，农产品外向度和竞争力进一步增强，农业产业化经营额不断增加。

三是强组织聚合力促农业增效。坚持以农民自愿为基础，采取基层社领办、村干部带头办，龙头企业参与等多种形式，以土地流转、农户入股等方式，培育了一大批发展前景好、带动能力强、服务功能全、品牌效益高的农民专业合作社。目前，富川县已有康农果蔬农民专业合作社、茂源香芋专业合作社、桂农果蔬合作社、白牛汇川水果合作社、古城供销合作社等183个农民专业合作社，合作社与农户形成紧密的利益共同体，带动了农民的脱贫致富，据统计，社员们亩均收入要比入社前提高2000元以上。

### （三）以改革增活力，催生农业农村经济新业态

在当前农业农村经济正处于新旧动能相互交织、逐步交替的过程中，富川县充分发掘农业农村改革创新的综合效应，努力将新动能培育和传统动能提升结合起来，形成支撑农业农村发展的混合动能，让农村成为引人入胜的天地，农业成为令人向往的产业。

一是实施“农业 + 旅游”工程。围绕富川特色农业旅游资源，在深度挖掘富川地区文化底蕴的基础上，富川县以特色农业为支柱产业，在坚持特色产业化发展的同时还按照一镇一品、一村一品、一户一特的发展思路，拓宽农业产业链，推出了赏兰花、桂花、采摘水果、体验“农家乐”等五条特色旅游精品路线。福利镇依托良好的自然生态环境，以神仙湖四季花海园为媒，先后开发了神仙湖生态休闲景区、茅厂屋农家乐新村、国际慢城等旅游项目；朝东镇依托秀水庄园村景区，在风景区周边，公路沿线种植油菜花、香芋等观光植物，成功打造了一条农业观光旅游长廊；古城镇大岭村依托其历史古镇资源，建设了富川特色民居文史馆、民俗生活馆。同时，富川瑶族自治县还以申报中国长寿之乡为契机，推出“瑶膳养生长寿宴”，深度挖掘瑶族历史文化资源，将瑶族刺绣与瑶族中草药相结合，进行创意产品开发，促进了自治县创意农业的发展。据统计，2016 年，全县接待游客总数达 218.2 万人次，同比增长 20.63%；全县完成旅游收入 20.9 亿元，同比增长 31.75%，乡村旅游已成为富川县第三产业的支柱和新的经济增长点，也成为了富川县精准脱贫的一把利器。

二是实施“互联网 + 农业”工程。富川县为了扎实推进电子商务进农村工作，整合“农村淘宝”与农村综合服务中心功能，已经建成了集电子商务、行政服务、社会管理于一体的 1 个县级电子商务公共服务中心、3 个镇级服务中心、10 个村级服务中心，正在打造 9 个镇级服务站和 27 个村级服务站。这些服务中心在提供电子商务服务的同时，又代办多项政务服务以及创业就业、金融保险、科技农技、物流快递等多样化的社会服务，极大地拓展了“农村淘宝”项目的外延，丰富了内涵，为“农村淘宝”项目注入了新的生机和活力，实现了互动双赢。同时，积极引导农民专业合作社等农业经营主体开展网上农产品外销及农资购买，实现“网货下乡”和“农产品进城”双向流通功能。随着富川特色脐橙等上行农产品知名度持续扩大，市场竞争力不断增

强，带动农民增收30%以上。在推进“互联网+农业”的工程中，富川县还实施农特产品信息化和标准化建设，建立和完善了全县电子商务农特产品目录。依托“电商+基地+农户”模式，初步形成了以种植、收购、加工、包装、品宣、销售、物流为一体的电商产业集群。此外，富川县还先后引进阿里巴巴“农村淘宝”“京东”“中国一创”等12家大型电商企业入驻，通过遴选10大农村电子商务代表，树立典型，培育富川特色馆，实现了线上线下一体化交易，有效带动了农村服务业的发展。与此同时，京东、邮政、顺风等全国物流快递运营企业也进驻富川，一定程度上也带动了农民的就业。

## 二、富川农业多业态复合型融合发展对农村就地城镇化的影响

从区域经济现代化更宽广的视野来看，农村产业融合发展不仅是农村农业经济的发展，而且对一个区域的经济社会结构也会产生重大而深远的影响。这种影响主要体现在它改变了传统农业的生产组织方式、农民的生活方式，乃至影响到该地区的城镇化进程。富川特色农业的多业态复合型融合发展对农村就地城镇化产生了巨大的推动作用。

### （一）促进了农村剩余劳动力就地、就近转移就业

以脐橙为主的特色农业多业态复合型融合发展，不仅改变了传统的农耕模式，而且改变了当地生产要素的结合方式。特色农业的规模化经营在实践中产生了两个效应：一是促进了农业生产分工的进一步细化，推动农村劳动力的就地择业和产业间转移；二是促进了农村人口的集聚，也带动了农村消费资料的集聚，从而繁荣和发展了主要的乡镇市场，改善了农村产业布局和生产面貌。

1. 大量吸纳和吸引农村劳动力

特色农业多业态融合发展可以对大量农村剩余劳动力起到吸纳作用。作为边远山区县，富川县通过劳动技能培训实现农村剩余劳动力对外转移是农村经济发展和农民富裕的重要抓手。近年来，富川县跨省劳务输出人数保持着上升趋势，但在富阳镇、莲山镇等果园经营达到较大规模的地区，劳动力外流现象有所减弱。由于特色农业生产的季节性特征，因季节性原因引起的劳动力回流力度开始加大，同时对专业化农业生产人员的需求量也在逐渐增

加，部分地区还吸纳了大量外部劳动力，这些农村就业人员成为新农村建设的主要推动力量。

2. 分流和转移农村剩余劳动力到与农业密切相关行业就业、创业

由于特色农业的多业态融合发展，农村劳动力的本地雇佣数量大幅增长，劳动力分流状态初步形成。围绕林果等主要产业发展起来的产业链，包括林果生产、农业科技、信息服务、贸易运输及林果业产品深加工业等初步形成，使大量农村劳动力实现了在本地的产业间转移，同时农民在本地城镇务工经商和创业的数量也大幅度增长，大大改变了传统生产方式下的农业劳动力分布状况，优化和促进了农村劳动力的本地就业与转移。例如，莲山镇下坝山村村民麦家四，原来在外打工一年才赚 3 万多元，返乡后通过种植林果及养殖生态鸡，实现年收入 10 多万元。

3. 繁荣农村市场

特色农产品销售网络的形成和规模的扩大，密切了农村和外部特别是大城市、中小城镇的经济联系，促进了交通、物流、餐饮、住宿等产业的发展，改变了半封闭的农村经济和社会环境，使农村地区特别是围绕主产区的重点城镇的消费市场快速繁荣，农业发展和城镇的二三产业发展协调推进，增强了农民在本地就业、创业、发展和建设美好家园的信心。

## （二）促进了村镇的适度集中发展

特色农业多业态融合发展是依土地规模化、集约化而发展的产业，这一特点使农村产业布局及村镇布局开始向有利于集中化发展的方向倾斜，有力地推动了富川农村的就地城镇化。

1. 推动村镇规划和布局

特色农业的发展和农业产业结构的调整，对富川城乡规划和农村发展生产产生了积极的影响。从政府方面看，主要表现在对村镇的规划更加科学和合理：首先是尊重自然抓规划，严格进行村庄规划，注重瑶族山区的田园风光，依山就势，顺其自然，做到不破坏森林、湿地、湖泊等生态细胞。其次是在规划中充分尊重民意，让果园、交通线、村镇附近的农民能够了解政府的规划，并积极参与规划。再次是依托产业抓规划，主要是依托脐橙产业优势，合理规划产业区、园区和居住区。在科学合理的村镇规划和布局下，围

绕特色农业发展起来的农村村镇社区也加速增加，大大改变了农村经济社会面貌。据统计，目前富川县已有6个乡镇入选为广西特色农业示范区，打造了区、市、县级生态乡村示范村36个，使得这些村镇在发展水果、蔬菜等主业的同时，还开拓了生态观光等新的产业项目。

2. 以村镇交通为主完善农村路网

特色农业的发展需要相对发达的物流系统作为支撑，因此在客观上能带动农村道路建设。目前富川县集聚的大量工业园区，其生产所带来的巨大物流需求，大大拉动了城市物流配送的发展。从农村物流发展来看，随着“道路村村通”规划的实施，以脐橙、生猪、蔬菜、花卉苗木为四大支柱产业的农业特色产业体系也得到了巨大的发展。经过几年的建设，截止到2016年，贺州市建设县乡联网公路、通建制村沥青（水泥）路等农村公路项目315个，总里程达1270.8公里。农村路网的完善，不仅促进了特色农产品的生产销售，密切了农产品主产区和外部的联系，而且开拓了当地农户的眼界，改变了他们对农村和传统农业的看法。

3. 完善农村基础设施建设

就地城镇化的一个基本前提，是农民生产生活方式的城市化和现代化。而农村基础设施是改变农民生产生活方式的重要基础。为此，富川县在持续推进“清洁乡村”“生态乡村”活动基础上，集中开展了“宜居乡村建设大会战”，在加强农田和果园节水灌溉等水利工程建设的同时，积极推进改路、改水、改厕、改房等活动改善农民的生活环境，通过电网改造、广电通讯等项目建设全面提升农村亮化工程和信息化水平。此外，富川县还对村镇环境卫生、违章搭建、临街建筑、占道经营、集贸市场等进行了重点整治，完善村镇公共设施、景观环境设施、园林绿化及住宅小区建设，使农村基础设施不断完善，有力地缩小了城乡发展差距，初步形成了开放互动、互补互助、共同进步的城乡社会经济发展格局。

### （三）促进了农村生活水平和人居环境同步改善

特色农业产业融合基础上的农村经济发展，不仅给富川农村带来了生产方式和生活面貌的改善，也带来了生活方式、交往方式和农村治理方式的改变。

1. 农村生活水平持续提高

特色农业产业融合发展的一大成果，是带动了当地农村居民收入水平的持续提高，增强了农民改善村容村貌、改善生活面貌的意愿和能力。2016年，全县农业农村经济呈现稳步发展的良好态势，农林牧渔总产值37.6亿元，同比增长5.3%，农村居民人均可支配收入9179元，同比增加789元，增长9.4%，达到广西平均水平，在贺州市排位第一。这样，就极大地调动了农村居民参与农村产业融合发展和新农村建设的积极性，拉动了农村的投资和消费需求。

2. 农村人居环境大幅改善

农村居民的居住和生活环境，既涉及对村庄规划的软要素，更涉及公共设施等硬要素。从富川县的情况看，这两个方面都取得了快速的进步。如在软要素方面，富川县首先对自然村进行规划编制，将中心镇、重点镇、中心村的发展融为一体，并在规划中明确配套医院、幼儿园等建设，重点开展城乡生态环境建设。在硬件方面，近年来，富川县累计投入2.2亿元，全县752个自然村全部落实环境卫生清洁制度，完成140个自治区级绿化示范村屯、550个一般村屯绿化，打造了12个自治区级、19个市级美丽乡村示范点和18个自治区级、11个市级生态村庄，并建成了一批规划科学、环境优美的新村庄。此外，各村镇还按照功能齐全、设施配套的要求和因地制宜、分类实施的原则，加强公共服务场所建设，大部分建设点公共活动场所设立了卫生点、农资点、活动中心等设施，添置了健身器材和文化宣传栏。

3. 农民综合素质的提高

提升农民素质是实施农村就地城镇化的关键。富川县作为一个落后农业区，受历史因素和文化习惯影响，多数农民市场竞争意识不强，现代农业技能不足。对此，富川县在提高农民素质过程中，将提高农民素质与提高技能相结合。一方面提高农民的农业科技和职业技能，另一方面提升农民的文化和道德素质。自2014年以来，富川县针对农民的种养结构，在县农局科教站的组织下，分别开设了新型职业农民培训水果专业班、工程蔬菜产业班、中等职业教育培训班等，定期组织新型职业农民进行经营管理理念和实用技术等方面的培训，并实施走出去的办法，让新型职业农民赴其他市镇考察学习，借鉴他山之石。为将培训真正落实到位，富川县充分了解农民的作息时间和对具体农技知识的需求，采取了分段式集中、分散式入户指导等多种具体方式让农户通过培训真正受益。此外，富川县还注重对加强农民的思想道德和文化素质教育，通过“文明村镇创建活动”“民族团结进步乡村行活动”“文化和自然遗产日活动”“五好文明家庭”活动等，弘扬农村道德新风尚，助推乡村精神文明建设。其中，莲山镇喜获2014年度全国“文明村镇”荣誉称号。

4. 农村社会保障不断完善

为了稳步提高民生社会保障水平，富川县首先是加大对农村基础教育的投入，2014–2015年累计投资3000多万对农村义务教育薄弱学校进行校舍、操场等硬件项目改造和电脑、多媒体设备等软件设施购置，并不断加大教师招聘力度，优化教育资源配置。同时为了让广大贫困家庭子女能够接受良好的教育，富川县开展“雨露”计划，为贫困学子提供教育资助。其次是稳步推进“新农合”各项工作，实施新型农村合作医疗档案民生工程，针对当前农民参合率不高的现状，富川县在增加农村合作医疗补贴力度的同时加大宣传力度，通过进村入户、借助广播媒体等方式想方设法确保“新农合”政策全覆盖。再次，富川县在加大产业扶贫力度的同时，还不断完善农村社会救济，对那些确实没有劳动能力的智、障、残等人员进行社会救济，通过低保兜底的方式让弱势群体也能够共享发展成果。

## 三、富川农业多业态复合型融合带动就地城镇化发展的经验总结

广西富川县特色农业多业态复合型融合发展推动农村就地城镇化的实践表明，推进农民增收和农业现代化，不能离开本地的地理、气候等自然条件，不能离开土地。富川县作为以山地为主的农业县，其农业发展难以实现真正意义上的规模化和机械化，必须要在推动适当集中的基础上发展现代特色农业，走适度规模经营。对此，富川县委县政府不断创新土地制度，通过出台相关政策，引导并鼓励农民推进以土地托管、入股、互换等方式为主的流转模式，以实现农业生产的集约化和规模化，提高特色农业生产效益。在推进农村城镇化的过程中，与其他地区采取的措施有所差别，富川县并没有把“合村并居”作为当前城镇化进程中的首要任务，也并没有将农业剩余劳动力盲目地转移到非农产业，而是基于自身山地多以及山区农民竞争意识和技能不足的客观现实，通过加大对农业科技、农村教育和农民培训的投入，提高

农民的生存和发展能力，让农民积极主动地投身到以特色产业带动的种植业、加工业以及农庄旅游业的改革和发展实践中去。同时，富川县还积极发挥政府的主导作用，加快建立完善的、全覆盖的农村基础设施网络和社会保障体系，开展以提供公共服务为核心的中心社区建设，带动人口和公共服务企业集聚，为农民就地实现城镇化提供了条件。广西富川县的这一发展模式为我国西部落后农业主产区以农村产业融合推动就地城镇化发展提供了具体经验。

综上所述，以上发展模式分别是我国东部大都市近郊农业区、中部平原农业区、西部欠发达农业区的各个典型，上述这些典型各美其美、美美与共，反映了农村产业融合推动就地城镇化发展在不同地区都具有同样的发展趋势，其中北京大兴区和河南浚县较早以农业多功能的拓展和农业产业化思路带动建设新农村，已基本解决了农村的就地城镇化问题；广西富川县也开始以农村产业融合推动就地城镇化发展思路促进农业提质增效、农民增收、农村繁荣，“三农”问题已经得到大大减轻。因此，实践证明了农村产业融合发展可以成为就地城镇化的重要推动力，以农村产业融合推动就地城镇化发展是当前我国新型城镇化建设的一种科学思路；而且上述这些地区在农村产业融合推动就地城镇化发展的实践探索中，都因地制宜地以科技创新为突破口，以市场化、合作化为方向，实现农业自身生产方式的现代化，并以此为依托，由现代大农业带动相关工业、服务业等的发展进而实现农村区域经济发展，在产业支撑和政府公共基础设施和公共服务投入的综合作用下，实现农民生产和生活方式的现代化，这一共性发展规律和各地区的具体措施为我国其他农业主产区开展农村产业融合推动就地城镇化发展提供了重要借鉴。

# 第五章　农村产业融合推动就地城镇化发展的机遇与挑战

农村产业融合推动就地城镇化发展的上述理论和实践探索为实现以人为核心的新型城镇化指明了方向，也为确保国家粮食安全和提高农业竞争力、推动经济持续健康发展、提高人民幸福指数和促进城乡融合发展提供了有效途径。当前，我国农村产业融合推动就地城镇化发展面临着前所未有的良好机遇：利好的政策导向，较好的通讯、交通基础设施及农民工返乡创业等的支持，把握这些发展机遇，势必会加速其发展进程。但同时也要看到，任何事物的发展都不是一帆风顺的，在实践中，农村产业融合推动就地城镇化发展的总体成熟度还不够，面临着传统思想认识的误区、产业带动力不强、小城镇承载能力差、体制机制束缚等一系列现实挑战。

## 第一节　农村产业融合推动就地城镇化发展面临的机遇

从我国农村自身的长远发展来看，如果能够实现从之前的依靠大规模的“进城”来改变农民生产生活方式向依靠农村内生力量来“就地”改变农民生产生活方式的华丽转身的话，无疑对我国农业农村的可持续发展以及提升城镇化发展质量是有利的。近些年来，国家政府特别重视“三农”问题，尤其是对农村产业融合发展和特色小城镇的建设给予了大量的政策倾斜，因此，推进农村产业融合推动就地城镇化发展可以说恰逢其时。与此同时，随着现代交通、通信技术的发展，农民工返乡创业人数的增多以及逆城镇化的出现，也使得农村产业融合推动就地城镇化发展具有了“地利”和“人和”条件。

### 一、国家政策的引导和支持

#### （一）农村产业融合发展的宏观政策

自 2015 年中央一号文件正式提出推进农村一二三产业融合发展之后，党中央、国务院对其发展一直高度重视，并出台了一系列含金量很高的配套政策措施，加大支持指导力度，推动各类涉农资金向农村产业融合发展整合。

据统计，2015 年至 2017 年，中央财政累计安排 52 亿元支持农村产业融合发展。[①]党中央和国务院对农村产业融合发展的系列引导和支持政策（见下表），有效提振了农村产业融合发展的信心，也为就地城镇化发展奠定了坚实基础。

**国家对农村产业融合发展的政策引导和支持**

| 时间 | 政策文件 | 主要内容 |
| --- | --- | --- |
| 2015 年 8 月 7 日 | 《国务院办公厅关于加快转变农业发展方式的意见》 | 大力开展农业产业化经营，把发展多种形式农业适度规模经营与延伸农业产业链有机结合起来，立足资源优势，鼓励农民通过合作与联合的方式发展规模种养业、农产品加工业和农村服务业。 |
| 2016 年 1 月 4 日 | 《国务院办公厅关于推进农村一二三产业融合发展的指导意见》 | 要从产业融合发展的方式、经营主体的培育、利益联结机制的建构、社会化服务的完善等方面着手提升农村产业融合发展水平。 |
| 2016 年 1 月 27 日 | 《关于落实发展新理念加快农业现代化实现全面小康目标的若干意见》 | 深度挖掘农业功能，培育壮大农村新产业、新业态，让产业融合发展成为促进农民增收的手段。 |
| 2016 年 4 月 22 日 | 《农村产业融合发展试点示范方案》 | 支持全国 138 个县开展农村产业融合发展“百县千乡万村”试点示范工程，安排 2350 亿元信贷额度，对农村产业融合发展试点示范项目和产业融合发展主体给予金融支持。 |
| 2016 年 11 月 17 日 | 《全国农产品加工业与农村一二三产业融合发展规划（2016–2020 年）》 | 强化农产品加工业等供给侧结构性改革，推进全产业链和全价值链建设，开发农业多种功能，推动要素集聚优化；并对农产品加农业等新业态的发展目标、任务、保障机制等作出了详细的规划和布局。 |
| 2016 年 11 月 29 日 | 《关于支持返乡下乡人员创业创新 促进农村一二三产业融合发展的意见》 | 鼓励和引导返乡下乡人员致力于农村产业融合发展项目，并将符合条件的返乡下乡人员创业创新项目纳入强农惠农富农政策范围，落实定向减税和普遍性降费政策，通过 PPP 投融资模式为返乡创业人员提供资金支持。 |
| 2016 年 12 月 31 日 | 《关于深入农业供给侧结构性改革加快培育农业农村新动能的若干意见》 | 对“壮大新产业新业态，拓展农业产业链价值链”作出重要部署，并提出要深入实施农村产业融合发展试点示范工程，支持建设一批农村产业融合发展示范园。 |
| 2017 年 5 月 31 日 | 《关于政策性金融支持农村一二三产业融合发展的通知》 | 对政策性金融支持农村一二三产业融合发展的目标任务和推进机制作出了重要部署，大力支持包括标准化原料基地建设、农业科技创新、优势农产品加工企业、农村流通体系建设等在内的农村一二三产业融合发展。 |
| 2017 年 10 月 18 日 | 《决胜全面建成小康社会夺取新时代中国特色社会主义伟大胜利》 | 强调要“促进农村一二三产业融合发展，支持和鼓励农民就业创业，拓宽增收渠道”。 |

① 中央财政 3 年安排 52 亿元支持农村产业融合发展［EB/OL］.（2017-09-23）［2017-10-28］. http://www.gov.cn/xinwen/2017-09/23/content_5227130.htm.

除了上述中央的宏观政策支持外，各地方政府为了促进农村一二三产业融合发展，也都围绕着农业产业化转型升级和开发农业多功能、培育新业态、促进新型经营主体成长等，在资金、土地规划、经营模式、经营规范、技术研究、产权流转和社会服务等各方面给予了便利条件。例如，北京市在财政扶持、税收优惠、金融信贷、科技创新、简化审批手续、规划等方面，出台了扶持农业产业化经营的具体政策，同时制定和实施了提升规划。河北省提出要以县为单位制定政策，编制产业园区建设规划，引导农村二三产业向县城、重点乡镇及产业园区集中。陕西省计划每年建设10个省级农产品加工园区，扶持20–30个带动能力强、经营水平高、经济效益好的农产品加工园。同时，陕西省还对国家级和省级示范休闲农业示范县（区）、休闲农业示范园、休闲农家专业村和农业文化遗产地，每年给予10万—20万元的扶持资金。各地区还纷纷通过产业组织创新，把产业链、价值链等现代农业产业发展理念和组织方式引入农业，推动产业的融合发展。如宁夏回族自治区利用部分中央财政转移支付资金作为合作社贷款担保基金，融入自治区农业投资公司，以1:3或1:5比例向合作社发放贷款；四川省通过大力发展农民专业合作社和家庭农场等方式为农村产业融合发展打造经营主体。

短短两年多的时间，党中央、国务院以及各地方政府如此密集的出台关于农村一二三产业融合发展的规划和布局，可见对其发展的重视。农村产业融合发展的良好政策支持，为推进其快速可持续发展提供了重要的保障。

### （二）小城镇、特色小镇发展的政策供给

当前，我国特大城市发展迅速，但“大城市病”和“农村病”等问题开始显现并突出出来；与此同时，中小城市地位下降，小城镇发展陷入困境，普遍发展乏力。在此背景下，党的十八大之后，党中央、国务院逐渐将城镇化发展的重点放在了小城镇和特色小镇建设上，并将农村的城镇化作为未来我国城镇化发展的主战场，亦在缓解“大城市病”和让广大农民真正地从城镇化和现代化发展中获得实实在在的成果与福利。为了加快特色小城镇的快速发展，党中央、国务院出台了一系列的方针政策和指导意见，为特色小城镇建设提供了较好的政策环境支持。这些政策的着力点主要集中在规划、试点通知、金融支持和规范指导上，其具体的政策内容详见如下表格：

**党中央、国务院关于特色小镇建设的相关政策**

| 时间 | 政策文件 | 主要内容 |
|---|---|---|
| 2013 年 11 月 15 日 | 《中共中央关于全面深化改革若干重大问题的决定》 | 指出要推动大中小城市和小城镇协调发展，实现城镇化发展和新农村建设的双轮驱动。 |
| 2014 年 3 月 16 日 | 《国家新型城镇化规划（2014-2020）》 | 强调要在尊重城镇化发展规律的基础上研判城镇化发展面临的新形势，促进大中小城市和小城镇协调发展，重点发展“特色鲜明、产城融合、充满魅力的小城镇”。 |
| 2015 年 1 月 4 日 | 《关于推进农村一二三产业融合发展的指导意见》 | 明确提出加强规划引导和市场开发，培育农产品加工、商贸物流等专业特色小镇。 |
| 2016 年 2 月 6 日 | 《国务院关于深入推进新型城镇化建设的若干意见》 | 指出要推动小城镇发展与疏解大城市中心城区功能相结合、与特色产业发展相结合、与服务“三农”相结合，通过发展具有特色优势的魅力小镇来带动农业现代化和农民就近城镇化。 |
| 2016 年 7 月 1 日 | 《关于开展特色小镇培育工作的通知》 | 指出到 2020 年，培育 1000 个左右各具特色、富有活力的休闲旅游、商贸物流、现代制造、教育科技、传统文化、美丽宜居等特色小镇；并提出国家发改委等有关部门要支持符合条件的特色小镇建设项目申请专项建设资金，政府财政对工作开展较好的特色小镇会给予适当奖励。 |
| 2016 年 10 月 8 日 | 《国家发展改革委关于加快美丽特色小（城）镇建设的指导意见》 | 指出要坚持产业建镇，根据区域要素禀赋和比较优势，挖掘本地最有基础、最具潜力、最能成长的特色产业，做精做强主导特色产业，打造具有持续竞争力和可持续发展特征的独特产业生态，防止千镇一面，并表示将加强统筹协调，加大项目、资金、政策等的支持力度。 |
| 2016 年 12 月 28 日 | 《国务院办公厅关于进一步促进农产品加工业发展的意见》 | 明确提出建设农产品加工特色小镇，通过农村特色小镇建设，形成现代农业 + 城镇，产城一体的新型城镇化模式。 |
| 2017 年 1 月 13 日 | 《国家发改委国家开发银行关于开发性金融支持特色小（城）镇促进脱贫攻坚的意见》 | 要求国家开发银行及各分行要积极参与特色小（城）镇建设，发挥资本市场在脱贫攻坚中的积极作用，盘活贫困地区特色资产资源，为特色小（城）镇建设提供多元化金融支持。 |
| 2017 年 7 月 7 日 | 《住房城乡建设部关于保持和彰显特色小镇若干问题的通知》 | 指出各地要按照绿色发展的要求，尊重小镇现有格局、不盲目拆老街区；保持小镇宜居尺度、不盲目盖高楼；传承小镇传统文化、不盲目搬袭外来文化。 |
| 2017 年 10 月 10 日 | 《农业部关于组织开展农业特色互联网小镇建设试点的指导意见》 | 提出由国家农业部出资 70%，计划到 2020 年前在全国建设、运营 100 个农业特色优势明显、产业基础好、发展潜力大、带动能力强的农业特色互联网小镇。 |
| 2017 年 12 月 4 日 | 《关于规范推进特色小镇和特色小镇建设的若干意见》 | 指出要严格控制建设数量，防止小城镇建设地产化，提高小镇发展质量，有效推进“三生融合”发展。 |

随着国家政策对特色小镇建设的倾斜，特色小镇建设席卷全国各地。各地政府都积极响应国家号召，从财政扶持、用地政策、机制完善、规划落地和市政跟进等多个方面助力特色小镇建设与发展。如河北省设立2000亿元省级专项资金，优先对接支持100个特色小镇建设，对于符合中心村申报条件的项目，给予示范点奖补标准予以重点支持。广西壮族自治区积极为示范镇争取专项和转移支出资金支持，自治区本级资金补助标准为每个示范镇1000万元。

可以说，国家和地方关于小城镇、特色小镇的政策导向，使得特色小镇成为现阶段我国新型城镇化发展的综合示范区，也为我国广大农业主产地区通过以自身的特色农业产业支撑农村就地城镇化提供了良好的政策环境。

## 二、通讯、交通等基础设施建设的快速发展

通信、交通等技术的快速发展，扩大了人们的活动半径，也为我国就地城镇化发展提供了有利的条件。一方面，随着计算机技术的发展，处理信息速度的加快，计算机与通信相结合，以计算机技术为基础的数字化信息网络把人们紧密地联系在一起，拉近了人与人之间的交往距离，也实现了人与物、物与物之间的“交流”和自动识别。据统计，截至2017年12月，我国网民规模达7.72亿，互联网普及率超过55.8%。其中，农村网民规模已达2.09亿，占整体网民的27.0 %，农村地区互联网普及率为35.4%。[①]2017年1月，工信部发布《信息通信行业发展规划（2016–2020年）》，规划指出要在“十三五”期间实现移动电话、4G网络在农村的全覆盖。这必将改变传统的时间、空间概念，地理位置、距离概念不再是选择居住地点的决定性因素，传统城市的生产要素积聚功能开始弱化。工业经济时代，由于工业生产需要消耗大量的原材料，在影响工业布局的因素中，最主要的因素是运输费用。电子技术、计算机技术尤其是互联网的普及使得距离对产业的影响逐渐减弱，改变了产业在城市集聚的单一趋势，为在农村地区更多地发展劳动密集型产业提供了可能，同时也为城市文明和生活方式向农村渗透提供了便利条件。另一方面，

① CNNIC：截至2017年12月，我国农村网民占比为27.0%［EB/OL］.（2018–02–08）［2018–03–05］.http://www.ctoutiao.com/505199.html.

随着高铁等现代交通运输工具的四通八达，特别是农村道路交通环境的逐渐改善，大大缩短了城乡之间的空间距离，加速了城乡要素的双向流动和城乡经济、社会和文化的融合发展。同时，高度发达的交通运输也有效减少了生产要素的集聚成本，促进了农村空间形态的集聚效应的发挥。在这种背景下，空间距离由于运输网络的发展而不断缩小，现实的距离不再成为束缚人们之间交往的障碍。如此一来，居住的区位对人们的生产和生活影响越来越不明显，城乡文明和生存方式也可以不通过地域空间转化而日益出现融合趋势，这为促进农村产业集聚和就地城镇化发挥了重要作用。

### 三、农民工外出务工减少，返乡创业趋势日益明显

改革开放以来，数以亿计的中西部落后地区农民基于对美好生活的追求与向往，从农村来到城市，从内陆来到沿海，形成了离乡打工的热潮。他们之所以向往工业文明，向往没有黑夜的城市，最为直接的原因就是农业收入低，城乡公共产品和公共服务差异大。但是近年来，在国际金融危机、高房价、国内经济结构调整及城市生态环境恶劣等多重作用下，跨省务工的农民人数在逐渐减少。另外，高房价带来的沉重生活压力，使得进城的农民工越来越难以在城市扎根，约一半以上的农民工都表示到了一定年龄就回乡，这就使得靠以农民进城为主的传统城镇化发展模式来加速我国城镇化发展进程的难度愈发凸显。

与此同时，农业转移人口市民化意愿也呈下降趋势。随着美丽乡村建设、农村社会保障体系的完善以及农村土地价值的重塑，再加上城市交通的拥堵、环境的污染和失业人员的增多，农民愿意转化为非农户口的比例已经大大低于人们的预期。国家统计局调查表明，2014 年以来，我国许多地区农业转移人口市民化意愿只有 30%—50%。[①] 而且，这还是在不涉及承包地、宅基地收回的情况下。随着国家对返乡创业的支持以及乡村振兴战略的提出，农业、农村未来发展选择的机会将进一步增加，大批农民工、大中专毕业生掀起了返乡创业高潮。据最新统计，目前各类返乡下乡人员已达 700 万人，其中返乡农民工比例为 68.5%，涉农创业占比为 60.0%，且 82% 以上创办的都是农

---

① 魏后凯 . 中国城镇化新问题新趋势调查［N］. 北京日报：2016-07-25.

村产业融合类项目[①]，而且各种创业典型已经被树立为农村经济发展的榜样。

农民外出务工的减少以及大量农民工、大学生返乡创业表明，如果国家将投资的重点放在农村，为农民提供与城市居民相近的公共产品和公共服务，并在农村发展农产品加工、物流、互联网＋农业、乡村旅游等新型产业业态，解决农民的就业问题，他们更倾向于就地就近创业就业，选择就地城镇化。随着大量农民工、大中专毕业生返乡创业，为农村产业融合发展和就地城镇化注入了人力资本，有力地促进了农村产业融合推动就地城镇化发展的步伐。

## 四、“逆城镇化”现象的出现

人不仅是物质的人，还是精神的人，孕育几千年的乡村文化和乡土气息，是人类精神极好的养分。近年来，在大城市人满为患、物价高昂，而农村生态环境相对向好、老年人乡土情节浓厚等因素的作用下，越来越多的城市老年人已经厌倦城市的喧嚣和压抑，开始回忆和向往农村“田园诗般”的生活。于是，一些退休的城市老年人掀起了从大城市到小城市和乡村养老的热潮。与此同时，在“健康中国”“特色小镇”等国家战略的呼唤下，大城市近郊区以及自然资源环境较好的乡村地区，已经涌现出一些健康养生、养老小镇，并吸引了大量老年人的入住。据报道，位于河北三河市燕郊镇的燕达金色年华健康养护中心，自 2011 年对外开放至今，已有超过 1000 名老人入住，其中，95% 来自北京。[②]应当说，我国的城镇化，在总体上还没有达到“逆城镇化”的阶段，但随着中国人口进入老龄化社会以及人们对于田园牧歌式生活的需求，使得中国特色“逆城镇化”超越我国城镇化现有发展阶段，提前成为一种新潮流。这种逆城镇化现象的出现与发展能够促进乡村人口结构发生变化，促进乡村生活复兴，也为我们推进以农村产业融合推动就地城镇化发展提供了市场需求。

① 全国返乡下乡创业人员达 700 万 农民工比例为 68.5%［EB/OL］.（2017-09-16）［2017-09-17］.http：//www.sohu.com/a/192512489_162522.

② “异地养老”需要公共服务再给一把力［EB/OL］.（2016-06-22）［2017-08-12］.http：//www.sohu.com/a/85013887_115402.

## 第二节　农村产业融合推动就地城镇化发展面临的挑战

在上述良好机遇环境下，农村产业融合推动就地城镇化发展在全国各地已有不同程度的出现，而且具有加快发展的趋势。但在其发展的实践探索中，我们发现，无论是发展较好的先行示范区还是正在实践中的各农业主产区，都较为普遍地面临着一些必须高度重视并着力解决的突出矛盾和问题。

### 一、传统发展理念束缚农村产业融合推动就地城镇化发展

长期以来，由于工业化是城镇化发展的根本动力、城镇化是非农产业的集聚和农业人口向二三产业转移的过程以及唯 GDP 至上等发展理念在人们思维中的固定化、模式化和标准化，使得在城镇化发展实践中人们较多地倚重工业化和农民进城城镇化发展路径，而且将 GDP 的增长作为城镇化发展的目标，这些滞后的发展理念制约了农村产业融合推动就地城镇化发展的实践进程。

#### （一）传统唯工业化是城镇化推动力及进城城镇化发展理念的制约

北京大兴、河南浚县、广西富川等地农村产业融合推动就地城镇化发展的实践为我国城镇化发展提供了一种新模式。但由于受传统城镇化理论和思想认识的羁绊，实践中，一方面人们仍然在质疑农业现代化到底能否成为城镇化的推动力。传统城镇化理论将工业化视为城镇化的推动力，将城镇化视为工业化的必然结果，农业只能为城镇化、工业化提供劳动力、资本、土地、原材料等农业剩余，城镇化进程就是随着非农产业集中而发生的农村人口向城市转移的过程。而且纵观我国传统城镇化发展的实践模式，也都是在工业化的推动下进行的，在这种城镇化发展理论和实践的影响下，人们在思想观念上普遍认为，只有现代化大工业才能成为城镇化的推动力，农业尽管是国民经济的基础，但却是传统的、落后的、高风险、低回报、弱质的夕阳产业，忽视或者较少地看到随着时代发展、人类实践能力的不断进步，现代工业与现代农业、现代城市与现代农村之间日益相互融合、趋向一体的大趋势。甚

至在人们的思想观念中，还普遍存在着只有放弃农业、离开农村，到城市中去，才能使那些真正有理想、有追求的农村青年实现自己的梦想，还不能从根本上理解“过上和城里人一样好的日子”的真谛。另一方面，一些专家、学者和地方官员虽然对我国目前农村产业融合推动就地城镇化发展先行示范区的成就表示认同，但在长期二元结构理论的深刻影响下，依然将农村视为落后地区，认为农村产业融合推动就地城镇化发展因为各地区复杂的地理条件和资源环境而难以以固定模式推广，而且由于农村的分散性以及落后，发展地方产业困难重重，需要较长的时间积淀才能见效。因此，他们“重城轻镇”，畏难情绪严重，更热衷于发展经济产出效率更高的大中城市，并给予大中城市较多的政策倾斜；而对于那些发展见效较慢、产出经济效率较低的小城镇和农村关注度不高，对就地城镇化发展能够缓解大城市病、促进农业农村发展乃至实现社会公平发展的重要性认识不够。这些都在一定程度上阻碍了农村产业融合推动就地城镇化发展的进程。此外，受传统小农思想的影响，不少农民面对现代化大农业的发展力不从心，而且在面对农村迁村并点，向中心村、中心镇的集聚后而带来的生产和生活分离，产生的诸如农机具安置问题，农民种菜、养鸡等不方便诸多问题而对就地城镇化发展的必要性提出质疑，这些也都束缚了就地城镇化的顺利开展。

### （二）传统唯 GDP 中心的粗放发展理念及片面追求政绩的惯性思维束缚

农村产业融合推动就地城镇化发展作为当前我国经济社会发展的新动能和实现乡村振兴战略的重要抓手，得到了国家人力、物力和财力上的大量投入和支持。各级政府也纷纷将其列为政绩考核的重要指标，使得不少地区政府在推进农村产业融合和就地城镇化发展实践中有了较强的动力，但在思想层面上还较为严重地存在唯 GDP 论英雄的粗放型发展理念。目前，农村产业融合发展、特色小镇建设在一些地方已经演变为基层领导干部完成经济指标的新的政绩载体，而对于深度挖掘和提高农村资源的利用效率以及实现农村就地城镇化的包容性发展等方面还重视不够。在实践调研中发现，一些地方政府为追求政绩，忽视我国二元经济结构的刚性以及农村产业融合推动就地城镇化发展是一个循序渐进的过程，盲目利用行政手段来人为提档加速，或者不计成本地来塑造地方样板工程，不少地区的产业项目脱离地方实际，片面追求高大上，致使引进的产业项目与农业或农民的关联度较低，难以带动农民增收，而且一些项目在发展过程中为了追求短期的经济效益或“盆景”效应，盲目开发建设，其结果不但没有带动农业农村的发展，相反对充满实践性、主动性、多样性的农业农村的生产和生活造成了破坏。实践中还发现，行政力量发挥了主要的推动作用，在农村产业融合和就地城镇化发展过程中，农民对政府的依赖性较强。各地区在实践发展中基本上是政府唱主角，农民演配角，带有一定程度的政府主导色彩，农业产业项目的确定、农村基础设施的建设和投入较多依赖政府的投资偏好。访谈中发现，在大兴、富川等地区，政府对推动农村产业融合和就地城镇化发展还处于简单地宣传动员阶段，而农民自身对于所在村具体的产业规划和乡村建设规划知之甚少，对相关的政策支持也了解不多，甚至有些农民不愿意了解相关的规划和政策，被动服从上级安排，致使其参与度不高，一定程度阻滞了农村产业融合与就地城镇化发展的进程。此外，在土地规模化经营、农民向中心村、中心镇集聚过程中地方政府也存在过急的心态，各种自觉或不自觉地损害农民利益的现象依然屡见不鲜，致使农村产业融合推动就地城镇化发展的真正本意——“以人为本”，特别是以农民为本的理念还没有得到充分的体现。

## 二、农村产业融合发展水平低对就地城镇化的产业支撑力不足

城镇化离不开产业支撑。随着农村产业融合的加速发展，农村就地城镇化发展具备了一定的物质基础。但是从各地的实际调研情况看，相比于产业融合理论的要求以及农业发达国家的实践探索，我国农村产业融合发展过程短、水平低，经营主体带动力不强，产业集聚不足，利益联结松散，致使农村就地城镇化发展的产业支撑力还不够强大。

### （一）农业自身发展形态单一，产业链长度和宽度不够

农业是农村产业融合发展的根基，尽管近些年来我国农业生产能力大幅提升并保持稳定发展，但是总体上我国第一产业形态单一，发展方式较为传统，还基本停留在直接生产领域。更为严重的是，当前我国农业生产还是建立在透支生产要素和环境基础上的，比较注重对农产品数量的追求，而对农业的绿色生产及农产品质量的关注不够，致使农产品质量难以满足当前城乡居民绿色化、个性化、高端化的需求。同时，在对上述我国农村产业融合发

展示范区的调研中还发现，目前我国农业的“接二连三”发展也面临着不少问题。一方面，不少地区在农村产业融合发展实践中，将其简单地视为对先前的农业产业化发展的改头换面，片面注重农业内部的纵向融合发展而忽视二三产业各细分部门的跨界融合，且相关的政策措施也与此配套，缺乏对农业深度融合发展的针对性政策支持；另一方面，各地在确定融合发展项目时，还较多地根据各地的资源优势或市场需求而自发地进行选择，致使各地区农产品开发的技术含量低，农业产业链上游还局限在传统的种养环节，与其发展密切相关的现代生物科技等还未能有效地融合进去；而产业链下游的加工、销售等环节也未能实现与时俱进的发展，高水平的加工工艺和现代电商物流的渗透程度还不高，致使我国农业发展还停留在产业链最低端的一段，难以形成品牌效益。而在当前地方政府大多政策都热衷于对知名品牌的帮扶和奖励下，那些缺乏深度融合及品牌效应的项目只能步履维艰地进行。在农业多功能拓展方面，各地区的采摘园、观光园还较多以农户自发经营为主，缺乏差异化竞争和深度开发，致使当前农业与旅游业融合发展中很难形成高品位、多样性、特色化的产业项目，难以有效带动农民的就业增收。

### （二）经营主体竞争力低，带动能力不强

从农村产业融合发展的源动力——经营主体来看，目前我国农村劳动力资源量多质低，农村青壮年劳动力过度向城市转移，致使农业从业者存在着较为严峻的结构性短缺。而农业与旅游业、农业与互联网等的融合发展则需要受教育程度较高、服务意识和管理能力较强、生物环保及信息技术知识较为丰富的新型职业农民。在农村产业融合发展较好预期前景下，大量新型经营主体不断涌现，除了传统的农村新农人，返乡农民工、返乡大学生也开始从事农村产业融合发展相关项目，再加上家庭农场、专业合作社、龙头企业等主体的介入，为农村产业融合发展注入了知识、资金等活力。但总体来看，在多重因素叠加作用下，农村复合型人才严重缺乏，现有经营主体因自身素质和能力等问题对农村产业融合发展的带动能力并不是很强。在对农村产业融合发展典型示范区的调研中发现，由于我国农村产业融合发展的示范区有些位于经济、社会发展并不发达的乡镇，高层次的技术人员、管理人员、营销人员等人才由于环境和观念原因不愿意到这些地方工作而使得农村产业融合发展缺乏复合型科技人才支撑。而且，我国农村产业融合发展各示范区中

普遍存在的是传统农户经营规模小，多数农民专业合作社和行业协会“有名无实”，农户被参与入社的现象还比较明显，合作社和行业协会真正能提供社会化服务的还不多等现实问题，而一些地区龙头企业经济实力不够强，延伸产业链条的能力比较有限，面临着技术、市场、资金等多方面困难。

### （三）农业产业集聚不足，规模效益难以发挥

农产品加工业、休闲农业、农产品电子商务等农业相关产业，是农村产业融合发展的重要形态。但从农村产业融合发展进程中各产业间的联结来看，各产业自建的关联互通还不够，特色农业、农产品加工业、商贸物流业、休闲旅游业、农村电商等各产业单兵作战，孤立发展的局面仍然存在，致使农业企业集聚度不高，规模效应难以施展。从我国农村产业融合发展典型示范区的具体实践看，以种养为主的产业集群一般都是自发地向自然资源相对较好的农业主产区集中，而以农产品加工业为主的产业集群则自发地向交通相对便利的区域集聚。可见，目前我国农业产业集群发展缺乏科学的规划和指导，大部分还都处于自发形成和发展状态，规模相对较小，布局也很分散，不同集群之间的集聚还未能形成，交易效率低下。而且，在当前农业企业集群中，仍以劳动密集型的农产品加工业集群为主，集群内的企业经营主体大都是非公有制的中小企业，各企业彼此之间还处于简单的竞争关系（劳动力竞争、产品模仿竞争、企业利润竞争），缺乏深层次的专业分工协作和技术创新合作。此外，各地区的农业产业集群缺乏有效地组织和管理，市场秩序比较混乱，面临着较多的恶性竞争的压力，中介结构发展缓慢，行业协会如金融、咨询、法律等机构不健全，致使当前我国农业产业集聚发展处于无序和低效状态。

### （四）利益联结机制松散，未能真正带动农民增收

农村产业融合发展是以农业为基础的新产业、新业态的集合，这些以农业为基础的新产业是在农民原有技能与知识的基础上衍生出来的，与农民有着天然的匹配性，农民只有参与其中，才能真正实现农业、农村生产生活的延续和农民的增收。农村产业融合发展强调农民的参与，其实质就是让农民能够参与其中的利益分配。在实践探索中，各农业主产区通过不断发展壮大农业龙头企业做大做强农村产业融合发展这一“蛋糕”的同时，也对融合发

展的利益分配给予了高度重视，通过完善产业组织形式与农民建构了多种紧密型的利益联结机制，一定程度上带动了农民的增收。但在规模经营推进、产业链条延伸、产业领域扩宽、新业态发展中，农民参与利益分配的方式还比较单一，还未能充分获得产业链延伸中的增值收益。在实践发展中，龙头企业与农户之间的利益联结机制更多还是以订单农业、简单地租赁土地和雇佣农民为主，而较少涉及技术服务和收益分红。有些地区虽然已经实现农民以土地经营权、劳动、资金和技术等生产要素入股等方式建立股份合作社或公司，但这种模式还不够成熟，对相应的股份占比还没有统一的标准，而且实践中龙头企业也未严格按照股份量化到户。因此，农民手中的产业要素还未能真正参与到利益分配中去，产业融合发展的成果也未能真正惠及农民。

## 三、小城镇承载能力不强制约产镇融合共生发展

积极发展小城镇，既能够减轻我国农村人口大量涌入大中城市造成不堪重负的压力，避免给社会带来不稳定因素，也可以为当前我国农村产业融合和就地城镇化发展提供重要的载体支撑。近两年，我国对小城镇建设非常重视，从各地发展的实践看，各地区不断统筹城乡规划，并通过财政投入、民资投入、金融信贷投入等相结合的多元投入机制，对直接关系到居民日常生产生活的基础设施不吝重金投入。但总体来看，当前我国小城镇在规划布局、基础设施和公共服务供给、特色建设及社区管理等方面都存在着一系列问题，使得小城镇综合承载能力还不够强，难以发挥资源集聚功能和产业服务职能，一定程度上制约了农村产业融合推动就地城镇化的发展速度。

### （一）小城镇规划布局不合理，难以发挥辐射带动作用

小城镇是建立在周边农村发展的基础上的，是联结城市和乡村的重要载体，也是城市体系的重要组成部分。当前我国小城镇发展面临的最重要的问题就是缺乏具有前瞻性、系统性、专业性的总体规划，致使小城镇发展动力不足，空间布局结构不合理、功能区分不明确、建设成本较高、资源浪费严重。针对上述这些问题，国家不断提出整改措施，各地区特别是在我国农村产业融合推动就地城镇化发展的先行示范区，在促进小城镇建设和发展方面，各级政府不断加大对中心村、中心镇的规划设计，中心村、中心镇的建设取

得了不少成绩，甚至在一些示范区涌现出一些功能比较完善、具有自身建设特色的农村小城镇。如北京大兴区的各种农业特色小镇、河南浚县的中鹤新城，这些新型小城镇在生产、贸易、基础设施和文化娱乐功能等方面布局集中，功能齐全，为我国农村小城镇建设树立了样板。但从总体上看，目前在不少地区特别是西部地区，普遍缺乏合理的村落及城镇体系规划和技术标准，很难实现对村落和城镇体系进行专业化、科学化的规划，致使中心村、中心镇难以形成。而已经形成的中心村、中心镇也是通过简单地撤村并点，将人口较少、交通不便的村庄集中到人口较多、经济基础较好的村，或大规模迁并到城镇，简单地套用城市规划模式，而缺乏对村庄经济社会的动态和全面考察，缺少对农业生产方式、组织方式以及农民意愿的调查与考虑，对公共服务设施、基础设施的现状情况关注较少，使得小城镇的功能发展定位难以满足居民生活和产业发展需要。此外，在当前小城镇建设“热”的背景下，各地积极规划布局小城镇建设，一些地方在企业进园区思想的指导下，盲目投资建设小城镇，致使许多小城镇建设标准过高，绿化、美化工程耗费资金超过园区本身发展需要，造成了小城镇建设资金总体不足情况下的资源浪费。

### （二）小城镇基础设施建设滞后，难以吸引产业和人口集聚

自 20 世纪 90 年代以来，我国城镇化发展的重心主要集中在大中城市，无论是基础设施建设、产业发展、资金投入都是优先满足大中城市的发展。尽管近年来，我国城镇化发展的重心再次向中小城市和小城镇倾斜，中央历次会议都强调要重视小城镇建设问题，并提出要不断加大对农村的产业布局和小城镇基础设施建设投资力度，但在现有财政体制和经济发展水平的制约下，产业发展对小城镇基础设施建设的带动作用滞后，再加上地方政府财权和事权的分离一定程度地造成了小城镇基础设施建设投入资金的不足，这就使得当前我国不少地区中心村和中心镇的基础设施和生活配套设施与城市相比还有较大的差距（如下表所示），而且大多数小城镇的学校、医院、银行、公共交通、超市等生产生活服务设施布局不合理，服务项目有限，档次和质量较低，难以满足农村产业融合发展和小城镇居民的生产和生活服务需求，致使中心村或小城镇对农业企业的集聚吸纳力不强，许多已经入镇就业的劳动者想成为小城镇居民的意愿不高，小城镇发展缓慢，人气不旺。

2016 年城市、县城、建制镇公用设施水平[①]

| | 用水普及率（%） | 燃气普及率（%） | 人均道路面积（平方米） | 人均公园绿地面积（平方米） |
|---|---|---|---|---|
| 城市 | 98.42 | 95.75 | 15.80 | 13.70 |
| 县城 | 90.05 | 78.19 | 16.41 | 11.05 |
| 建制镇 | 83.36 | 49.52 | 12.84 | 2.46 |

## （三）小城镇建设雷同，难以彰显镇域特色和乡土气息

欧洲国家及我国经济发展较好的小城镇一般都具有较为浓厚的地方特色，而且，也只有基于历史传统、自然环境或独特资源而形成的专业化特色小镇才能提升内涵品味，促进经济发展。然而，当前在我国农村产业融合推动就地城镇化发展实践中，就地城镇化发展中小城镇建设呈现出房地产化的倾向，小城镇建设过程中较为普遍地存在着“千镇一面”的发展模式，许多小镇盲目模仿城市或其他地区特色小城镇建设模式和产业布局，将一些城市文化元素，诸如咖啡屋、小酒馆、异域城堡等直接导入农村小城镇建设中，而对农村自身的自然资源优势、产业发展特点、历史渊源、文化背景、风土人情等个性特征把握不准，甚至一些地区不顾自身地域的产业基础，盲目引进与农业无关的工业、服务业和一些人为臆想出来的文化，靠强行植入产业来进行小城镇建设，致使各地区的小城镇建设普遍是产业结构雷同，地域文化内涵缺乏，难以形成独具风格的小城镇。此外，尽管在我国不少村镇遗留着具有较高历史文化价值的古建筑和古树名木，但由于不少地方政府对小城镇发展规律的认识不到位，对文化传承的重要性认识不充分，使得各地在村镇建设中“去历史、为文化”现象突出，致使一些传统农村文化遗存和古树名木等在村镇建设中被遗忘甚至被破坏，使得村镇难以彰显特色和文化意蕴，也难以留下乡愁。如笔者在赴河北乐亭、广西富川县调研时发现，乐亭大鼓、皮影、富川瑶族文化等理念虽然得到一定的重视但并没有完全与村镇建设相融合，使得这些地区的城镇建设还局限在外在形象的设计上，而真正体现地方独特文化和精神内涵的元素还未能很好融入，因此，还未能从根本上实现文化与小城镇建设的双向互动和相得益彰。

---

① 数字来源：2016 年城乡建设统计公报 .

### （四）小城镇社区建设管理不到位，难以提供较好的生产和生活环境

小城镇建设是一项大的工程，涉及到方方面面，不仅包括基础设施等硬件的建设，还包括管理服务等软件建设。当前，在农村产业融合推动就地城镇化发展过程中，较为普遍的存在着重硬件（基建）轻软件（管理）建设的现象，致使不少地区虽然在产业的带动下完成了小城镇的外在基本建设，但由于小城镇的环卫保洁、公共交通、社区治安、社区活动及服务等的管理滞后，脏、乱、差，黄、赌、毒等不良的环境在小城镇社区中继续蔓延，有些小城镇的安全饮水、污水排泄、垃圾清运等问题迟迟难以解决，交通、医疗、卫生、教育、就业等公共服务能力水平低，使得小城镇居民难以全面享受到与大中城市相近的公共服务。此外，由于小城镇管理缺乏有效手段，已经合村并镇或进入小城镇生活的农民，只愿享受小城镇的待遇，不愿服从和参与城镇的管理，在村镇社区中随意堆放农用物品、建筑垃圾、私搭乱建等对村镇的生态文化空间造成了严重破坏，影响了社区良好风貌的建设。

## 四、体制机制不完善束缚农村产业融合推动就地城镇化发展

健全完善的制度体系是农村产业融合推动就地城镇化发展的重要条件，但当前我国现行的土地制度、户籍制度、社会保障制度及农村金融体制等严重制约了城乡要素之间的双向流动，使得农村产业融合推动就地城镇化发展面临着土地、人才、资金等要素瓶颈约束，严重地制约和延缓了农村产业融合推动就地城镇化发展的进程。

### （一）土地制度的缺陷制约土地的规模化经营和农民的财产增值

1. 家庭联产承包责任制的不完善影响了土地的规模化经营

上述我国农村产业融合发展示范区的实践表明，推动农村产业融合发展首先需要从推动土地规模化入手。但在中国独特的经济社会条件下，我国现行的农地制度（即家庭联产承包责任制）对土地的规模化、集约化经营存在着严重的束缚。在改革初期，尽管这一制度释放出巨大潜能，减少了劳动监督成本，很好地平衡了土地集体所有和农民主观能动性发挥二者之间的矛盾，解决了农民温饱问题。但这种牺牲效率、力求公平（按人头平分土地）的土

地使用模式恢复了一家一户的小农经济发展模式，使其在现实中凸显出越来越多的局限。一是土地实行一家一户的承包，难以实现农业适度规模化经营，生产效率也难以大幅度提高。二是大量青壮年农民外出务工，土地使用效率不高，出现劣耕、弃耕的现象。三是在全面取消农业税后，土地作为一种生产要素几乎是供农民无偿使用，难以反映出其自身的要素价格。家庭联产承包责任制的上述弊端很大程度上抑制了我国农业生产的规模化和产业化。尽管在实践中，农村产业融合发展不断进行组织创新，以合作社、龙头企业等中介组织为载体，力图通过土地流转、出租、托管、使用权入股、小地块土地使用权互换等方式将农村较为分散的土地集中起来以实现适度规模化的经营，但由于土地流转、托管以及入股等组织机制的不完善，实践中存在着为过分追求土地规模经营人为推动土地流转的现象，这一方面违背了土地流转中“依法、自愿、有偿”的原则，另一方面也使得土地流转规模过大而导致土地租赁费用上涨过快。此外，由于在流转过程中缺少有效的制度保障，还较为普遍的存在着侵犯农民利益的行为，这些都一定程度上阻碍了农村产业融合发展的顺利进行。

2. 农地产权“模糊”，影响了农民财产权利

农民实现就地市民化的关键在于提高农民的收入，而现行的土地制度影响了农民的财产性收入。我国宪法确定了农村土地集体所有权。但是在所有权主体上，法律并没有明确统一规定农地集体所有权落实到（乡镇、村、村民小组）哪一级。这种农村土地的集体所有实际上赋予了土地一种“模糊产权”，而模糊的产权则成为在土地发包上产生经济和财产纠纷的根源。实践中，经常出现各个“上级”借土地所有者名义来搞土地“寻租”，并同时被压低价格，农民的土地承包权没有保障，承包地经常被冠以各种名目征用，农民土地收益遭到侵占，不利于农民的就地城镇化。此外，由于土地产权的模糊，农民拥有土地产权的内容并不明确，虽然具有承包经营权，但农户缺少对土地的处置权，抑制了农户土地使用权的财产化，而土地使用权的非财产化是发展农业规模经营的根本性制度障碍，虽然国家设计了土地“三权分置”制度，将土地的承包权和经营权进行了分离，赋予农民长久不变的承包权，并已经鼓励耕地确权抵押，但囿于农村产权制度改革滞后，土地承包权、经营权“两权”抵押贷款等相关办法还处于改革探索中，其具体的操作细节因土地承包经营权弱、价值难以认定、不易处置变现等问题还有待于进一步的

实践探索，不能广泛推广，致使目前农民的资产资源还没能有效盘活，农户及企业所控制的土地还无法成为抵押品，从而限制了农户及企业的融资能力，极大地阻滞了农村产业融合发展的推进速度。

3. 宅基地产权存在“漏洞”，影响了农民财产增值渠道和城乡人员的流动

当前我国农村宅基地产权制度从根本上来说实行的也是农村集体所有制，农户从农村集体经济组织分得宅基地，依法能够享有宅基地的占有权、使用权、收益权，但还缺乏用益物权法所规定的财产权。由于宅基地产权的残缺，使得进城农民的宅基地大量闲置，既浪费了土地资源，也制约了城镇化发展的进程。在就地城镇化发展的实践中，由于农民也需要向中心村、中心镇较为集中的居住，随着农民就近从农村迁至附近城镇就业、定居，农村的住房现状必将出现复杂的结构性变动，但由于宅基地产权的限制，宅基地不能有效流转和充分交易，只能闲置，不利用农民的财产增值。同时，在现有制度不允许进行宅基地买卖交易、宅基地所有权、资格权、使用权依法自愿转让的相关制度还不完善的情况下，城镇居民到农村创业、养老的居住问题受限，这也造成了农村产业融合与就地城镇化发展难以吸引外来人员，亟需探索宅基地改革的新路径。

4. 土地征用制度的内在缺失，影响农民合法的土地收益权

当前，我国农村土地的征用制度虽然得到了不断完善，然而，现行的征地制度仍然难以适应市场经济下城镇化发展的需要。具体表现在：一是土地征用行为的不规范性。按照国际惯例，政府是行使土地征用权的唯一权力者，但即使是政府征地也必须是为了公共利益并严格按照法律规定给予相应的补偿。在我国土地征用实践中，相关法律对“公共利益”的限定不明确，过于宽泛，无形中为相关部门打着公共目的的旗号而滥用土地征用权提供了便利。二是征地动机的逐利性。在我国，政府对建设用地享有垄断权，这一方面有利于为城镇化输入源源不断的基础设施资金并在此基础上形成了城市建设的融资平台；但另一方面，各地政府为了获得更多的土地财政，往往利用行政手段，人为压低土地征用价格，抬高土地出售价格。实践中，无论是土地征用的目的还是补偿的标准，都由政府一手操纵，农民作为土地使用权所有者，完全没有参与土地征用补偿费用的讨价还价权，严重损害了农民利益。三是征地收益分配的不合理性。尽管我国相关法律对征地补偿范围进行明确规定，

但一方面，现行征地补偿标准过低，严重背离土地的经济价值。按照法律的界定，农民能够获得的收益也只有少部分的安置补偿费以及附着物和青苗补偿费，即使按照最高标准，农民得到农业用途数倍补偿后的金额充其量也只能维持农户短短几年的生活。另一方面，征地补偿将土地的增值收益排除在外。现行《土地管理法》规定，政府履行完征地手续后，农民已经不再享有被征用土地的相关权益，这就使得大部分土地增值收益归土地占有者和政府所有，农民难以获得土地增值补偿，这种征地制度实际上就是剥夺了农民的土地财产权。此外，在实践中，还较多地存在着基层政府打着完善地区基础设施建设等名义截留农民土地利益的不良现象，影响了农民合法的土地收益权。

### （二）城乡二元户籍制度阻滞劳动力资源的自由流动

农村产业融合推动就地城镇化发展虽然不涉及农村人口向城镇的大规模转移，但推进其发展需要城乡人员的双向流动，特别是城市农业科技人员向农村的流动。但现行的城乡二元户籍制度却限制和阻碍了劳动力要素的合理流动，使各地的农村产业融合推动就地城镇化发展面临着“谁来干”的难题。由于户籍制度的原因，具有农业和城市两类不同户口的公民享受完全不同的公共服务状况，鉴于城市人在收入、教育、医疗、社会保障和社会福利等方面远远高于乡下人，城镇较高的收入及较为完善的公共产品供给，吸引着农业劳动力离开收入较低的农业生产和农村地域，农村劳动力资源单向流动致使农业、农村发展后继无人。尽管农村产业融合发展使农业释放出新的活力，但在现行户籍上所附着的各种利益、资源优势（尤其是城市医疗、教育资源丰富）束缚下，使得农村产业融合发展很难吸纳优质人才。目前，无论是在我国农村产业融合发展及美丽乡村、农业特色小镇建设的示范区县，还是正在实践探索中的村镇，面临的普遍的问题就是农村劳动力持续减少与老龄化问题日趋严重，新型经营主体发展滞后，就地城镇化发展缺少“人气”。可见，现行的“城乡分治，一国两策”的落后的过时的户籍制度已经成为阻滞农村产业融合、推动就地城镇化发展的体制性障碍。

### （三）城乡二元社会保障制度严重阻碍农民市民化进程

从农村产业融合推动就地城镇化发展的实践看，由城乡二元户籍制度所衍生出来的城乡二元社会保障制度严重阻碍了农村土地流转和农民市民化。长期以来，我国农村社会保障基本处于空白状态，尽管近年来国家在农村社会保障制度方面做出了艰难地探索并通过相应调整使城乡社会保障之间的差距有所缩小，但是农村社会保障制度改革还很不到位，社会保障水平还很低，不但与城市社会保障差距较大，而且与农民的实际需求也有较大的差距。究其原因，一方面在于当前我国政府财力有限，另一方面则在于社会保障城乡资源的分配上依然有着较为浓厚的城乡二元色彩。在较低的农村社会保障水平下，使农民不得不把土地继续作为最后的保障，不敢轻易放弃所承包的土地，这严重阻滞了土地的流转，制约了土地的规模化经营，致使现代化的农业生产方式难以推行，同时也使得农民因无法享受与城市居民一样的就业、养老等社会保障而难以真正实现市民化。

### （四）农村公共服务体制不健全制约资源要素集聚

农村公共服务的发展和完善是农村产业融合发展和就地城镇化的重要保障。在实践中，各层级政府不断加大对小城镇及农村公共服务和公共产品供给力度，但由于长期的历史欠账以及国家公共服务理念和二元结构理念还没有从根本上得到扭转，国家财政对公共基础设施的投入仍然偏重工业和城市，农业、农村虽为工业和城市发展付出很多，但得到的投入却微不足道，本该由国家承担的乡村教育、道路、水利、电力等公益事业和基础设施投资，还较多地倚仗乡镇基层政府和农民自身的力量。这就造成了农村公共产品和公共服务供给低下和滞后，增大了农业的生产成本，阻碍了城市信息、科技、人才等要素向农村的扩散，也限制了农村自身经济社会的发展。与此同时，政府作为公共服务和公共产品的供给者，在长期唯 GDP 增长为考核指标的惯性作用下，政府对农村公共品的投入上具有明显的偏好：即热衷于效率性和经济性公共品，忽视周期长、见效慢的社会性公共品的投入。这样一来，当前我国农村道路、交通、灌溉、农田改造等见效快且易出成绩的短期项目得到了极大的改善，但依然存在不少问题；而医疗、教育等关系到人的素质提升的公共产品和公共服务发展还严重滞后。上述这些问题致使当前我国农村的公共服务供给的质量和效率与农民的期待还有很大的差距，农村的生产和生活环境远远落后于城市，再加上农民合村进入中心村或中心镇后无疑又会增加相应的生产和生活成本，因此，农民缺乏就地城镇化的积极性。例如，在乐亭、富川等县，农民对于“上楼”的主动性和积极性并不高。而且，由于农村及小城镇公共产品和公共服务与大中城市之间存在着较大的差异，尤其小城镇教育、医疗、技术创新及推广、产品、自制认证等“软”公共服务供给不足，致使农村产业融合很难实现高质高效发展，也使得小城镇很难成为产业和人才等要素的吸纳地。

### （五）农村金融体制不完善致使经营主体融资需求满足难

从我国各地发展的实践看，农村产业融合推动就地城镇化发展普遍面临的难题就是“钱从哪里来”。尽管当前我国农村金融环境已经有所改善，中国农业银行等有关金融机构对农村产业融合发展项目、经营主体以及特色小镇都给予了专项的支持。但总体上看，目前我国农村金融政策、金融管理体制、金融机构功能定位等问题还存在严重不足，农村资金贫血难题尚未突破。一是正规金融功能缺失。由于农村金融市场缺少一种保障利润回馈的投资环境，致使正规金融机构在农村的网点覆盖率较低、服务意愿不强、效率不高。相反，随着正规金融机构尤其是四大商业银行在农村的零星布点致使大量资金直接流出农村。同时，当前我国的农村信用社还存在着不规范经营的问题，而政策性银行在农村产业融合和特色小镇建设中也还未能充分发挥其作用，尤其是在为龙头企业提供政策性短期融资、长期融资和提供欠发达地区发展所需融资的功能还没有充分发挥。此外，由于正规性银行在提供贷款时需要经过抵押担保、论证评估等环节，手续繁琐，贷款得到的资金成本太高，不划算，致使农户难以利用金融贷款来进行创业。二是民间金融机构难以发挥作用。当前，我国民间资本存量大，但巨大的民间资本由于存在市场进入壁垒，由民间资本发起的中小商业银行、互助金融机构等很难进入市场，无法发挥其服务“三农”的作用。近年来，虽然国家已经允许在广大农村建立民间融资平台，但由于绝大多数民间金融组织管理上较为失范，其在筹资、授信、风险承担等方面还存在很多的不足，因而只能发挥极其有限的作用。三是资本市场和保险市场发展滞后。由于农业自身的弱质性以及我国农村市场环境的不健全，涉农上市公司很难培育发展起来。目前，我国农业类上市公司占上市公司总数目的比重很小。而且，由于农业自然风险较高，弥补风险的不确定性较强，保险公司发展农业保险的成本较高。因此，当前我国商业性保险公司对农业保险还存在规避行为，而农民保险意识以及购买保险能力不足，加之政府对农村的财政转移与补贴也存在错位，致使政策性农业保险体系也没有建立，农产品期货、农业保险市场等作用尚未充分发挥。可见，现行的农村金融体系和金融政策已经不适宜我国农业、农村发展的实际，亟需改革以释放金融支持农村产业融合与就地城镇化发展的活力。

综上可见，当前我国农村产业融合推动就地城镇化发展机遇良好，但总体看来，其发展还处于摸索起步阶段，发展过程中还面临着传统思想观念羁绊、产城协调发展难、体制机制束缚等挑战。但是，从一定意义上看，上述现实挑战的客观存在恰恰为我们进一步推进农村产业融合、推动就地城镇化发展指明了努力方向。

# 第六章　农村产业融合推动就地城镇化发展的对策建议

在建设社会主义现代化强国的新时代背景下，以农村产业融合推动就地城镇化发展正在全国各地如火如荼地进行着，总结我国农村产业融合推动就地城镇化发展的实践经验，理性审视新生事物发展中面临的种种挑战，得出的结论就是要认清形势，把握机遇，调整思路，以科学的发展理念全力推进农村产业融合与就地城镇化发展，发挥农业产业集聚作用，加强和完善小城镇建设，并通过体制机制的完善为农村产业融合推动就地城镇化发展保驾护航。

## 第一节　以五大发展理念引领农村产业融合推动就地城镇化发展

理念决定追求和行动。在农村产业融合推动就地城镇化发展的进程中，要以创新、协调、绿色、开放、共享五大发展理念为引领，创新城镇化发展思路，以区域、城乡、产城的协调发展为基点，以农业现代化、农民市民化和农村空间布局合理化的一致推进为目标，以改革创新和开放合作为动力，紧紧围绕“以人为本”的核心价值，努力走出一条高效、包容、可持续的农村产业融合推动就地城镇化发展道路。

### 一、以创新发展理念为引领，增强农村产业融合推动就地城镇化发展的意识

创新是民族兴旺发达的动力。以创新发展理念为指引，就是要更换“发动机”，注重解决培育发展新动能问题。农村产业融合推动就地城镇化发展，其实质就是将农村产业融合作为就地城镇化发展的新动能，这本身就是对城镇化发展思路的创新，但以农村产业融合推动就地城镇化发展始于改革创新，也必然要成于改革创新。

针对传统发展理念对农村产业融合推动就地城镇化发展的束缚，要进一步解放思想，更新理念，要在农业优势地区树立农业现代化等于现代化的崭新理念，并要充分认识到农村产业融合发展是当前我国农业现代化的重要实现形式，通过推进其深度发展能够实现农业现代化的大突破，进而实现农业优势区现代化的后发先至。这一点可以借鉴法国等现代化国家经验，法国在实现现代化之前，同样也是一个小农经济占主导地位的国家，但在法国政府的支持和引导下，将农业现代化作为促进农业区域平衡发展和实现城乡一体化发展的重要手段，通过大力发展农业产业化，使其成为世界农业发达国家，成功实现了城镇化和工农业的同步发展。而且我国一些农业主产区如河南浚县、广西富川等地的实践也都表明了农业现代化可以成为经济新常态下区域经济发展的增长点。因此，要正确处理新型工业化、新型城镇化和农业现代化的互动关系。要明确，随着现代化信息技术向农业的渗透及大农业的实施，农业发展不仅仅是加速工业化的一种工具，促进其自身内在价值的实现才是目的。对此，建议我国农业优势主产地区在发展中，要专题研究加快农业现代化问题，统一领导干部对农村产业融合发展重要性的认识，督促各农业主产区系统研究农村产业融合的任务、重点和战略措施，并通过技术创新、社会创新、制度创新，把农业打造成新的优势产业，成为农民就地城镇化和致富奔小康的坚实产业基础。

在实践中，人们对农村产业融合推进就地城镇化发展还有各种顾虑，思想上还没达成共识，这就要求我们继续解放思想，用发展的眼光看问题，要充分认识到农村产业融合推动就地城镇化过程中出现的问题都是发展中的问题，都可以通过发展来解决。针对现实中农民对只有进城才能实现自己的梦想以及农村迁村并点后带来的生产和生活分离问题，笔者认为，这些问题都可以随着现代化农业的发展而克服。一方面，随着现代化大农业的蓬勃发展，农村产业融合发展所形成的各种业态已经成为朝阳产业，正在让新型职业农民大展身手，让越来越多的人在农业发展领域实现自己的价值；另一方面，随着农村机动车的逐渐普及和公共交通工具的发达，农民也可以如市民一样，开着私家车或乘坐公共交通工具去田里工作；而农机具的停放完全可以通过在农村社区或田间工作区建设“农机具管理区”；对于农民集中居住后造成的种养不便利，笔者则认为这是传统农民的生活方式，是农村经济落后或农产品安全隐患所带来的不得已而为之的办法。对于农民而言，他们也需要一个人畜分离的生活环境。随着农业的商品化和社会化，农产品质量安全的提升及农民收入的增加，农民这种自给自足的种养模式必将消失。但由于农民受长期小农生活方式的影响，要真正实现对上述问题的认识和转化需要一个渐进的过程，在这一过程中，需要我们不断进行理论创新，统一认识，在农村营造良好的氛围，传递农村产业融合与就地城镇化建设的正能量，坚定人们对农村产业融合推动就地城镇化发展的信心和决心。

## 二、以协调发展理念为引领，推进区域、城乡、产城发展的良性互动

协调是可持续发展的内在要求。以农村产业融合推动就地城镇化发展作为促进区域、城乡协调发展的关键抓手，其发展过程中首先必须要高度关注东、中、西部区域经济发展的协调，平衡布局农村产业融合推动就地城镇化发展的试点，支持西部地区特别是西部农村改善基础设施，发展特色优势农业产业，尤其是要充分发挥西部地区民族特色和良好的生态环境优势，大力发展农村旅游业以促进当地经济发展；同时要加大国家支持力度，通过加快市场化改革促进中部地区农业主产区的迅速崛起；还要支持东部地区的率先发展，以其成功的经验更好地发挥辐射带动作用。针对西部落后地区农村产业融合和就地城镇化发展滞后的问题，可以借鉴法国在统筹城乡发展中的经验。为了实现生产力发展的合理布局，法国政府自二十世纪六七十年代起，通过行政干预经济状况落后地区的方式，采取了低息贷款、财政补贴等政策，设立农业发展方向奖，对到农村尤其是到相对落后的农村、山区等地发展手工业、农产品加工业和乡村旅游等的工商企业给予资金奖励和减税免税优待。我国政府在尊重市场规律的同时，也有必要通过行政干预的方式，鼓励新型经营主体到国家制定的欠发达地区投资农村产业融合发展和小城镇建设，以实现区域间的农村经济社会的平衡发展。其次，要以城乡协调发展理念为引领，改变传统的重城轻乡、城乡分割的发展理念，要把城市和农村经济社会发展问题作为一个整体，进行统筹规划、通盘考虑，推动城乡居民在基本权益上的平等及城乡生产要素的平等使用和合理流动，使城乡在一个相对平等的发展环境中良性发展。再次，要以产城协调发展理念为引导，坚持以产兴城、以城促产。目前，在农村产业融合与就地城镇化的发展实践中出现了两

个极端化的倾向，农业产业园区化和乡村地产化，难以实现“产城融合”，影响了农村产业融合推动就地城镇化的健康发展。因此，要在协调发展的大背景下，遵循各种价值规律，积极促进就业与居住的融合，促进城镇生产、居住、交通、商业等各项功能的匹配以及各项功能在空间上的整合，进而促进产城之间的深度融合发展。

## 三、以绿色发展理念为引领，实现农村产业融合推动就地城镇化发展的可持续性

绿色是人类永续发展的必要条件和人民对美好生活追求的重要体现。绿色发展就是关注发展的质量，着力解决人与自然和谐共生的问题。以农村产业融合推动就地城镇化发展，其目的是在实现农业可持续发展的基础上，充分尊重乡村发展规律，统筹发挥城市和乡村的各自优势和积极性，保留乡村风貌，留住青山绿水，打造一个适合农民安居乐业的新型农村社区。因此，必须打破当前我国地方政府在推进农村产业融合和就地城镇化发展中的唯GDP中心的传统粗放发展理念，加快转变农业发展方式，推进农业生产的绿色化，合理调整农村三次产业及其内部空间结构，提高现有生产空间利用率，防止农业产业化和农业旅游业随意挤占农业发展空间。同时，还要防止官员的政绩冲动，纠正以GDP为中心的政绩观，避免就地城镇化发展中随意大拆大建，贪大求快；而对于农村旧址改造，也要划定生态保护红线，尊重自然规律和传统文化；在村镇建设过程中，不仅要着眼于眼前面貌的日新月异，更要注重保留和营造出让百姓舒适的生态和文化环境。

## 四、以开放发展理念为引领，发挥农村产业融合推动就地城镇化发展的竞争优势

开放是促改革、促发展、促创新的重要举措。开放发展理念对于解决农村产业融合与就地城镇化发展中最为关键的资源短缺、活力欠缺等历史性症结具有重要意义。以开放发展理念为引领，首先，要把发展外向型农业作为农村产业融合发展的重要内容，加大对外向型农业示范区的扶持和服务力度，通过“走出去”参与全球资源配置来发展壮大自己。其次，要突出农产品贸

易和农业招商引资的重点，以日、韩和我国台湾地区为重点，大力推进对外合作与交流；要在更广领域、更高层次上利用国外科技优势，引进国外新品种、新技术和先进的管理经验，通过“引进来”来促进我国农业产业高级化、品种高端化和管理现代化。在推进农村产业融合发展及打造特色小镇建设中，可以组织基层领导干部赴日、韩等地学习借鉴“六次”产业发展、日本町村建设、韩国“新村”运动等的具体做法，特别是可以有针对性地借鉴日韩以“地产地销”“以销定产”、农工商联动发展以及借助农产品出口等手段提高六次产业发展以促进区域经济发展的做法。再次，还要通过对内开放和对内改革的方式来激发农村产业融合推动就地城镇化发展的活力。对内开放就是要边界放开，把不同区域的消费者吸引到本地来，打破行政边界的局限，打破交通的边界；同时产业也要开放，不同产业之间的边界要开放，供给侧和需求侧也要打通；政策更要开放，发展的平台也要更开放，如在创办农家乐、村办企业、农村旅社发展的过程中，既要面向工商资本或专业农户开放，更要面向全体村民开放，并通过体制机制完善，形成工商资本和农户合作共赢的局面。

## 五、以共享发展理念为引领，促进农村产业融合推动就地城镇化发展的包容性

共享发展是实现公平正义、以人为核心的发展思想，是发展的最终目标。农村产业融合推动就地城镇化发展承载着农民、市民及政府的众多期望。因此，推进其发展必须要以共享发展理念为指导，要让其发展成果在农民、市民和政府之间共享。具体而言就是在推进农村产业融合与就地城镇化发展的实践进程中，要充分尊重民众的意愿，重视和聆听农民的心声，并从农民的生产和生活习惯出发来确定农村产业融合发展和就地城镇化的项目和规划；在产业发展和农村改造过程中，要让农民能够真正共享加工、流通及其他增值服务带来的收益，要让参与土地流转及被征地的农民，能够合理地分配企业增值及商业开发商的溢价收入，要让农民平等地享受与城镇居民一样的公共服务和社会福利，以此来提高农民参与的主动性和积极性。与此同时，城市居民也应该在农村产业融合推动就地城镇化发展中享受到健康、绿色的农产品，舒适、惬意的休闲旅游境地以及良好的生态环境，以保障城市居民的身心健康。此外，以

农村产业融合推动就地城镇化发展作为当前我国农业农村发展的新的经济增长点，无疑会成为领导干部的新政绩。对此，各级政府要坚持执政为民，在农村产业融合和就地城镇化发展过程中全面、正确地履行宏观调控职能，以增进最广大人民利益作为新的政绩标准，但同时也要通过物质奖励、精神奖励和晋升奖励等方式在广大干部中营造比、学、赶、帮、超的浓厚氛围，以此来调动各级领导干部发展农村产业融合与特色小镇的积极性。

总之，五大发展理念为我国农村产业融合推动就地城镇化发展提供了重要指导思想，而且，必须要将五大发展理念作为一个整体全面贯彻落实到农村产业融合推动就地城镇化发展的实践中去，才能真正促进其可持续发展，进而加速农业农村现代化的步伐。

## 第二节　提升农村产业融合发展水平和促进农业产业集聚式发展

农村产业融合发展就是将传统意义上的第一产业拓宽、拉长、放大、增强，让处于价值链低端的第一产业向处于价值链高端的二三产业迈进的过程，其发展壮大是农村就地城镇化发展的重要产业支撑。农业产业集聚是农村产业融合发展的升级形式，是以农业为核心的相关产业在特定地区的集群发展。推进农业产业集聚发展必然带动资金、信息、科技、物流业乃至人口的聚集，从而促进小城镇的形成。从某种程度上说，农村产业融合推动就地城镇化发展的过程，就是以农业为核心的相关产业不断发展壮大并不断集聚的过程。但正如前文所述，我国农村产业融合发展起步晚，融合发展水平还很低，企业集聚效应不明显。因此，必须要多措并举地提升农村产业融合发展水平，促进农业产业集聚式发展。

### 一、提升农村产业融合发展水平，为就地城镇化可持续发展提供产业支撑

#### （一）推进农业供给侧结构性改革，加快农业转型发展

提升农村产业融合发展水平，首先需要推进农业供给侧结构性改革。我

国农村产业融合发展效率之所以低下，一方面在于当前农村产业融合发展所形成的新业态不能有效满足市场的“需求”，农产品价高质低、休闲创意农业形式单一等难以与多元化、个性化社会需求相契合；另一方则是当前我国农村产业融合发展的政策制度“供给”不足，致使农业资源要素配置扭曲。因此，要实现农村产业融合健康发展，必须要注重农业内部的供给侧结构性改革，特别是要把增加绿色优质农产品供给放在突出位置，注重增加生产环节新设备、新技术、新品种的供给，以实现大宗农产品的品牌化和绿色化，满足人们日益对吃的丰富、健康、安全的农产品的生活需求及人们对农业的生态价值和文化价值的追求；同时，推进农村产业融合发展，要尊重市场经济运行规律，要把产业选择、业态培育、技术推广、模式选择的权力交给市场，充分利用大数据平台来收集市场需求信息，并以此为依据推进农业结构调整。此外，推进农村产业融合发展还要加强对供给侧要素的核心内容，诸如土地、劳动力、资本等方面的制度创新来矫正要素扭曲配置的局面，打破城乡二元结构的制度藩篱，通过制度的有效供给促进城乡要素的双向流动和有效配置。由于农业的公益性和弱质性，推进其改革和发展都离不开政府行政力的推动，但一定要找到政府有形手和市场无形手二者之间的平衡点，避免政府对农业市场价格和经营者行为的过度干预。

### （二）培育壮大农业农村新业态，构建农村产业融合发展的产业体系

农村产业融合发展所形成的新产业新业态，反映了农村产业的新发展、技术创新的新应用，已成为农村经济新的增长点，为我国就地城镇化发展奠定了坚实的经济基础。但鉴于当前我国农业多业态的低质低效，要实现农村产业融合推动就地城镇化的可持续发展，需要进一步延伸和拓宽农业产业链和价值链，推进农产品加工业、农业 + 互联网、农业 + 旅游等不同产业之间由浅层次融合向深层次方向的发展。

一是要进一步发展壮大农产品加工业。农产品加工业范围广、链条长，增值空间大，是提高农产品效益、增加农民收入、增强农业竞争力的重要途径，也是带动产业集群发展的核心产业。因此，在推进农村产业融合发展中，必须要把农产品加工业作为发展的重点，并要做强农产品深加工业。具体而言，各级政府要因地制宜地培育优势主导产业，通过扶持培育、嫁接改造、招商引进，培育壮大一批龙头企业和农产品加工骨干企业，有效地扩大农产

品加工经营规模，通过引进技术和信息化成果，建立标准化的产业基地，以基地为核心，建立“龙头＋基地＋标准＋农户”的高级发展模式，以改变当前我国农产品加工业规模过小、质量安全难以保障的问题。同时要注重加强农产品加工业的品牌建设，增加农产品的科技和文化实力，实现特色加工农产品高端化，只有加工农产品打出品牌，才能真正实现价格好、效益好；此外，做大做强农产品加工业还要做好农产品加工业的各项基础预警保护，培育农产品加工业的专业市场，将农产品加工业发展成为农区工业的有力支撑；要加强农业科技服务体系建设，做好农业的前、后项产业服务，提高农产品的附加值，进而带动农业发展，农民增收。

二是要推动“大农业”和“大旅游”的深度融合发展。在国家政策的支持和引导下，我国广大农村地区充分利用自身的资源优势，大力推进农业与旅游业的融合发展，加快了农民脱贫致富的步伐，也亮化了农村面貌。但目前我国休闲农业发展层次依然较低，项目同质性强，缺乏地方文化特色，对此，政府应协调有关部门制定出适宜自身区域特点的休闲农业发展规划，深度发掘乡村文化资源，充分利用地域文化历史、农耕文化、民俗风情、自然风光等资源优势，把脉市场需求和变化规律，引导企业和农户合理开拓乡村旅游、生态观光与体验、生态康养等生态人文旅游项目，比如针对不同的村域特点，打造农耕乡村、渔业乡村、游牧乡村、手工业乡村、商贸乡村等传统旅游产业项目，顺应人口老龄化和亚健康化的背景，大力发展生态康养产业；同时还要强化休闲农业和乡村旅游与特色农产品产业发展相融合，根据不同层次消费需求开发乡村旅游商品，突出地方特色，重视商品包装和品质，引导扩大土特产品开发层次和产品系列。此外，要引导发展创意农业和体验农业，采用以“规模化、企业化、组织化、品牌化”为主导，以“家庭化、个性化”为补充的运营方式，创造奇妙纷呈和形态各异的创意农业产品和农业自然景观，让观光者享受返璞归真、身临其境的妙趣，这一点可以借鉴北京大兴发展模式的成功经验。需要指出的是，无论是深度挖掘农村旅游资源还是进行创意农业发展，都必须遵循自然规律，严守生态底线，注重历史文化资源的有效保护。

三是要大力发展农村电子商务。农村电商作为当前农产品流通的新业态，确保了农产品的供需匹配，也有效降低了农产品的交易费用，已成为带动农业发展和农民增收的重要抓手。据统计，截至 2016 年年底，农村电子商务营业额已经达到 8945 亿元，相当于我国农业增加值 6.37 万亿的 14%，[①] 但目前我国农民触网意识不强、电商人才短缺、流通设施不配套、配送成本高等问题严重制约了农村电子商务的快速发展。要改变上述问题，政府从宏观上需要充分发挥市场与政府的合力，强化农村互联网基础设施和物流基础设施建设，加快农村传统流通网络信息化改造；从微观层面看，要帮助农民建立物联网、云计算和大数据平台，对农民进行电子商务常用知识和技能培训，加强农村电子商务创业指导，可以说这些具体做法比直接为农村提供资金支持、安排具体项目达到的效果更好。除了依靠政府作用外，还要发挥阿里巴巴、京东、一号店、供销社等大型电子商务企业的引领带动作用，培育和引导返乡农民工、大学生村官担任农村电子商务带头人，创新面向广大农民的电子商务合作模式，这一点可以借鉴富川县在推进“互联网 + 农业”中的具体做法。但需要强调的是，由于目前我国物联网、大数据等的发展还刚刚起步，推进“互联网 + 农业”的发展必须要通过制度和法律的完善来保障农业信息化安全，并要提升农村电子商务从业人员职业素养，以确保农产品安全和质量要求，防止不正当竞争行为。

四是大力发展生态循环农业。高效的生态循环农业是当前我国农村一二三产业融合发展的支柱产业之一。要推进生态循环农业的大发展，首先需要各地政府根据农村现有的条件和发展趋向，合理确定农业生态项目，使之符合生态平衡规律，并要通过政策导向对其予以资金和技术上的倾斜。其次要通过科技进步和创新来推动生态循环农业的发展。生态循环农业的发展是以生态经济管理和系统工程方法为指导，利用现代高新农业技术，尤其是高新生物技术来促进传统农业高效集约发展的。这样，普通农户及经营主体很难依靠自身的力量来发展高水平的生态循环农业，这就需要发挥政府的力量，积极引进、研究和推广高新农业技术，支持鼓励高等院校、科研单位和工商企业参与生态循环农业技术的研发和推广。再次，要运用市场供求规律，靠利益驱动机制和政府监管机制，引导农民走生态农业之路。绿色有机农产品的供不应求，必然会促使农民在生产实践中不断减少化肥、农药的使用；与此同时，政府还要通过补偿、监管等方式，并以“农村原产地证明”和

---

① 2016 年中国农村电商零售额超过 8945 亿元 [EB/OL]．(2017-04-17) [2017-04-17]．http：//news.wugu.com.cn/article/1002934.html.

“一村一品”等组织形式来加大对产业结构调整的力度，以及对农村的资源进行重组、生态恢复和重建工作。

培育和发展农业新业态能够为就地城镇化发展提供产业支撑，但是发展农业多业态并不是要求所有农村都同时发展上述几种业态，也不是要求各地亦步亦趋，盲目复制其他地区的发展模式。我国地域广大，各个地区的情况千差万别，人文、地理、自然条件、气候特点等决定了当地农业传统、农民技术专长等都各不相同。因此，各地区在推动农村产业融合发展布局中，必须因地制宜，抓住自身优势，依托当地特色资源打造主导产业，创新农业发展方式，走适合本地发展的路子，进而为提升当地农村经济发展奠定基础。

### （三）培育多元化融合发展主体，构建农村产业融合发展的生产体系

多元化培育融合发展主体是加快推进农村产业融合深度发展的关键。据农业部最新统计，我国各类新型农业经营主体已超过 290 万家。[①] 主要包括原来的传统农户、返乡农民工、中高等院校毕业生、大学生村官、复退军人以及与家庭经营有着或多或少联系的家庭农场、农业合作社、涉农龙头企业等。上述多元化经营主体在推进我国农村产业融合蓬勃发展实践中已经释放出巨大活力。但总体来看，支持当前我国农村产业融合发展的经营主体综合素质不高、带动力不强，亟需采取多种措施进一步发展壮大经营主体力量。

培育壮大融合发展主体，首先要培育新型职业农民，以保证农村能够不断涌现出产业发展和升级的引领者。对此，首当其冲的是要解决农业劳动力和农村人才匮乏问题。鉴于长期二元经济社会结构所造成的农村人才大量流失的事实，在逐渐打破城乡二元结构制度藩篱的同时，国家和各地方政府必须要认真贯彻落实优先发展农业农村的战略，持续投资于农村人力资本，加强“三农”工作队伍的建设和培养，要通过立法等形式在工资待遇、配套社保、职称升迁等方面给予下乡干部及回乡创业就业的人员优于城市的政策，来吸引并留住有志于扎根农村、献身农业的各类农专人才和大学生群体。这一点我们可以借鉴日本的经验，如日本在统筹城乡的过程中，针对农村青壮年劳动力大量流失，缺乏人才的难题，在制定的“农业基本法”中明确提出

① 当今中国，“三农”成就前所未有［EB/OL］.（2017-12-27）［2017-12-27］. http: //www.sohu.com/a/213139319_115376.

了使农民职业者的生活和城市工人持平的目标，以吸引年轻人留在农村和新的农业劳动者进入农村。在吸引并留住农村劳动力资源后，还要多管齐下加强对新型职业农民的培育。从微观层面看，加强对新型职业农民的培育，要针对传统农民、返乡农民工、复退军人、回乡大学生的不同需求，制定相应的培养内容，如要对有意愿回乡创业的大学生进行双创专项培训；对于有意愿返乡创业的农民工，其培育的重点应该放在对农村产业融合发展的相关优惠政策辅导上，并要注重生态技术、生物技术、规则意识和法治意识的培育；对于长期从事农业生产的传统农民，要注重强化优良农产品的生产技术以及农村电子商务等方面的实用技能培训。需要指出的是，在注重进行技术培训的同时，还要高度重视培养新型职业农民的社会责任感和良好的道德情操，要充实学校教育与社会教育中有关农业的内容，通过传统农耕文化教育来培养新型职业农民对农业这一职业的认同感，培养他们对从事农业建设、农业科技开发的热情，并通过道德教育和法治教育的内修外制使其在农业生产经营管理中秉承绿色、健康、和谐发展理念，以此保证农产品安全和保护农村生态环境。

培育壮大融合发展主体，还需要积极培育和扶持家庭农场、农业合作社以及真正公司制的农业企业。一是家庭农场是现代农业组织的基础，其基本特点是在保留了农户经营农业优势的基础上克服了分散小农户的弊端，将成为未来我国农产品生产的主要经营形式。大力培养综合性家庭农场，首先需要政府加大宣传力度，通过资金奖励、政策和技术支持等方式，鼓励符合条件的农户创建家庭农场。同时，政府还要强化服务保障，通过土地流转制度创新、农业保险制度的完善、金融政策的优惠等措施解决家庭农场发展过程中面临的问题。鉴于人多地少的特殊国情，在推动家庭农场发展的规模、速度及资源组合方式上，要避免人为推进其过快发展以及盲目借鉴发达国家超大规模发展的经验。二是规范的农业合作社是保护农户利益的有效形式，是数以亿计的小规模农户直接经营六次产业的重要形式。针对当前我国农村合作社规模小、形同虚设、利益联结松散等问题，要通过引导合作社走向联合、合作的方式壮大合作社规模，提升合作社的层次，增强合作社抗风险能力和辐射带动力；要提升农业合作社的规范性，加强对合作社的监管，教育、引导其依法依章程办社，完善其内部的经营管理和流程，使其能真正代表农民的利益，真正办成农民自己的合作社。此外，还要加大财政资金投入，对合作社发展二三产业的具体项目，尤其是农技推广、冷链物流建设、营销平台建设、兴办加工储运企业或参股龙头企业等项目，给予直接的资金支持和间接的融资支持。三是涉农龙头企业是推进农村产业融合发展、建设农业产业组织的重要环节，也是推动农民就地城镇化发展的重要力量。因此，要在落实好“三个不得”的前提下，尽可能消除对工商资本下乡的一些歧视性政策和限制性条件，通过集中扶持、内引外联的方法，培植一批实力较强的农业龙头企业，引导其重点发展农业新业态，并通过贴息补助、税收优惠、金融支持等方式鼓励龙头企业开展技术引进和技术改造，不断提升自身核心竞争力。同时还要加大基地建设，完善农产品检测体系，引导支持农业龙头企业进行产业化、标准化、绿色无公害化生产；此外，龙头企业还可以通过“经营权和所有权分离”等管理运作模式来调动农民的生产积极性。需要注意的是，由工商资本成立的农业龙头企业作为市场经济的微观主体，其发展是以盈利为目的的，因而可能造成对粮食和农民的挤出风险。对此，要加强对龙头企业参与农村产业融合发展的行为规制，充分利用当前的大数据、微媒体等来对农村资源滥占、滥用的行为进行监管；同时还要完善法律制度，特别是要细化处罚机制，以对破坏农村资源、环境和侵蚀农民利益的农业企业产生警示作用。

除了积极培育上述经营主体外，还要支持各经营主体加强联合和合作，创新利益联结模式，建设集生产加工和服务于一体的发展联合体。

### （四）完善利益联结机制，构建农村产业融合发展的模式体系

农民能否在产业融合发展中得到合理的回报，关键在于要形成企业与农民共享的利益机制。针对当前我国农村产业融合发展中农户与企业之前仍以传统的订单农业为主、农民与农业龙头企业之间仍限于简单的资本雇佣关系，农户在农村产业融合发展中还难以公平有效地分享农村产业融合发展所带来的各种红利的事实，要以保障农民权益为核心，进一步完善产业组织形式，探索农户持股的股份合作制，即在遵循农户自愿和私权自治的原则下，引导农民将自己的资金、土地、劳动力等资本进行投资入股，使农户与龙头企业之间能够形成紧密的利益联结机制，确保农民作为产业的参与者能够获得劳动报酬，作为土地要素的承包者可以获得租金或参与土地入股分红，作为产业发展的经营主体获得经营收入，以此来分享更多的收益成果。而要真正实

现紧密的股份制利益联结机制，需要政府将集体资产确权分股到户，并通过市场调研确定辖区内农村土地指导价格，为农户资产入股提供议价基础；同时，政府还要发挥调控职能，强化企业的社会责任意识，合理进行利益分配，切实维护农民的利益。

## 二、引导农业企业集聚式发展，为就地生成小城镇创造条件

农业企业集聚比农业企业分散更能为农民提供广泛的就业机会和促进农村经济结构调整。同时，农业企业的集聚发展也有利于促进农村各种资源的集聚，直接促进就地城镇化的形成。随着农村产业融合的不断发展，农业产业多业态的出现，我国农业企业集聚的现象也越来越明显，如种植业企业集聚、养殖业企业集聚、农产品加工企业集聚、农产品流通企业集聚、农业科技企业集聚等。在全国不同地方出现了多个农产品加工企业集聚区。但与国际农业企业集聚相比，目前我国的农业企业集聚总体上还处于起步阶段，集聚发展过程中还面临着规模小，技术落后等诸多问题，亟需进一步加强规划和引导以促进农业企业集聚加速发展。

一是要制定农业产业集聚发展规划。从理论上说，产业集聚的生成、发育和成长依靠的是市场机制的作用，但由于农业发展的特殊性及目前农民知识、能力的有限性，亟需政府加以规划和引导。对此，各地政府要以自身的资源和环境优势为依托，以市场为导向，在充分调查研究的基础上，因地制宜地制定出有地区特色和优势的产业集群发展战略规划。如在各类产业中，除种植、水产、养殖、采掘和部分零售商业等不能或不宜集中外，其余的产业都要通过引导向规划的区域进行集聚，并促进生产要素的集聚和资源的优化配置以实现集群产业发展的合理集聚和布局；同时，各地政府要切实注重农业企业集聚的发展，将企业集聚式发展上升为地方经济战略，要把培育农业企业集群发展作为参与国际和国内竞争的重要的战略工具，要将农业企业集聚政策同区域政策、产业政策、贸易政策、科技政策置于同一水平。此外，还要加强优势农产品产业带建设和农业产业园区建设，结合当地产业优势、城市建设规划和社会主义新农村建设规划，在科学论证的基础上，做好土地利用规划，健全城市和乡村土地流转机制，保障集群发展的合理用地需求。同时还要依托中心村、中心镇和产业集聚区，规划建设特色明显，产业集中、

具有较高水准的农业产业园区，统一设施建设标准，健全园区服务功能，进一步提升产业集群的集约化和现代化水平。

二是培植农村优势产业，做大做强特色农业产业群。各地政府要立足自身的资源优势，培育优势产业，发展特色农业，选择重点区域有发展潜力、有优势的产业，培育一定数量的专业市场、专业镇和产业集群，以带动经济发展。同时，要着眼于未来产业竞争的需要，整合农业资源，优化产品结构，对于生产设施简陋、生产工艺落后、产品粗放、技术含量和附加值不高的农业产业群，应该采取兼并、联合、股份合作等形式对其进行整合，扩大企业规模，优化产品结构，提高企业的生产加工能力和抗风险能力。

三是发挥政府调控的作用，塑造公平的市场竞争环境。市场是实现产业集聚的根本力量所在。在培育和发展农业产业集群时，要遵循市场经济规律，让市场主导农业产业集群发展的方向和路径，但政府必须要更好的发挥“守夜人的角色”，为农业企业集群发展塑造公平的市场环境，如放松政府行政管制，推进产权制度和投融资体制改革，维护市场秩序的公平和效率等。尤其是在我国经济发展相对落后的农村，由于其市场体系发展滞缓，要促进农业集聚式发展更需要地方政府加大调控和引导力度，努力激活市场机制，改进政府扶持创新和产业升级的政策体系，同时还要更加重视市场机制软环境的实质性改革，严厉打击假冒伪劣行为，保护技术创新成果，保护诚实守信者，形成良好的市场制度和创新氛围，为农业企业集聚发展塑造一个开放、公平竞争的市场环境。

四是加强农业产业集群服务体系建设。各地方政府要以产业集群为依托，支持建立创新中心、科技开发中心、监测中心、信息服务中心、网络中心、融资担保中心、行业协会、商会等中介服务组织，以为集群内各企业发展提供社会化、市场化服务。同时还要注重创新服务平台建设，形成良好的区域创新体系，提高企业的科技创新能力；开展创业孵化、创业扶持，提高创业成功率；加强培训体系建设，尤其是要在集群中建立全方位的职业教育和培训体系，以引进、留住人才，并支撑产业集群持续创新和发展。

## 第三节　以小城镇建设为基点促进产镇融合发展

在农村产业融合推动就地城镇化发展中，小城镇是联结农村产业融合与就地城镇化的物质空间载体。小城镇由于更接近于大自然和原材料产地，可以凭借其资金、技术、信息、人才、市场、交通等诸多方面的相对集聚优势，发展农产品专业化生产和提供农业社会化服务，进而促进产业融合和企业集聚发展；与此同时，农村就地城镇化，不是原地城镇化，也存在农业人口不断向中心村或中心镇集中的现象，需要小城镇来承载人口。因此，以农村产业融合推动就地城镇化发展，除了要打造农村产业融合发展这一产业支撑力外，还必须要发挥政府及社会力量，加强小城镇建设，补齐“产镇融合”发展中小城镇建设不足的短板。小城镇建设包括小城镇的规划和布局、小城镇基础设施建设、特色小城镇建设及小城镇社区建设和管理。

### 一、科学规划和布局小城镇发展，全面提升小城镇发展水平

小城镇的健康发展，离不开科学规划和布局。针对实践中我国小城镇规划布局存在的问题，亟需从以下几个方面着手全面提升小城镇发展水平：

首先，要把小城镇建设列入各级政府的国民经济和社会发展总体规划和实施计划中。长期以来，我国小城镇建设一般都是局部地区的分散行动，缺少全国统一的规划布局，致使在建设过程中普遍存在着产业结构雷同、重复建设等问题。因此，加快乡村小城镇发展，必须要将其纳入国民经济和社会发展总体规划中，按照国家对大中小城镇体系的整体规划布局，在坚持高起点、高质量、高标准的原则下科学制定出具有地方特色的县城——建制镇——村集镇三级城镇发展总体规划和专项规划。

其次，要从宏观战略上高度重视小城镇的科学合理布局问题。从理论上看，推进小城镇发展是为了带动周边地区农村经济社会的发展。小城镇在带动农村发展中具有两个方面的作用，第一是极化作用，即把周边农村地区的人力、资金、技术等生产要素吸引到城镇这个位点，实现生产要素的优化配置，提高农村资源的利用程度和生产效率；第二是扩散作用，即城镇把自身的经济能量扩散到周边地区，如用资金积累反哺农业，用技术储备培育农业，

用新的观念和生活方式引导农民等。既然小城镇建设不只是为了城镇本身的发展，而是为了发挥其扩散带动作用，因此，对其发展布局就需要在位点上相对均匀，避免过于分散和集中，具体而言，就是要重点发展县城、中心镇和中心村，发挥其集聚人口和作为农村经济、文化中心的作用，使其成为建设现代农业、增加农民收入和全面建成小康社会的重要平台；同时还要发挥其辐射带动中心村的作用，推动农村经济社会整体进步。

再次，要搞好小城镇的内部规划。小城镇建设规划要因地制宜，立足资源优势和各地各村的经济发展水平，突出特色，切勿标准化、模式化。对分散、凌乱、生态环境恶劣、只能进行农业生产的村庄，要以合理可行的激励机制，在确保村民利益的基础上，通过迁村并点改变现有村庄小、散的现状。迁村并点所形成的中心村、中心镇，要注意发展现代农业，着力培育以农业企业集聚为特征的专业镇，引导农民进镇，实现就地转移；但同时要避免不顾实际，盲目推进农房集聚和农村新社区建设导致农民“被上楼”的现象，以及将村庄规划简单地理解为环境整治和立面改造，或者将城市的规划方法简单地推行到农村中去，将农村改造成城市，导致城乡的同质化问题的出现。

最后，提高小城镇土地开发利用效率。小城镇是由过去的乡村集镇发展起来的，镇域范围内大部分土地都是农业用地。处理好小城镇建设与保护耕地之间的矛盾，是小城镇建设的核心。因此，小城镇规划的一个重要职能就是保护城镇周边的耕地、控制用地规模、提高土地利用效率。对此，必须转变单纯依靠增加土地供给的“平面扩张”城镇发展模式，发挥城镇规模集聚效应，形成产业和人口集聚优势，增强镇域辐射力，带动周边农村地区的发展。

## 二、加强小城镇基础设施建设，增强小城镇的吸引力和集聚力

只有具备完善的基础设施、优良的人居环境、良好的公共服务，才能增强小城镇对二三产业和农民住户集中布局的吸引力。从一些小城镇发展较好的地区的经验来看，小城镇发展水平与基础设施建设呈正相关。水、电、道路、通信等基础设施是城市生活方式的载体。因此，政府在规划编制、具体建设方面要注重提高小城镇供水、供电、道路、通信等设施的配套建设水平

和现代化水平。国家应设立小城镇基础设施建设专项资金，对于专项资金的使用则可以借鉴韩国新村运动过程中以具体物资投入、并通过民主程序来决定物资使用安排的方式，来保证政策实施的有效性，激发农民的主观能动性和创造性。除了加大财政支持小城镇基础设施建设外，还要充分发挥金融对小城镇建设的支持力度。对此，国债资金和地方政府的信贷要更多地向农村地区的小城镇倾斜，尤其是要增加小城镇基础设施建设中长期政策贷款；同时还要放开小城镇公用事业的建设和管理，充分运用市场机制，允许公平竞争，实行合理定价、有偿使用，通过发挥企业、社会资本的合力作用确保小城镇公用事业的投资和管理可持续进行。

## 三、以“农”为媒，打造特色农业小镇

发挥优势，突出特色，是农村小城镇建设中的一个重要问题。尤其是在当前“特色小镇”发展理念的指引下，农村特色小镇建设被寄予了极高的期望。特色小镇的关键是特色，而特色集中体现在产业上。纵观城镇发展的历史，发展较好的小城镇一般都具有自身的特色产业，有的小城镇基于自身特殊的历史传统、自然环境或独特资源而形成专业化特色。可见，小城镇的特色是靠不同区域的特色产业发展来引领的。以农村产业融合推动就地城镇化发展所打造的特色小城镇就是要求各个乡镇以“农业”为媒，立足本地的农业、农村资源，培育农业新业态进而打造精品特色农业小镇。

打造农业特色小镇，可以借鉴日本“一村一品”运动带动町村发展的经验。为提高农民收入，促进农业农村发展，二十世纪七十年代末，日本通过“一村一品”运动来推动町村发展。各町村以自身的地区特性、土产品、资源条件为依托，组织成立名产农业协同组合（农协），开发一种或几种有特色的、在一定的销售半径内名列前茅的拳头产品，并通过精心加工和提炼农特产品，打造农特产品名牌，提高知名度。通过“一村一品”活动，日本建立了以朝地町、九重町为代表的丰后牛产业基地；以大田村、国见町等为代表的香菇产业基地；以姬岛村、鹤见町为代表的水产品产业基地等。与“一村一品”相对应，日本政府开展了以特色农业产业为载体的小城镇建设。在朝地町、九重町打造了农牧型小镇；天濑町利用温泉地热，栽种月季，并围绕月季花以温室、花房为主打造月季特色小镇；姬岛，作为一个小渔村，更是

以渔村的原始风貌特征为基准而打造渔村小镇。[①]近年来，在日本政府的大力支持下，日本农业新技术日趋完善，以高科技为导向的现代化大农业已成为全国农业发展的主导方向，农业科技小镇不断涌现。

借鉴日本的经验，在我国打造农业特色小城镇时，也要因地制宜，从各村镇的自然资源环境出发进行科学规划和设计，通过打造区域特色农业产业来带动。具体而言，对于具备特色农产品生产的区域，要以特色农产品加工为对象，发展加工主导型小城镇；独特的文化是避免“千城一面”的关键，因此，对于那些有历史文化沉淀的乡村，要深度挖掘其中的文化意涵，打造地域文化小镇；而对于那些自然环境优越的农区则可以通过发展健康疗养产业而打造“生态小镇”；此外，还可以以农业科技革命为动力，发展科技主导型小城镇，使农业特色小镇成为现阶段我国特色小镇建设中的突出载体和呈现模式。以“农”为媒打造农业特色小镇，其最终的目的是要缩小城乡生活质量方面的差距，让农民在农村过上现代化的生活。因此，实践中农业特色小镇的“特”并不是盲目地追求“新形象”，而是要保存和弘扬农村优秀传统建筑，实现农业小镇生态园林化，农村生活现代化。

需要指出的是，本文所指的特色小镇是农村产业融合和就地城镇化发展的空间载体，其发展的目的在于实现“新型城镇化”，因此这里的特色小镇有别于浙江模式，它既可以是“非镇非园”的以农业、农村为核心的特色精致小镇，也可以是当前我国小城镇建设的重点“建制镇”。

## 四、抓好小城镇的社区建设和管理，营造良好的生产和生活环境

农村产业融合发展促进农民就地向中心村、中心镇集聚，除了需要从宏观上加强对中心镇基础设施建设和公共服务供给外，还要从微观上对小城镇社区的“硬”“软”件进行建设和完善，像建设城市小区那样建设中心村和中心镇，让农村居民居住环境与城市居住环境相一致。具体而言，一是要搞好社区建设。小城镇与大城市相比，应该更具宜居性，因此，小城镇的建设规划必须体现小镇生活的舒适和便利，构筑人与自然的和谐关系。对此，要对规划实施就地城镇化的村屯进行道路硬化、村居绿化、环境净化、整体美

① 吴大声．中日小城镇的比较分析——考察日本小城镇后的初步探讨［J］．世界经济与政治论坛，1987（7）．

化的改造，积极打造生态示范区。二是引入城市社区的管理理念，抓好小城镇社区管理。如可以将城市社区的物业管理制度引入农村社区建设中，通过为农村社区配备物业管理公司的方式确保农村道路、排污、路灯、绿化等得到及时维护。同时要突出社区自治理念，完善村民自治制度，营造良好的村民自治环境，重视农村经济合作组织等基层社会组织的培育、发展和管理，发挥基层组织在稳定社区和谐发展的作用。三是开展好社区服务。加强基层服务组织建设，并通过发展家政、物业、法律咨询等社区服务业，为居民提供便利服务；同时，还要依托社区组织，深入开展农村形势和政策教育，将社会主义核心价值观教育在农村引向深入，并通过与农民生产生活方式相结合的宣传方式，激发农民群众爱国敬业、诚实守信等美德，以形成良好社会氛围。

## 第四节　创新农村产业融合推动就地城镇化发展的体制机制

体制机制创新是指人们在现有的生产和生活条件下，通过创设新的、更能有效激励人们行为和发挥资源有效性的制度、规范体系来实现社会的持续发展和变革的创新。按照制度经济学的观点，制度创新也是生产力，而且是新型生产力和高效生产力。针对当前我国农村产业融合推动就地城镇化发展实践中所面临的土地、户籍、公共服务、投融资等体制机制的束缚，对这些体制机制进行创新无疑将成为促进农村产业融合推动就地城镇化发展的新动力。

### 一、深化农村土地制度改革，提高土地资源配置和利用效率

农村土地制度包括农村土地承包制度和农村宅基地制度。改革农村的土地制度，就是改革这两项制度。这两项制度在农民土地制度改革中相互制约、相互促进。家庭承包土地改革涉及农民生产方式的变革，因为土地流转既是生产要素的流动，又是生产资料占有权、使用权的变化。而推行宅基地置换有助于促进农民转换其生活方式。这两项改革恰恰为以农村产业融合推动就

地城镇化发展进而促进农民生产方式和生活方式变革提供了制度上的保障。因而推进农村产业融合与就地城镇化发展必然要求这两项土地制度配套进行改革。

### （一）稳定和完善农村家庭土地承包制，加快农民生产方式的改变

土地是农民的“命根子”，而家庭联产承包责任制是稳定农民“命根子”和实现农村社会和谐稳定发展的基本政策。因此，必须在坚持家庭联产承包责任制的基础上深化农地制度改革，赋予农户完整的土地权能，加快土地承包经营权流转。

一是要稳步推进农地产权制度改革。现行的“三权分置”农地制度改革，对农民拥有土地产权的内容进行了明确界定，赋予农民依据公平原则获得土地的承包权，并允许土地出租、抵押、入股、继承等，这为农村土地市场化流转、土地入股、规模化经营和企业化家庭农场的普遍形成铺平了道路。党的十九大重申“土地承包关系稳定长久不变”，这为进一步稳定农户承包权落实“三权分置”提供了保障。实践中，要继续深化“三权分置”改革，完善政策和相关法律，建立土地承包权与经营权可分离的制度，通过给农民发放土地承包使用证的方式严格保护农民的土地承包权，在充分尊重农民意愿和维护农民权益的同时加快放活土地经营权，允许土地用途在不发生改变的情况下促进其依法、合理、有序、有偿地进行转让、转租、甚至入股、抵押，以促进土地的适度规模经营和保证农民获得长期稳定、持续可靠的财产收益。

二是要完善农村土地流转机制。土地的适度规模化和集约化经营是实现农村产业融合发展的前提。因此，当前我国土地制度改革的关键就是要完善土地流转机制，促进土地经营权合理流转。在农地流转的实践中，农民已经开创了许多成功的模式，并在这些模式的作用下，截至到 2016 年年底，全国耕地流转面积已达 4.79 亿亩。① 但土地流转是一项复杂的、影响广泛的、政策性强的、农民十分敏感的经济活动。尽管我国实行有偿转让的农地政策，但目前尚无相应配套的法律文件和可供具体操作的章程来规范现阶段农地流转的对象、范围、程序等，使目前的农地转让还只能在农户之间自发、无序

① 农业部：关于进一步加强农村土地流转的意见［EB/OL］.（2017-10-19）［2017-10-21］.http：//www.nyxdt.com/world/26779.html.

地进行，由此带来了许多矛盾和经济纠纷。对此，政府亟需制定和完善农地使用权流转机制。首先，要对农地进行确权、登记、颁证，将农地资源确权到每个农民手中；同时要对农地进行分等定级和价格评估，以确保农地公平交易。其次，要积极培育土地市场，建立符合市场机制的土地流转制度，通过市场机制形成合理的土地转让价格，防止在土地流转中出现政府寻租、强势集团垄断和不公平现象。再次，完善土地流转服务体系，妥善地化解土地流转中的纠纷。积极培育土地托管中心、代管站等中介服务组织，为需要流转出去及需要承包土地的农户提供信息服务；同时，还要培育土地流转的法律咨询机构，确保土地以书面合同形式合法合理进行流转。最后，要加强对流转土地用途的监管，严格执行耕地保护制度和最集约型的土地使用制度。土地是极其宝贵的农业资源，土地流转的重要前提是保持农业用地的性质不变。为此，政府有关部门在土地流转中可以充分利用互联网、大数据、云平台等信息技术对土地流转动态进行有效监控，确保土地供需总量平衡。在承包地流转过程中，政府要创造有利的外部环境，建立多层次的社会保障，让农民能够放心转出土地。

三是创新农村征地制度改革，建立征地补偿新机制。以农村产业融合推动就地城镇化发展需要农村土地的适度规模化集约化经营和农村空间形态的集聚。因此，在某种程度上就会涉及到农民土地被征用、农民离开土地的情况。但为了确保我国耕地不触及安全底线和充分保护被征地农民的合法权益，实践中，我们要实行最严格的耕地保护制度，限制土地的征占，尽快缩小政府征地范围，将征地范围严格限定在公益性用地，并对公益性用地进行详细界定。同时要提高征地的补偿标准，改农地用途倍数补偿为公平补偿，农民房屋按市场价补偿。此外，还要妥善安置好失地农民，在涉及土地征占时，建议实行土地承包权的股份化，确保农民长远生计，解决失地农民的后顾之忧；还可以采取为被征地农民投保、安排工作等方式解决失地农民的安置问题。

### （二）创新农村宅基地使用制度，加快农民生活空间的转变

目前我国土地制度改革的重点主要集中在家庭承包土地的流转上，对宅基地改革重视不够。宅基地是指经过法律程序认可，可以用于建筑住宅（包括住房、厨房、禽畜圈舍、厕所和庭院等）的土地。农村宅基地具有唯一性

和一经获得即可免费使用的特点。但由于目前我国农民还缺少对宅基地的处置权和抵押权，致使宅基地不能完全流转和充分市场交易。改革农村宅基地制度，通过赋予宅基地完整的产权，增强宅基地的流动性，不仅可以满足城市新增建设用地需要，释放大量耕地，而且还能促进城乡人员流动。一方面，一家一户的宅基地看似数目小，但集合起来数量巨大；另一方面，对宅基地的集聚规划和置换可以为家庭承包地流转创造条件。对那些因大量人口外出打工而出现的“空心村”而言，通过置换宅基地，给予农民一定的补偿金，对于外出农民可能是把沉淀的资本变成了可用的资金，有利于其在外安家立业，而一旦这些人员在外扎稳脚跟，保留承包地以防万一失业回家种地的心理就会减弱，放弃承包地机会成本降低。而对于留在农村从事农业的农民而言，面对传统农业区、山区、传统村庄自然形成、布局分散、凌乱，加快农村住房集聚建设，通过科学合理规划，对农民住房布局进行空间上的重新调整，便于政府对基础设施、公共产品和公共服务的优质足量供给。此外，赋予宅基地完整的产权，增进宅基地的流动性还能为城市居民到农村创业创新提供居住保障。

但是，农村宅基地是农民世代生活的场所，是农民重要的财产权利和物质利益，改革农村宅基地制度敏感度高、利益格局复杂。因此，一定要审慎稳妥，严守国家法律法规，保护农民的合法权益，逐步推进宅基地制度改革。具体而言：

一是推进农村宅基地“三权分置”改革。鉴于当前我国城市居民到农村发展一二三产业融合项目难以保证居住问题以及农民宅基地财产权难以实现的现状，迫切需要以“三权分置”为基点来进行宅基地产权制度改革。即在坚持农村宅基地集体所有产权的基础上，保障宅基地农户资格权，通过立法形式保证农民对农村宅基地拥有物权化的使用权、处置权，并做好宅基地确权登记发证工作，建立统一的宅基地信息管理系统和城乡统一协调的房产市场，支持农村集体所有的宅基地能够按照市场原则实现其使用权自由流动，从而保障农民对其宅基地的财产权，同时也能为实现城乡人员双向流动提供住房保障。

二是要加强宅基地管理，严格规划，杜绝滥建。由于一直以来我国对农村宅基地的建设缺乏必要的规划和指导，致使我国广大农村地区宅基地普遍存在着利用粗放、严重超标和过剩闲置的问题。因此，必须建立健全农村宅基地管理制度，对需要新建、改进、续建的宅基地进行登记，并严格按照统一规划施行。

三是要兴建集中式住房，引导农民居住集中化。在我国不少农村地区，村庄人口稀疏，难以集聚资源要素，也不利用政府投资兴建公共基础设施。因此，要鼓励和引导农民兴建集中式住房。通过制定符合市场经济要求的《土地公平交易法》，以法律文件来确保按照公平原则对农民原有宅基地进行置换。另外，要制定相关优惠政策，鼓励农业企业投资于宅基地的整理和置换。这一点可以借鉴中鹤集团新型农村社区建设的经验。

四是建立完善宅基地退出机制。重庆、天津等地已率先开启了以城市住房及社保来引导农民退出宅基地的试点探索工作，为进一步推进宅基地退出改革提供了有益经验。但需要注意的是，在当前宅基地退出机制的设置过程中，必须以尊重和保护农民利益最大化为基点，尽快完善宅基地发展权制度，设置出合理的宅基地退出补偿标准以及相应的激励和约束机制，确保农民在退出宅基地后能够获得相应的发展权增值收益。

## 二、加快农村户籍制度改革，促进城乡劳动力资源合理流动

我国城乡二元户籍制度造成了劳动力配置的低效以及人力资本扭曲，已被公认为中国推进城镇化和实现现代化的最大障碍，也成为延滞农村产业融合推动就地城镇化发展的重要制度性因素。因此，改革户籍制度的呼声愈发强烈。作为这些呼声的回应，我国户籍制度改革一直在稳步推进，虽然进程缓慢，但与曾经森严的壁垒相比，城乡流动的闸门已被拆除，全国 31 个省份都已建立了城乡统一的户口登记制度，实现了公民身份法律意义上的平等，提高了城乡要素使用效率。但客观地说，我国户籍制度改革还有很大的局限，并没有从实质上突破其制度背后所隐藏的居住条件、劳动就业、社会保障、公共服务和公共资源等城乡差异问题。因此，户籍制度改革要切实取得成效，要继续以“户改”为撬杆，加快促进城乡一体化相关制度、政策及措施的建立和完善，从根本上打破城乡二元户籍制度，进而实现公共服务全覆盖。具体而言：

一是要建立城乡统一的全新的户籍制度。首先，要借鉴国际经验，建立统一的、可流动的、按居住地登记的新户籍制度。即任何公民只要在某地长

期居住，就有资格申办居住证，并能享受该地区居民同等的权利和义务。随着农村产业融合推动就地城镇化发展的加快，人口的迁徙，城乡布局的调整必将加速。鉴于我国现有的经济社会发展水平还难以在全国各地同步推行这种新的户籍制度，尤其是特大城市还不能完全实行自由迁徙的制度。因此，实际工作中，可以按照小城镇、中等城市最后到大城市的改革逻辑顺序分步推进，赋予各市一定的自主权，允许各地区依据自身的资源承载能力来调整统一城乡户籍制度的时间。其次，在改革方法上，要使户籍与其所享受的福利待遇和资源逐步分离、脱钩，并加快与居民身份相联系的其他制度的配套改革，通过制定一套符合客观实际的政策，多渠道解决农民的就业问题和住房资金问题，加速户籍制度改革的进程。但值得注意的是，为了把农民吸引到城镇，目前我国小城镇、地级市和省会城市都已经推行全面放开的户籍制度，并允许进入城镇的居民继续享有农村承包地等政策，然而，这并没有引起农民的响应，农民向中小城市转移的愿望并不强烈。究其原因，一方面是因为农村户口在现行制度下其“红利”日益凸显，另一方面是因为小城镇的教育、医疗等社会服务与大中城市存有较大的差别，而农民进城又缺乏完善的社会保障。此外，由于农村产业融合推动就地城镇化发展具有开放性的特点，对于有意向农村转移，投资农业、农村的城市居民，因其户籍问题也面临着用地难、补贴难及不能享受相应的政策支持等问题。面对实践中涌现的新问题，迫切需要我们从变化的实际需要出发，在以往注重取消城市户口背后所附着的利益基础上，要特别关注当前农村户口含金量日渐凸显的事实，并要在保障农民合法利益的前提下逐渐淡化其利益。

二是户籍制度改革要循序渐进，避免过急过快。一方面，长期以来我国户籍制度代表了城乡不同的福利内容和资源，如果骤然地彻底地改革户籍制度将会对城市和农村的经济社会发展都带来巨大的影响。假如全面放开户口，由于城市发展水平的不同，最先受到冲击的是“北上广”这些经济发展水平较高的城市，不仅农民会涌入，其他城市的人口也会涌入。这就可能造成高素质的人才和雄厚的资本对本地居民的挤出效应，引发社会不稳定因素，还可能造成农村大量人口涌入大城市而出现与拉美国家相似的城市病。同样，彻底改革农村户籍制度必然要求取消户籍制度对土地承包者的限制，而土地承包权一旦采取公开拍卖的方式，将会使大部分土地经营权转移到少数富裕者手中，甚至会出现较大规模的过度集中，这就可能造成大量的农民失去土地，不得不涌入城市，造成“大城市病”。另一方面，推进户籍制度改革，实际上是推进公共服务均等化。这也决定了户籍制度改革必须渐进进行。虽然户籍制度改革能够即刻取消城乡居民身份上的形式差别，但不可能马上取消基本公共服务供给方面地域上的实质差别，公共服务供给的缩小是随着经济发展、国力增强而逐渐改变，不可能一蹴而就。因此，户籍制度改革必须在国家经济发展水平不断提升的基础上稳步推行。

三是户籍制度改革需要有法律制度为其保驾护航。顺应城乡人口双向流动的趋势，要进一步修订宪法和有关法律，制定《人口自由迁徙法》，赋予公民自由迁徙权，完善人口流动管理，通过建立以身份证管理为核心的人口流动制度，引导城乡居民自由流动；出台《户籍法》确保户籍制度改革落到实处。在中央统一政策的规范下各个地区结合自身发展的条件，应逐步制定出地方性法规。

## 三、健全农村社会保障制度，提升农民市民化水平

完善的社会保障是农村产业融合推动就地城镇化发展的前提，有利于割断农民与土地的经济联系，扩大土地经营规模，进而提高农业劳动生产率，促进农民生产生活方式改变，解锁城乡二元社会结构。社会保障作为保证社会经济安全运行的公共措施，是典型的公共产品，应该由政府向全体农民提供平等的社会保障服务，最大限度地实现公平正义的目标。当然，由于目前国家财力不足，短时间内不可能在全国范围内为农民提供全面、高标准的社会保障待遇，但必须要通过制度创新，推动农村社会保障制度的渐进性完善，并要顺应经济发展水平推进其阶段性调整，以弱化土地的保障功能，促进土地有序流转和城乡社会保障的对接。

一是农村社会保障制度在设计上要和城市社会保障制度衔接。农村产业融合推动就地城镇化发展的目的之一就是促进农民市民化，因此，农民市民化是农民的发展趋势。让农民享受与城市居民一样的社会保障是农民市民化的条件，也是巩固城市化了的农民基本生活的必然要求。因此，农村社会保障的制度设计应该与城市社会保障制度趋同，在组织体系，操作方式，管理制度和标准机制上与城市社会保障制度接轨。这样，既可发挥社会保障对农民生活方式向城市生活方式转变的促进作用，同时也可促进户籍制度改革。

社会保障制度是由国家财政承担的一种制度安排，政府应增加对社会保障的投资力度，建立规范的社会保障预算制度，改变财政投入偏少、尤其是农村投入偏少的情况。

二是确立社会保障内容在农村地区的优先顺序。“病有所医”“老有所养”是老百姓最为关心的两件大事，全国范围内的农村医疗保险制度和社会养老保险是农民最关切、最盼望的事，也是当前我国农村经济社会发展面临的较为紧迫的问题。2003 年我国恢复和完善了农村合作医疗制度，解决农民“病有所医”问题。2008 年，农村合作医疗制度实现了全覆盖，截至 2015 年底，全国参加新型农村合作医疗人口数达 6.7 亿人，参合率为 98.8%。[①] 但是，制度全覆盖并不代表所有农民都参加了医疗保险，现行制度还呈现出城乡二元、群体分割等“碎片化”的特征，统一城乡医疗保险制度势在必行。但这是一项长期的艰巨任务，要坚持顶层设计与摸着石头过河相结合，分阶段稳步推进。2016 年我国已经实现了城乡居民医疗保险的并轨，而目前整合城乡居民基本医疗保险和城镇职工基本医疗保险在当前我国医疗资源和财力相对有限的情况下条件还不成熟，要实现今后城乡居民和职工在基本医疗保险制度上的公平和公共资源上的共享，就需要建立可持续的筹资机制，将各级政府的补助经费纳入财政预算的同时创新社会资本融入机制。除了完善、统筹城乡医疗保险制度外，还要积极探索符合农村特点的社会化养老制度，以降低土地养老现象。目前，我国已经进入人口老龄化阶段，且全国 70% 以上的老龄人口分布在农村。因此，解决农民“老有所养”的问题愈发突出。早在 2009 年，我国就开启了全国“新农保”试点工作，并坚持低门槛、广覆盖、保基本、可持续、要自愿、便转移的基本原则，坚持个人缴费、集体补助和政府补贴的多元筹资原则。为了支持“新农保”制度的建立，中央和地方都加大了投入力度，对“新农保”既补“入口”，又“补出口”，即在缴费环节和支付环节同时给予补贴。目前，我国已经实现基本养老保险制度的全覆盖，每个符合退休条件的老年人均能按月领取数额不等的养老金。但受区域经济发展水平和农民收入水平的制约，目前我国城乡居民之间、不同区域农民群体之间在保险待遇上相差悬殊。尽管从公平公正的角度看，国家应加大投资力

① 国家卫计委发布《2015 年卫生和计划生育事业发展统计公报》[EB/OL].(2016-07-26)[2016-07-26]. http://news.xinhuanet.com/health/2016-07/21/c_129166225.htm.

度确保城乡、区域养老保险制度的统一。但由于目前我国经济实力有限，只能针对不同地区的发展水平，构建多元化农村养老保险制度。为保障农村社会保障制度的可持续推进，国家要在大力发展生产力提升经济水平的基础上加大社会养老保险制度的资金注入，同时，要鼓励社会、企业、机构、家庭和个人多方共办，在保障水平上，要坚持低起点、低标准，以保障老年人口、贫困人口为目标，使广大农民在农村能够享有一份与当地经济社会相适应的养老金，并保证农村社会保障水平随着经济和社会发展水平的提高而提高。只有这样，才能让农民放心地将土地流转出去，促进土地规模化经营；同时也减少农民与城市居民的身份差距，促进农民市民化。

## 四、完善农村公共服务体制，确保城乡公共服务均等化

农村产业融合推动就地城镇化发展的大兴模式、中鹤模式、富川模式都表明，以农村产业融合推动就地城镇化的发展离不开政府对农村公共产品和公共服务的供给。一方面，农业承担着保障国家粮食安全、稳定农民收入和保护生态环境的多重任务，但其对自然条件的依赖性和对市场信号反映的滞后性决定了农业生产要承受自然和市场双重风险的压力。这在客观上要求国家财政要增加对农业的投资力度，支持外部效益显著的农村基础设施、生态环境保护项目，降低农业自然风险；同时要健全农业信息服务体系，提高其抵御市场风险能力。另一方面，随着农村产业融合的发展，传统农业的生产方式会从根本上得到改造，生产农产品和生产工业产品将只是职业分工的划分，农村就地城镇化发展的关键就在于农民能够享受到和城市居民一样的公共产品和公共服务。因此，要进一步完善农村公共服务体制，调整财政分配格局，完善农村社会化服务体系等，促进城乡公共产品和公共服务均等化。具体而言：

一是要加大投资力度，继续推动公共服务资源向农业农村优先配置，扩大农村公共服务的范围，提高公共服务的质量。具体来说，就是要彻底摒除城市偏向的思想观念和体制机制，加快建立公共财政体制，统筹城乡公共产品的供给，加大公共财政向农村的转移支付，把农村公共产品供给列入区域国民经济和社会发展规划，纳入政府基本建设投资范围。同时，要建立覆盖城乡的公共财政制度，把更多的财力、物力投向农村基层，通过制定和实施

靶向性的投资政策体系，重点支持农村公共服务体系的薄弱环节和关键领域，要加大投入和提升与现代产业融合相衔接的农村硬件基础设施水平，如气、电、网、商、运、医等生产生活的配套设施水平，加强农村光纤宽带网络、5G通信网络、无线局域网络建设；加大对农业、农村生态治理的投入，突出绿色生态指向，以改变农业、农村的落后面貌，改变农民的生活方式。同时还要建立和完善基础教育、公共卫生服务、基础设施建设等向农村转移支付的制度，以保障农村尤其是欠发达地区的乡镇政府对农村基础教育、公共卫生服务的投入。另外，还必须要重视公共服务资金投入的使用效率和政策实施的有效性。为此，要严格执行《国务院关于探索建立涉农资金统筹整合长效机制的意见》中所提出的要同步设定和下达资金和任务清单并建立与整合相应的绩效评价制度，以提高涉农资金的使用效率。从技术层面看，要充分运用互联网、大数据等现代工具对农村公共资源配置进行系统配置和监管，避免各地公共资源向农村倾斜仅停留在口号上，有效提高资金使用效率。除了资金使用的倾斜外，还要建立城市优质公共服务资源向农村延伸的长效机制，通过政策激励、待遇优厚、表彰奖励等办法，开辟对口支援、城乡交流、支援服务等渠道，把城市更多的人才、技术引向农村基层，以为农村产业融合与就地城镇化发展提供人才支撑和技术支撑。

二是完善农村社会化服务体系，提升公共服务能力水平。健全的农村社会化服务体系，是促进农业发展，农民增收的关键。新形势下，农村社会化服务体系应包括农业、医疗卫生、保障、中介服务组织、劳动者再教育等各个方面。[①]对此，首先，从农业生产社会化服务体系看，要大力发展农业经营性服务，通过培植多层面、多功能的服务型组织，如行业协会、专业技术协会、行业间或区域间各种合作经济组织等各类社会化服务主体，为农民提供代耕代收、仓储烘干、农机作业、农资配送及乡村旅游相关设施和服务等方面的有偿供给；同时还要增强农业公益性服务能力，完善农村信息化服务体系建设，健全公益性农业技术推广服务体系，通过对农业科技成果供给者和传播者提供奖励的方式促进农业科技成果向现实生产力转化。其次，从农村生活服务体系看，要构建集义务教育、社会保障、社会治安、文体活动、法律和社区服务等各项具体服务体系。具体而言，就是要进一步统筹规划学校

① 王敬华、陈田.城乡统筹发展途径研究［M］.北京：中国农业科学技术出版社，2009：89.

布局，推进义务教育学校标准化建设，统筹安排城乡师资力量；同时还要加强和完善农村文化体育服务制度，通过为农民修建文化馆、图书馆、休闲健身设施，引导文化工作者深入乡村宣传教育方式等提高农民文化素质和身体素质；此外，还要建立农村安保服务体系和法律服务体系，以保障提升农村社会治安水平。只有农村公共服务能力水平提升了，才能吸引资金、农业科技人才和消费向农村回流，才能提升农民的市民化程度，促进农村产业融合推动就地城镇化发展的顺利进行。

三是将城乡一体化的公共服务体系建设列为政绩评价机制。各地区政府要尽快按照城乡均等化的要求，有步骤、有计划地改变城乡公共服务制度分置局面，从制度层面缩小城乡差距。为了保障制度实施的有效性，要尽快将城乡一体化的公共服务体系建设全面纳入政府考核指标体系。通过建立综合评价指标体系，加强对各地基本公共服务水平和进程进行检测评价，并根据评价结果提出改进措施。

## 五、推进农村金融体制改革，稳定农村产业融合推动就地城镇化发展的资金来源

面对当前我国农村产业融合推动就地城镇化发展资金短缺的难题，除了需要加大政府的财政投入外，还必须要解决农村金融供给不足的问题。对此，要进一步推进我国农村金融体制改革，建立合理完善的农村金融体系，以为农村产业融合推动就地城镇化发展的顺利进行提供资金支持。

一是要完善农村正规金融机构功能。农村正规金融机构是农村金融主力军。针对当前农村正规金融机构金融服务意愿不强、数量不足、效率低的问题，政府必须要承担一些改革成本，加大政策倾斜和财政支持力度。首先，政府要综合运用货币、信贷、奖励补助、税收优惠、差异性监管等政策，形成有效激励与严格约束相结合的政策体系，为银行类金融机构开展农村产业融合与就地城镇化发展业务提供稳定的政策预期，以吸引金融机构在农村市场投入人力和物力。其次，要发展农村普惠金融服务，鼓励涉农金融机构创设中长期低息贷款品种、专项金融贷款、网络小额贷款，加大政策性金融、开发性金融支持农业农村发展的力度。再次，要创新农村抵押方式，扩大林权和农村土地“两权”抵押贷款试点，以降低融资成本。

二是鼓励并支持发展村镇银行、小额贷款公司等微型金融机构。微型金融机构一般以地域性和农村产业、新农村建设等多样性金融需求为基点，凭借自身明晰的产权结构优势、较低的交易成本优势、较高的金融效率发挥服务于“三农”的作用。微型金融机构由于设立的门槛低、资本规模较小，使其内控能力、财务约束能力更易把控。因此，要从制度上给予微型金融机构合法地位。但需要指出的是，微型金融机构往往是以逐利为目的的，政府必须要以新理念、新工具建立完善、规范的约束制度和法律体系，积极引导、有效监管其业务开展，明确规定只要在县和县以下区域有吸收储蓄业务的，都应将一定比例的资金以贷款的方式回馈于农村。

三是扶持和培育农村资本市场，降低社会资本进入门槛。运用市场机制，增加投资主体，拓宽融资渠道，鼓励企业和个人投资参与农村产业融合与就地城镇化的建设。在涉农企业满足上市条件的情况下，证监会要适当的支持农业上市公司，政府也要加大对涉农企业发行企业债、中小企业私募债、集合债等发债规模支持，以帮助涉农企业拓宽融资渠道，减少对银行的依赖。“十三五”期间中央计划向“三农”领域投入不低于 3 万亿元的意向性贷款融资规模，有效提振了各类资本进入农业的信心。与此同时，京东、苏宁等民间资本也不断发力，为农村金融发展注入新鲜血液。据统计，截至 2016 年年末，第一产业民间固定资产投资 12074 亿元，同比增长 14.3%，对第一产业投资增长的贡献率达 95.5%。①

四是完善农业保险机制和农村贷款担保机制，支持农产品行业协会和农民专业合作社来发展农业小额贷款担保服务。发达国家农村保险市场的成功经验表明，政府的财政支持是农村保险发展的重要支撑点。因此，要改革现行的民政救济、救灾体制和办法，推进我国农业直接补贴向农业保险转变。鼓励地方政府牵头设立专门为农业和农民服务的保险公司，完善政策性农业保险体系，扩大农作物承保范围和增强赔付能力，加大各级财政增保费补贴。同时，政府还要通过税收优惠、商业费用补贴等手段吸引和帮助商业保险公司发展涉农业务，完善巨灾风险转移分摊机制，充分发挥协同效应促进农业发展和农村繁荣。此外，在发展农业保险的同时，还要创新农村信用担保机

① 2017 年前三季度农业投资持续趋缓民间投资增长贡献率超过 95%［EB/OL］.（2017-10-27）［2017-10-28］. http：//www.jhs.moa.gov.cn/dongtai/201710/t20171027_5852139.htm.

制，加强农村信用环境建设，借助大数据、人工智能等技术手段尽快建立农村征信体系，以规避信用风险的发生和传递。

总之，要实现农村产业融合推动就地城镇化的可持续发展，既需要科学的发展理念为指导，也需要多措并举地提升农村产业融合发展水平和农业企业集聚力，还需要加强小城镇这一载体建设，更需要不断进行体制机制创新，为其提供良好的制度环境。而且，也只有通过发挥上述的合力作用，才能真正推进农村产业融合推动就地城镇化的健康发展，进而从根本上解决“三农”难题，实现乡村振兴。

# 参考文献

## 一、经典文献类


[1] 马克思恩格斯文集（第1、2、3、7、10卷）[M]. 北京：人民出版社，2009.
[2] 资本论（第1卷）[M]. 北京：人民出版社，2004.
[3] 毛泽东文集（8卷）[M]. 北京：人民出版社，1999.
[4] 建国以来毛泽东文稿（7）[M]. 北京：中央文献出版社，1992.
[5] 毛泽东农村调查文集 [M]. 北京：人民出版社，1982.
[6] 邓小平文选（第3卷）[M]. 北京：人民出版社，1993.
[7] 建国以来重要文献选编（11）[M]. 北京：中国文献出版社，1992.
[8] 十二大以来重要文献选编（上、中）[M]. 北京：人民出版社，1986.
[9] 十二大以来重要文献选编（下）[M]. 北京：人民出版社，1988.
[10] 十三大以来重要文献选编（上、中）[M]. 北京：人民出版社，1991.
[11] 十三大以来重要文献选编（下）[M]. 北京：人民出版社，1993.
[12] 十四大以来重要文献选编（上）[M]. 北京：中央文献出版社，1996.
[13] 十四大以来重要文献选编（中）[M]. 北京；中央文献出版社，1997.
[14] 十四大以来重要文献选编（下）[M]. 北京：中央文献出版社，1999.
[15] 十五大以来重要文献选编（上）[M]. 北京：中央文献出版社，2000.
[16] 十五大以来重要文献选编（中）[M]. 北京：中央文献出版社，2001.
[17] 十五大以来重要文献选编（下）[M]. 北京：中央文献出版社，2003.
[18] 十六大以来重要文献选编（上）[M]. 北京：中央文献出版社，2005.
[19] 十六大以来重要文献选编（中）[M]. 北京：中央文献出版社，2006.
[20] 十六大以来重要文献选编（下）[M]. 北京：中央文献出版社，2008.
[21] 十七大以来重要文献选编（上）[M]. 北京：中央文献出版社，2009.
[22] 十七大以来重要文献选编（中）[M]. 北京：中央文献出版社，2011.
[23] 十七大以来重要文献选编（下）[M]. 北京：中央文献出版社，2013.
[24] 十八大以来重要文献选编（上）[M]. 北京：中央文献出版社，2014.
[25] 十八大以来重要文献选编（中）[M]. 北京：中央文献出版社，2016.
[26] 中共中央关于全面深化改革若干重大问题的决定 [M]. 北京：人民出版社，2013.
[27] 中共中央关于全面推进依法治国若干重大问题的决定 [M]. 北京：人民出版社，

2014.
[28] 习近平谈治国理政 [M]. 北京：外文出版社，2014.

## 二、著作类

[1] 费孝通. 乡土中国 [M]. 长沙：岳麓书社，2012.
[2] 费孝通. 江村经济——中国农民的生活 [M]. 北京：商务印书馆，2001.
[3] 贺雪峰. 回乡记：我们所看到的乡土中国 [M]. 北京：东方出版社，2014.
[4] 贺雪峰. 城市化的中国道路 [M]. 北京：东方出版社，2014.
[5] 贺雪峰. 新乡土中国 [M]. 北京：北京大学出版社，2013.
[6] 张培刚. 农业与工业化 [M]. 北京：中国人民大学出版社，2014.
[7] 林毅夫. 制度、技术与中国农业发展 [M]. 上海：上海三联书店，2011.
[8] 陆学艺. 三农论：当代中国农业农村农民研究 [M]. 北京：社会科学出版社，2002.
[9] 陆学艺. 中国农村现代化道路研究 [M]. 南宁：广西人民出版社，1998.
[10] 杜润生. 中国农村体制变革重大决策纪实 [M]. 北京：人民出版社，2005.
[11] 杜润生. 中国农村改革决策纪实 [M]. 北京：中央文献出版社，1999.
[12] 温铁军. 三农问题与世纪反思 [M]. 上海：生活·读书·新知三联书店，2005.
[13] 温铁军. 新农村建设理论探索 [M]. 北京：北京出版社，2006.
[14] 温铁军. 中国农村基本经济制度研究——"三农"问题的世纪反思 [M]. 北京：中国经济出版社，2000.
[15] 朱启臻. 农业社会学 [M]. 北京：社会科学文献出版社，2009.
[16] 朱启臻. 生存的基础——农业的社会学特征与政府责任 [M]. 北京：社会科学文献出版社，2013.
[17] 孔祥智. 农业经济学 [M]. 北京：中国人民大学出版社，2014.
[18] 童星. 发展社会学与中国现代化 [M]. 北京：社会科学文献出版社，2005.
[19] 罗荣渠. 现代化新论——世界与中国的现代化进程 [M]. 北京：商务印书馆，2004.
[20] 黄宗智. 中国的隐性农业革命 [M]. 北京：法律出版社，2010.
[21] 徐勇. 农民改变中国 [M]. 北京：中国社会科学出版社，2012.
[22] 胡鞍钢. 中国：民生与发展 [M]. 北京：中国经济出版社，2008.
[23] 梁漱溟. 乡村建设理论 [M]. 上海：人民出版社，2011.
[24] 孙立平. 转型与断裂：改革以来中国社会结构的变迁 [M]. 北京：清华大学出版社，2004.
[25] 黄家海. 民生时代的中国乡村社会 [M]. 北京：社会科学文献出版社，2012.
[26] 曲福田等. 中国工业化、城镇化进程中的农村土地问题研究 [M]. 北京：经济科学出版社，2010.
[27] 张秀生等. 中国农村经济改革与发展 [M]. 武汉：武汉大学出版社，2005.
[28] 国务院发展研究中心课题组. 中国新型城镇化道路、模式和政策 [M]. 北京：中国发

展出版社，2014.
［29］熊德平．农村金融与农村经济协调发展研究［M］．北京：社会科学文献出版社，2009.
［30］赵美玲．中国农业国际竞争力：理论与实证研究［M］．天津：天津社会科学出版社，2005.
［31］赵美玲等．马克思主义中国化与中国经济现代化［M］．天津：南开大学出版社，2012.
［32］段联峥．马克思主义视域中的农民利益思想研究［M］．北京：中国书籍出版社，2015.
［33］谢双明．马克思主义东方农民问题的理论及其在中国的发展研究［M］．北京：中国社会科学出版社，2013.
［34］张晓雯．马克思主义“三农”理论中国化及其实践研究［M］．成都：西南财经大学出版社，2011.
［35］王述英，白雪洁，杜传忠．产业经济学［M］．北京：经济科学出版社，2006.
［36］于刃刚等．产业融合论［M］．北京：人民出版社，2006.
［37］马健．产业融合论［M］．南京：南京大学出版社，2006.
［38］梁伟军．产业融合与现代农业发展［M］．武汉：华中科技大学出版社，2012.
［39］王永龙．分工与融合视角的现代农业发展研究［M］．北京：中国社会科学出版社，2012.
［40］胡永佳．产业融合的经济学分析［M］．北京：中国经济出版社，2008.
［41］张敏，秦富等．农业产业化发展：理论与实践［M］．北京：中国农业大学出版社，2014.
［42］俞雅乖．政府行为和制度变迁［M］．北京：经济科学出版社，2010.
［43］牛若峰，夏英．农业产业化经营的组织方式和运行机制［M］．北京：北京大学出版社，1997.
［44］张明林．农业产业化进程中的产业链成长机制［M］．北京：科学出版社，2010.
［45］罗军．传统农区产业集群形成与演化［M］．北京：社会科学文献出版社，2010.
［46］王栋．我国农业产业集聚区形成机理研究［M］．北京：中国传媒大学出版社，2009.
［47］聊明斋．中国农业现代化：困惑与探索［M］．北京：社会科学文献出版社，2015.
［48］程志强．农业产业化发展与农地流转制度创新研究［M］．北京：商务印书馆，2012.
［49］聊明斋，李燕燕．中国农区工业化路径研究：以欠发达平原农区为例［M］．北京：社会科学文献出版社，2009.
［50］国务院发展研究中心农村经济研究部课题组．中国特色农业现代化道路研究［M］．北京：中国发展出版社，2012.
［51］蒋和平等．中国特色农业现代化建设机制与模式［M］．北京：中国农业出版社，2013.
［52］蒋和平等．中国特色农业现代化建设研究［M］．北京：经济科学出版社，2011.
［53］季任钧．中国沿海地区乡村－城市转型与协调发展研究［M］．北京：商务印书馆，2008.
［54］唐在富．新型城镇化与土地变革［M］．广东：南方出版社，2014.

[55] 仇保兴. 应对机遇与挑战——中国城镇化战略研究主要问题与对策 [M]. 北京：建筑工业出版社，2009.
[56] 宋亚平，项继权等著. 湖北省新型城镇化转型与治理 [M]. 武汉：湖北科技出版社，2014.
[57] 向春玲. 社会治理创新与新型城镇化建设 [M]. 北京：中国人事出版，2014.
[58] 朱宇，祁新华，王国栋. 就地城镇化：理论与实证 [M]. 北京：科学出版社，2012.
[59] 张建云. 农业现代化与农村就地城市化研究——关于当前农村“就地城市化”问题的调研 [M]. 北京：中国社会科学出版社，2012.
[60] 岑乾明. 马克思恩格斯的城乡观及其当代价值 [M]. 北京：中国社会科学出版社，2013.
[61] 焦方义. 传统农区走新型工业化道路研究 [M]. 北京：经济科学出版社，2013.
[62] 张晓杰. 快速城市化进程中基本公共服务均等化研究 [M]. 上海：三联书店，2013.
[63] 向德平. 城市社会学 [M]. 武汉：武汉大学出版社，2002.
[64] 蔡禾. 城市社会学讲义 [M]. 北京：人民出版社，2011.
[65] 高珮义. 中外城市化比较研究 [M]. 天津：南开大学出版社，2004.
[66] 宋俊岭，黄序. 中国城镇化知识 15 讲 [M]. 北京：中国城市出版社，2001.
[67] 刘吉双，陈殿美. 江苏农民就地市民化论 [M]. 北京：中国经济出版社，2014.
[68] 李阿琳. 就地城市化：强政府与弱产业下的农村发展 [M]. 北京：社会科学文献出版社，2014.
[69] 雷玉明. 城乡统筹的经济动因——农业产业化的利益机制新论 [M]. 武汉：华中科技大学出版社，2010.
[70] 奚建武. 农业现代化与城镇化协调发展 [M]. 上海：上海人民出版社，2014.
[71] 冯涛. 新型城镇化进程中的地方政府治理转型 [M]. 杭州：浙江大学出版社，2014.
[72] 刘文纪. 中国农民就地城市化研究 [M]. 北京：中国经济出版社，2010.
[73] 王敬华，陈田. 城乡统筹发展途径研究 [M]. 北京：中国农业科学技术出版社，2009.
[74] 华生. 城市化转型与土地陷阱 [M]. 北京：东方出版社，2014.
[75] 文贯中. 吾民无地：城市化、土地制度与户籍制度的内在逻辑 [M]. 北京：东方出版社，2014.
[76] 张立等. 新型城镇化——转型与应对 [M]. 上海：同济大学出版社，2014.
[77] 王建国等. 中部地区工业化与城镇化协调发展研究 [M]. 北京：经济管理出版社，2013.
[78] 李炳炎. 中国模式经济发展论——中国加快转变经济发展模式研究 [M]. 太原：山西经济出版社，2012.
[79] 王新越，张广海. 中国旅游化与城镇化协调发展研究 [M]. 北京：旅游教育出版社，2014.
[80] 樊明等. 工业化、城镇化和农业现代胡：行为与政策 [M]. 北京：社会科学文献出版

社，2014.
[ 81 ] 宋洪远. 中国农村改革三十年 [ M ]. 北京：中国农业出版社，2008.
[ 82 ] 蔡昉等. 农村发展与增加农民收入 [ M ]. 北京：中国劳动保障出版社，2006.
[ 83 ] 俞可平，李慎明，王伟光. 农业农民问题与新农村建设 [ M ]. 北京：中央编译出版社，2006.
[ 84 ] 葛志华. 为中国“三农”求解：转型中的农村社会 [ M ]. 南京：江苏人民出版社，2004.
[ 85 ] 杨永华. 马克思的社会分工理论 [ M ]. 北京：经济科学出版社，2012.
[ 86 ] 王栋. 我国农业产业集聚区形成机理研究 [ M ]. 北京：中国传媒大学出版社，2009.
[ 87 ] 许建文. 中国当代农业思想的演变与实践 [ M ]. 北京：中国社会科学出版社，2015.
[ 88 ] 徐金海. 专业化分工与农业产业组织演进 [ M ]. 北京：社会科学文献出版社，2008.
[ 89 ] 郭书田. 毛泽东与中国农业——专家学者纪念毛泽东诞辰 100 周年文集 [ M ]. 北京：新华出版社，1995.
[ 90 ] 曹俊杰. 工业化和城镇化背景下的农业现代化问题研究 [ M ]. 北京：中国财政经济出版社，2013.
[ 91 ] 费孝通. 中国城镇化道路 [ M ]. 呼和浩特：内蒙古人民出版社，2010.
[ 92 ] 胡映兰等. 改革开放以来中国共产党社会建设的理论与实践 [ M ]. 北京：人民出版社，2014.
[ 93 ] 厉以宁. 中国道路与新城镇化 [ M ]. 北京：商务印书馆，2012.
[ 94 ] 杨德勇，张宏艳. 产业结构研究导论 [ M ]. 北京：知识产权出版社，2008.
[ 95 ] 原毅军，董琨著. 产业结构的变动与优化：理论解释和定量分析 [ M ]. 大连：大连理工出版社，2008.
[ 96 ] 段应碧. 工业化进程中的城乡关系研究 [ M ]. 北京：中国农业出版社，2008.
[ 97 ] 刘传江，程建林，董廷芳. 中国第二代农民工研究 [ M ]. 济南：山东人民出版社，2009.
[ 98 ] 唐晓腾. 现代化中的城市社会转型—历史图景及研究视角 [ M ]. 上海：上海大学出版社，2014.
[ 99 ] 李建军. 大城市与周边村庄关系理论与实证研究 [ M ]. 北京：商务印书馆，2015.
[ 100 ] 王春光，孙晖. 中国城市化之路 [ M ]. 云南：云南人民出版社，1997.
[ 101 ] 李慎明，夏春涛. 马克思主义中国化与全面建设小康社会 [ M ]. 北京：社会科学出版社，2005.
[ 102 ] 国家发展改革委宏观经济研究院课题组. 产业融合：中国农村经济新增长点 [ M ]. 北京：经济科学出版社，2016.
[ 103 ] 朱宇等. 中国的就地城镇化：理论与实证 [ M ]. 北京：科学出版社，2012.
[ 104 ] 汤进化，李英辉，李晖. 农业产业结构演进与城镇化协调发展——以上海市为例 [ M ]. 北京：中国农业科学技术出版社，2014.

[105] 张红宇等. 金融支持农村一二三产业融合发展问题研究 [M]. 北京：中国金融出版社，2016.
[106] 北京农业产业融合发展研究课题组. 产业融合发展：转型中的北京农业 [M]. 北京：中国农业科学技术出版社，2016.
[107] 蔡昉. 中国农村改革与变迁：30 年历程和经验分析 [M]. 上海：上海人民出版社，2008.
[108] 塞缪尔・P. 亨廷顿. 变化社会中的政治秩序 [M]. 北京：三联书店，1989.
[109] 亚当・斯密. 国民财富的性质和原因的研究（中文版）[M]. 北京：商务印书馆，1972.
[110] 塞缪尔・P. 亨廷顿. 文明的冲突与世界秩序的重建 [M]. 北京：新华出版社，2002.
[111] 马克思・韦伯. 新教伦理与资本主义精神 [M]. 上海：上海人民出版社，2010.
[112] 西奥多・W. 舒尔茨. 经济增长与农业 [M]. 北京：经济出版社，1991.
[113] 西奥多・W. 舒尔茨. 改造传统农业 [M]. 北京：商务印书馆，1999.
[114] D・盖尔・约翰逊. 经济发展中的农业、农村、农民问题 [M]. 林毅夫译. 上海：商务印书馆，2004.
[115] H. 孟德拉斯. 农民的终结 [M]. 李培林译. 北京：社会科学文献出版社，2005.
[116] 刘易斯. 二元经济论 [M]. 北京：北京经济学院出版社，1989.
[117] M.P. 托达罗. 第三世界的经济发展 [M]. 北京：中国人民大学出版社，1988.
[118] 埃比尼泽・霍华德. 明日的田园城市 [M]. 金经元译. 北京：商务印书馆，2000.
[119] 山田浩之. 城市经济学 [M]. 大连：东北财经大学出版社，1991.
[120] 速水佑次郎・弗农拉坦. 农业发展的国际分析 [M]. 北京：中国社会科学出版社，2000.
[121] 英格尔斯. 人的现代化 [M]. 成都：四川人民出版社，1985.

## 三、期刊类

### （一）期刊论文

[1] 徐勇. 现代化视野中的“三农问题”[J]. 理论月刊，2004（9）：5–9.
[2] 莫少颖. 论农业产业集群与西部农村城镇化 [J]. 特区经济，2006（1）：230–231.
[3] 赵霞，韩一军，姜楠. 农村三产融合：内涵界定、现实意义与驱动因素分析 [J]. 农业经济问题，2017（4）：49–57.
[4] 何增科. 马克思、恩格斯关于农业和农民问题的基本观点述要 [J]. 马克思主义与现实，2005（5）：49–59.
[5] 韩长赋. 统筹解决城镇化与“三农”问题尽快补上农业这条“短腿”[J]. 中国合作经济，2013（13）：13–14.
[6] 厉无畏. 产业融合与产业创新 [J]. 上海管理科学，2002（4）：4–6.
[7] 刘瑶，王伊欢. 我国农业产业化深度发展的有效路径 [J]. 山东社会科学，2016 年

（1）：183–188.
［8］聂亚珍. 我国农业产业化的主要模式分析［J］. 湖北社会科学，2004（1）：102–104.
［9］周立群，曹利群. 商品契约优于要素契约——以农业产业化经营中的契约选择为例［J］. 经济研究，2001（1）：14–19，93.
［10］沈雅琴. 对当前我国农业产业化研究的再思考［J］. 当代经济研究，2005（12）：53–57.
［11］邵春杰，孔令丞. 农业产业化：现实选择与理论依据［J］. 经济经纬，2005（2）：110–113.
［12］郑风田，程郁. 从农业产业化到农业产业区——竞争型农业产业化发展的可行性分析［J］. 管理世界，2005（7）：64–73，93.
［13］刘希宋，王姮，赵德海. 农业产业化的金融支持［J］. 商业经济研究，2002（1）143–145.
［14］胡冬生，余秀江，王宣喻. 农业产业化路径选择——农地入股流转、发展股份合作经济［J］. 中国农村观察，2010（3）.
［15］邵腾伟，冉光和. 基于劳动力有效利用的农业产业化路径选择［J］. 系统工程理论与实践，2010（10）：1781–1789.
［16］何立胜，李世新. 产业融合与产业变革［J］. 中州学刊，2004（6）：59–62.
［17］王昕坤. 产业融合——农业产业化的新内涵［J］. 农业现代化研究，2007（3）：303–306，321.
［18］梁伟军. 产业融合视角下的中国农业与相关产业融合发展研究［J］. 科学经济社会，2011（4）：12–17，24.
［19］于刃刚. 三次产业分类与产业融合趋势［J］. 经济研究参考，1997（25）：46–47.
［20］席晓丽. 产业融合与我国多功能农业建设初探［J］. 福建农业论坛（人文社会科学版），2007（9）：20–23.
［21］李俊岭. 我国多功能农业发展研究——基于产业融合的研究［J］. 农业经济问题，2009（3）：4–7，110.
［22］孙中叶. 农业产业化的路径转换：产业融合与产业集聚［J］. 经济经纬，2005（4）：37–39.
［23］吴颖，刘志迎，丰志培. 产业融合问题的理论研究动态［J］. 产业经济研究，2004（4）：64–70.
［24］吴颖，刘志迎. 产业融合——突破传统范式的产业创新［J］. 科技管理研究，2005（2）：67–69.
［25］姜长云. 推进农村一二三产业融合发展新题应有新解法［J］. 中国发展观察，2015（2）：18–22.
［26］赵海. 论农村一二三产业融合发展［J］. 农村经营管理，2015（7）：26–29.
［27］宗锦耀. 以农产品加工业为引领 推进农村一二三产业融合发展［J］. 中国农民合作社，

2015（6）：17-20.
[28] 刘明国. 务实求解农村一二三产业融合发展 [J]. 农村工作通讯，2015（18）：18-21.
[29] 张丽娜. 以农村一二三产业融合 助推农业改革发展 [J]. 奋斗，2015（12）：21-22.
[30] 姜长云. 日本的“六次产业化”与我国推进农村一二三产业融合发展 [J]. 农业经济与管理，2015（3）：5-10.
[31] 安宇宏. “六次产业” [J]. 宏观经济管理，2015（6）：79.
[32] 陈艳清，魏登峰. 促进“三产融合”发展需要政府有效作为 [J]. 农村工作通讯，2015（12）：37.
[33] 芦千文，姜长云. 关于推进农村一二三产业融合发展的分析与思考——基于对湖北省宜昌市的调查 [J]. 江淮论坛，2016（1）：12-16，58.
[34] “推进农村一二三产业融合发展问题研究”课题组. 推进农村三次产业融合发展要有新思路 [J]. 宏观经济管理，2015（7）：48-49，58.
[35] 农产品加工业及农村一二三产业融合发展保障措施研究课题组. 制订完善相关政策法律保障措施 促进农村一二三产业融合发展 [J]. 农村工作通讯，2015（18）：30-33.
[36] 国家发展改革委宏观院和农经司课题组. 推进我国农村一二三产业融合发展问题研究 [J]. 经济研究参考，2016（4）：3-28.
[37] 王兴国. 推进农村一二三产业融合发展的思路与政策研究 [J]. 东岳论丛，2016（2）：30-37.
[38] 张义博. 农业现代化视野的产业融合互动及其路径找寻 [J]. 改革，2015（2）：98-107.
[39] 徐旭初. 浅谈推进农村一二三产业融合发展 [J]. 中国农民合作社，2015（3）：21-22.
[40] 孔祥智，周振. 发展第六产业的现实意义及其政策选择 [J]. 农业经济研究，2015（1）：98-103.
[41] 金光春等. 韩国“农业第六产业化”发展事业对中国的启示 [J]. 世界农业，2016（3）：32-38，204.
[42] 孟春，高雪姮. 大力推进三产融合 加快发展现代农业 [J]. 发展研究，2015（1）：7-8.
[43] 祝金水. 农业“六次产业化”模式探索 [J]. 农村工作通讯，2010（12）：32-34.
[44] 冯建国，陈奕捷. 以休闲农业为核心，带动都市农业产业融合 [J]. 中国农业资源与区划，2011（8）：61-65.
[45] 郭秀兰. 新常态下农业结构调整的多维困境及其路径选择 [J]. 经济问题，2015（9）：86-93.
[46] 孟晓哲. 现代农业产业融合问题及对策研究 [J]. 中国农机化学报，2014（11）：318-321，325.
[47] 李俊岭. 我国多功能农业发展研究——基于产业融合的研究 [J]. 农业经济问题，

2009（3）：4–7，110.
［48］金华宝，王涛. 我们需要什么样的农业现代化——“农业现代化与新农村建设”专题座谈会综述［J］. 探索，2013（1）：114–116.
［49］温铁军，张俊娜，杜洁. 农业现代化的发展路径与方向问题［J］. 中国延安干部学院学报，2015（5）：105–110.
［50］温铁军等. 农业 1.0 到农业 4.0 的演进过程［J］. 当代农村财经，2016（2）：2–6.
［51］温铁军. 农村改革要解决农业三要素流出问题［J］. 农村工作通讯，2013（1）：36.
［52］陈锡文. 中国特色农业现代化的几个主要问题［J］. 改革，2012（10）：5–8.
［53］项继权. 城镇化的“中国问题”及其解决之道［J］. 华中师范大学学报，2011（1）：1–8.
［54］王富喜，孙海燕. 对改革开放以来我国城镇化发展问题的反思——基于城乡协调视角的考察［J］. 人文地理，2009（4）：12–15.
［55］周大鸣. 论中国乡村都市化［J］. 社会科学战线，1996（5）：100–108.
［56］张群，秦川. 国内外小城镇建设理论与实践分析［J］. 小城镇建设，2008（12）：100–104.
［57］李艳. 农村就地城市化推进策略研究［J］. 吉林农业.2010（8）：25–26.
［58］潘海生，曹小锋. 就地城镇化：一条新型城镇化道路——浙江小城镇建设的调查［J］. 政策瞭望，2010（9）：29–32.
［59］秦丛丛. 山东省就地城镇化建设的实践及启示［J］. 沈阳农业大学学报（社会科学版），2013（5）：528–530.
［60］杨世松，习谏. 就地城市化能治好“城市病”吗？［J］. 人民论坛，2006（6）：54–55.
［61］张鼎如. 中国农村就地城市化刍议［J］. 中国农学通报，2006（11）：508–511.
［62］章寿荣. 中国城市道路的两种路径——兼论社会主义新农村建设［J］. 学海，2005（8）：5–9.
［63］屈志勇，宋元梁，屈泊静. 农村转型发展中的就地城镇化问题探索［J］. 农村财政与财务，2012（12）：24–25.
［64］祁新华，朱宇，周燕萍. 乡村劳动力迁移的“双拉力”模型及其就地城镇化效应——基于中国东南沿海三个地区的实证研究［J］. 地理科学，2012（1）：25–30.
［65］石忆邵. 中国新型城镇化与小城镇发展［J］. 经济地理，2013（7）：47–52.
［66］纪晓岚，曾莉. 城镇化进程中的县级政府能力建构：解读、困境与方向［J］. 经济社会体制比较，2014（3）：38–47.
［67］李强，陈振华，张莹. 就近城镇化与就地城镇化［J］. 广东社会科学，2015（1）：186–199.
［68］李强. 论农民和农民工的主动市民化与被动市民化［J］. 河北学刊，2013（4）：86–93.

[69] 李强. 主动城镇化与被动城镇化 [J]. 西北师大学报，2013（6）：1–8.
[70] 李培林. 小城镇依然是大问题 [J]. 甘肃社会科学，2013（3）：1–4.
[71] 唐丽萍，梁丽. 适度与限度：我国就地城镇化研究 [J]. 求索，2015（7）：63–69.
[72] 廖永伦. 就地就近城镇化：新型城镇化的现实路径选择 [J]. 贵州社会科学 2015（11）：123–127.
[73] 潘海生，曹小锋. 就地城镇化：一条新型城镇化道路——浙江小城镇建设的调查 [J]. 政策瞭望，2010（9）：29–32.
[74] 景普秋，陈甬军. 中国工业化与城市化进程中农村劳动力转移机制研究 [J]. 东南学术，2004（4）：37–44.
[75] 焦晓云. 新型城镇化进程中农村就地城镇化的困境、重点与对策探析——“城市病”治理的另一种思路 [J]. 城市发展研究，2015（1）：108–115.
[76] 周立. 就地村镇化与二元金融结构 [J]. 银行家，2013（7）：70–74，9.
[77] 夏泽义，赵曦. 城镇化、农业现代化、产业结构三角关系实证研究 [J]. 社会科学家，2013（8）：54–58.
[78] 徐清照. 论农业产业化与农村城镇化的同步推进 [J]. 东岳论丛，2003（3）：33–36，131.
[79] 周彬，黄维琴. 论休闲农业与社会主义新农村建设的互动关系 [J]. 生态经济，2012（2）：97–100.
[80] 王燕燕，刘成礼. 韩国农业发展考察报告 [J]. 经济社会体制比较，2006（4）：139–143.
[81] 张翼. 农民工“进城落户”意愿与中国近期城镇化道路的选择 [J]. 中国人口科学，2011（2）：14–26，111.
[82] 韩颂善. 努力实现农业产业化与小城镇建设的同步发展 [J]. 农业经济问题，1998（37）：4.
[83] 方兴起，郑贺. 新型城镇化的支柱：农业现代化与产业创新 [J]. 华南师范大学学报（社会科学版），2013（6）：30–37，161.
[84] 曾超，钱晓颖. 我国农业现代化与新型城镇化发展关系研究 [J]. 农村金融研究，2013（12）：68–72.
[85] 白云伟. 城镇化视角下的农业现代化 [J]. 当代经济研究，2015（5）：62–66.
[86] 辜胜阻. 农村城镇化要做到“五防”[J]. 农村经营管理，2013（1）：30.
[87] 辜胜阻. 推进新型城镇化 人是核心 钱是关键 [J]. 中国合作经济，2013（17）：17.
[88] 辜胜阻，易善策，李华. 中国特色城镇化道路研究 [J]. 中国人口资源与环境，2009（19）：47–52.
[89] 辜胜阻，杨威. 反思当前城镇化发展中的五种偏向 [J]. 中国人口科学，2012（3）：2–8+111.
[90] 辜胜阻，方浪，刘伟. 促进中国城镇化与旅游业互动发展的战略思考 [J]. 河北学刊，

2014（11）：89–94.
［91］辜胜阻，郑超，曹誉波. 大力发展中小城市推进均衡城镇化的战略思考［J］. 人口研究，2014（7）：19–26.
［92］黄祖辉. 现代农业能否支撑城镇化？［J］. 西北农林科技大学学报（社会科学版），2014（1）：1–6.
［93］夏春萍，刘文清. 农业现代化与城镇化、工业化协调发展关系的实证研究——基于 VA R 模型的计量分析［J］. 农业技术经济，2012（5）：79–85.
［94］柯福艳. 统筹城乡背景下城镇化与农业现代化互促共进长效机制研究［J］. 经济纵横，2011（5）：36–39.
［95］解安，徐宏潇，胡勇. 新中国城镇化曲折历程的唯物史观分析［J］. 马克思主义研究，2016（12）：98–106.
［96］张明斗. 新型城镇化面临的潜在危机与治理方向——以农村病、城镇病和城市病为研究链条［J］. 郑州大学学报（哲学社会科学版），2015（3）：71–75.
［97］熊凤平. 中小城镇发展问题的反思与转变［J］. 北京行政学院学报，2015（1）：89–93.
［98］方兴起，郑贺. 新型城镇化的支柱：农业现代化与产业创新［J］. 华南师范大学学报（社会科学版），2013（6）：30–37，161.
［99］尹成杰. 新阶段农业产业集群发展及其思考［J］. 农业经济问题，2006（3）：4–7，79.
［100］王俊，李佐军. 推进工业化、城镇化与农业现代化——再读《农业与工业化》的启示［J］. 西北农林科技大学学报（社会科学版），2015（1）：59–64.
［101］梁军，安虎森. 产业集聚理论对我国乡镇企业集聚化发展的应用分析［J］. 北方论丛，2003（6）：105–108.
［102］周立，潘素梅，董小瑜. 从“谁来养活中国”到“怎样养活中国”——粮食属性、AB 模式与发展主义时代的食物主权［J］. 中国农业大学学报（社会科学版），2012（6）：20–33.
［103］刘永飞，徐孝昶，许佳君. 断裂与重构：农村的“空心化”到“产业化”［J］. 南京农业大学学报（社会科学版），2014（5）：16–22.
［104］金国胜. 韩国新村运动对我国城镇化建设的启示［J］. 湖北农机化，2013（6）：11–13.
［105］刘玉. 农业现代化与城镇化协调发展研究［J］. 城市发展研究，2007（7）：37–40.
［106］辛岭，胡志全. 我国农业现代化与城镇化协调发展研究——基于 1996–2013 年数据的实证分析［J］. 北京联合大学学报（社会科学版），2016（10）：95–102.
［107］杨群. 土地流转：实现城镇化与农业现代化协调发展［J］. 学术交流，2013（2）：96–99.
［108］王春丽. 城镇化与农业现代化协调发展的机理与实证检验［J］. 江汉论坛，2013

（11）：60–64.
[109] 程丹等. 城镇化与农业现代化的耦合关系研究 [J]. 安徽农业科学，2013（3）：1359–1361.
[110] 赫修贵. 城镇化和农业现代化协同推进研究 [J]. 理论探讨，2013（6）：96–99.
[111] 黄城，刘金石. 推进新型城镇化与农业现代化协调发展 [J]. 党政研究，2014（1）：20–24.
[112] 朱殿霄，胡志全. 城镇化与农业现代化协调发展程度分析 [J]. 中国农通学报，2015（26）：285–290.
[113] 李宾，王曼曼，孔祥智. 我国城镇化与农业现代化协调发展的总体趋势与政策解释 [J].2015（9）：46–55+146.
[114] 柯福艳. 统筹城乡背景下城镇化与农业现代化互促共进长效机制研究 [J]. 农村经济，2011（5）：36–39.
[115] 洛江玲. 国内外城镇化模式及其启示——以江西省潘阳县为例 [J]. 世界农业，2012（6）：75–79.
[116] 熊宁，曾尊固. 农村城镇化与农业产业化——两种透致性制度创新和变迁及其协同效应 [J]. 城市规划，1999（3）：4.
[117] 石忆邵，顾萌菁. 农业产业化与农村城市化共生模式研究 [J]. 经济理论与经济管理，2001（10）：67–70.
[118] 梅福林. 论中国农村城镇化与农业产业化 [J]. 理论月刊，2001（7）：43–45.
[119] 李菁，揭筱纹. 基于农业产业集群的西部城镇化发展路径研究 [J]. 天府新论，2014（2）：75–80.
[120] 徐清照. 论农业产业化与农村城镇化的同步推进 [J]. 东岳论丛，2003（2）：33–36，131.
[121] 齐成喜，陈柳钦，陆文龙. 我国农业产业化与农村城镇化的互动发展研究 [J]. 安徽农业科学，2005（12）：2446–2449.
[122] 曾煜，陈方亮. 论产业聚集与我国城镇化建设 [J]. 江西社会科学，2004（7）：106–110.
[123] 徐金有. 农业产业集群发展与推动城乡统筹发展的途径研究——以桐庐县为例 [J]. 中共杭州市委党校学报，2012（2）：84–90.
[124] 秦磊. 农业主导区城镇化路径研究——以云南元江为例 [J]. 学术探索，2014（8）：60–63.
[125] 张春艳，郭岩峰. 城镇化和农业现代化协调发展战略探讨 [J]. 学术交流，2013(6)：126–129.
[126] 吴殿廷，赵林，高文姬. 新型城镇化的本质特征及其评价 [J]. 北华大学学报（社会科学版），2013（12）：33–37.
[127] 许经勇. 我国农业、农村与农村经济的蜕变轨迹与演化趋势 [J]. 福建论坛 · 人文社

会科学版，2016（4）：5–11.
[ 128 ] 郭忠林，熊吉峰. 从农业外部解决“三农”问题途径的研究观点综述 [ J ]. 经济纵横，2006（6）：75–77.
[ 129 ] 刘茂松，彭新宇. 论我国农业转型期的农业工业化战略 [ J ]. 求索，2005（12）：1–5.
[ 130 ] 李世泰，孙峰华. 农村城镇化发展动力机制的探讨 [ J ]. 经济地理，2006（5）：815–818.
[ 131 ] 方杰，黄萍. 农村城镇化与产业集聚模式创新探析 [ J ]. 理论与改革，2007（5）：93–95.
[ 132 ] 冯海发. 论我国农村城镇化与农业的协调发展 [ J ]. 学习与探索，2001（4）：88–93.
[ 133 ] 吴文倩. 农村城镇化与农业现代化关系探析 [ J ]. 商业时代，2007（17）：4–6.
[ 134 ] 韩颂善. 努力实现农业产业化与小城镇建设的同步发展 [ J ]. 农业经济问题，1998（37）：4.
[ 135 ] 李克强. 以改革创新为动力　加快推进农业现代化 [ J ]. 求是，2015（2）：3–10.
[ 136 ] 孔祥云，王小龙. 略论我国农村城镇化模式的选择 [ J ]. 农村经济，2013（2）：95–99.
[ 137 ] 国家发改委宏观经济研究院课题组. 迈向全面建成小康社会的城镇化道路研究 [ J ]. 经济研究参考，2013（25）：3–34.
[ 138 ] 武宗志. 基于中国国情的农村城镇化发展策略 [ J ]. 河北学刊，2014（1）：113–116.

### （二）学位论文

[ 1 ] 刘云喜. 中国农村经济转型条件下的农民就地城市化问题研究 [ D ]. 北京：中央民族大学，2012.
[ 2 ] 李文平. 内蒙古粮食主产区城镇化发展规制研究 [ D ]. 北京：中央民族大学，2015.
[ 3 ] 李存贵. 中国城乡一体化进程中产业合作问题研究 [ D ]. 哈尔滨：东北林业大学，2011.
[ 4 ] 曹宗平. 城镇化之路——基于聚集经济理论的一个视角 [ D ]. 西安：西北大学，2004.
[ 5 ] 张军. 推进我国城乡一体化的制度创新研究 [ D ]. 长春：东北师范大学，2013.
[ 6 ] 谢方. 基于产业集群的农村非农化研究 [ D ]. 咸阳：西北农林科技大学，2008.
[ 7 ] 陈春燕. 中国农民现代化问题研究 [ D ]. 长春：东北师范大学，2010.
[ 8 ] 梁丽. 我国就地城镇化发展的现实基础与策略研究 [ D ]. 上海：东华大学，2016.

## 四、报刊资料

[ 1 ] 宗锦耀. 以农产品加工业为引领　推进农村一二三产业融合发展 [ N ]. 农民日报，2015–06–01.
[ 2 ] 刘明国. 务实求解农村一二三产业融合发展 [ N ]. 学习时报，2015–08–17.

[3] 徐绍史. 推进农村一二三产业融合发展［N］. 经济日报，2016-01-25.
[4] 韩一军. 加快推进农村一二三产融合发展［N］. 农民日报，2015-10-30.
[5] 杨佩卿. 新型城镇化的内涵与发展路径［N］. 光明日报，2015-08-19.
[6] 韩长赋. 实现中国梦基础在"三农"［N］. 农民日报，2013-09-13.
[7] 陈建辉，周干峙. 农民城市化的实质是生活方式的城市化［N］. 经济日报，2005-08-11.
[8] 李敏骞. 城镇化建设中职业农民系统培育［N］. 光明日报，2013-09-19.
[9] 刘伟，李晓东. 让农民在土地上真正受益［N］. 光明日报，2012-05-25.
[10] 张红宇. 力推农业产业化促一二三产业融合互动［N］. 农民日报，2014-12-30
[11] 赵鹏飞. 中央经济工作会议解读：城镇化是扩大内需的最大潜力［N］. 人民日报：海外版.2012-12-28.

## 五、外文类

### （一）著作类

[1] Worth L，Urbanism as a Way of Life，American Journal of Sociology，1938.
[2] Peter Mathias，The First Industrial Nation：An Economic History of Brithain 1700–1914，London：Routledge，2001.
[3] Arthur Osullivan，Urban Economics，McGraw–Hill Education CITIC Publishing House，2004.
[4] J.C.H. Fei and G..Bards.Development of the Labor Surplus Economy：Theory and Policy，Richard D.Irwin，Homewood，IL.1964.
[5] Yoffie D B.Introduction：Chess and Competing in the Age of Digital Convergence，Boston，1997.
[6] Sahal D.Technological Guidepost and Innovation Avenues. Research Policy，1985，Vol.14，NO.2，Amsterdam，the Netherlands North–Hplland；Dosi，G，Technical Change and Economic Theory，1988，London，Pinter Publishers.
[7] Nils Stieglitz.Industrial Convergence：the Evolution of the Handheld Computers Market. Jens Froslev Christensen，Peter Maskeu（ed.）.The Industrial Dynamics of the New Digtial Economy，Edward Elgar Publishing Limited，2003.
[8] Fridman JR.Region developmet policy：a case study of Venezuela.Cambridge，MIT Press，1996.
[9] Kerry Smith.A time of crisis：Japan，the great depression，and rural revitalization［M］. Harvard University Press，2001.
[10] Popkin S.The Rational Peasant：The Political Economy of Rural Society in Vietnam［M］. Berkeley：University of California Press，1979.

## （二）论文类

[1] Ling Zhu.Food Security and Agricultural Changes in the course of China' s Urbanization [J]. China & World Economy，2011，19（02）：40–59.

[2] Vemon.J and Hendernson.Urbanization and city growth：The role of institutions [J].Regional science and Urban Economics，2007，37（06）：283–313.

[3] Porter，Michael E. Location，Competition and Economic Development：Local Clusters in a Global Economy [J].Economic Development Quarterly，2000，（1）：15–34.

[4] Fan，C. C. and Scott，A.J. Industrial agglomeration and development：a survey of spatial economic issues in East Asia and a statistical analysisof Chinese regions [J]. Economic Geography，2003，79（3）：295–320.

[5] Bell M.Introduction to sustainable development [J].Progress in Human Geograpahy，1994，18（2）：554.

[6] ZhangW.and Makeham J.Recent Developments in the Market for Rural land Use in China [J]. Land Economics，1992.

## 六、电子资源类

[1] 农业现代化根本路径是发展“第六产业”[EB/OL].（2016–01–13）[2016–01–15]. http：//www.asny.gov.cn/art/index.asp？ id=931.

[2]. 国家发改委召开新闻发布会 介绍推进农村一二三产业融合发展有关情况 [EB/OL].（2016–01–08）[2016–01–15].http：//www.agri.cn/V20/SC/jjps/201601/t20160108_4979886.htm.

[3] 发改委. 推进农村产业融合发展是促进农民增收重要抓手 [EB/OL].（2016–01–08）[2016–01–15].http：//news.xinhuanet.com/politics/2016–01/08/c_128609872.htm.

[4] 叶琪.“城镇化”应避免与民争利、公益缺位 [EB/OL].（2012–12–18）[2016–02–28]. http：//www.xinhuanet.com/politics/2012–12/18/c_124109197.htm.

[5] 孙文华. 以“城镇化”系统解决我国三农之路 [EB/OL].（2017–07–19）[2017–07–20]. http：//www.jiemian.com/article/1483085.htm.

# 后 记

本书是在博士论文《农村产业融合推动就地城镇化发展研究》基础上修改完善而成的。本书的出版，于我而言，意义非同寻常。它既是向所有给予我指导、关心、帮助的师长、同窗、家人的一种汇报，也是对自己三年学习生活的一个总结。

衷心地感谢我的恩师赵美玲教授。赵老师和蔼可亲，循循善诱。赵老师在了解我是一名高校教师，平日多忙碌于教学工作，但长于农村，对农村问题有所关注后，及时对我进行点拨并根据我的兴趣爱好帮我找准了研究方向——“三农”现代化问题；在我苦于难以找到论文选题时，又是赵老师结合时下热点议题，帮我敲定了“农村产业融合与新型城镇化协调发展”的选题内容。可以说，这篇论文从题目的选定、资料的收集和整理、研究思路的梳理、学术观点的提炼，论文结构的安排，甚至包括语言的组织和表达、错字的修正，赵老师都倾入了大量的心血，在此再次表示诚挚的谢意！

衷心地感谢南开大学马克思主义学院的老师在开题报告、答辩及日常交流中所给予的启发、建议，拓展了我的研究思路，使我受益匪浅！

谨向我的家人表示诚挚的谢意，您们的宽容和理解给了我莫大的鼓励和鞭策！

在论文的撰写过程中，拜读了国内外大量专家学者的论著，汲取了许多思想和智慧，也引用和参考了国内外许多专家学者的研究成果，在此一并谢忱！引文如有疏注之处，敬望原谅。

为了使论文的内容更加鲜活生动，笔者利用假期深入北京大兴区、河北乐亭县、海兴县，河南浚县、广西上思县、富川县等地进行了实地调研，在调研过程和材料搜集中得到了乐亭县、灵寿县、海兴县农业办、中鹤集团办公室相关负责人、广西省上思县副县长马瑞学长的大力支持，在此特表谢意！

本书的出版得到天津市社科规划项目资助及天津财经大学马克思主义学院的资助，对此表示感谢！

深感不安的是由于自身学识水平所限，加之农村产业融合推动就地城镇化发展涉及面广，文中的观点和内容还存在诸多的缺点和不足，恳请读者雅正。

李小静

2021 年 1 月